Josef Dirnbeck

FALSCHES ZEUGNIS WIDER JESUS

Josef Dirnbeck

Falsches Zeugnis wider Jesus

Jesusfälscher auf dem Prüfstand

OTTO MÜLLER VERLAG

Die Deutsche Bibliothek - CIP-Einheitsaufnahme

Dirnbeck, Josef:
Falsches Zeugnis wider Jesus : Jesusfälscher auf dem Prüfstand / Josef Dirnbeck. - Salzburg ; Wien : Müller, 2002
ISBN 3-7013-1050-5

ISBN 3-7013-1050-5

Satz: Fotosatz Rizner, Salzburg
Umschlaggestaltung: Leo Fellinger, Salzburg
Druck und Bindung: Wiener Verlag, Himberg

„Als ein Unbekannter und Namenloser kommt er zu uns, wie er am Gestade des Sees an jene Männer, die nicht wußten, wer er war, herantrat. Er sagt dasselbe Wort: Du aber folge mir nach! und stellt uns vor die Aufgaben, die er in unserer Zeit lösen muß. Er gebietet. Und denjenigen, welche ihm gehorchen, Weisen und Unweisen, wird er sich offenbaren in dem, was sie in seiner Gemeinschaft an Frieden, Wirken, Kämpfen und Leiden erleben dürfen, und als ein unaussprechliches Geheimnis werden sie erfahren, wer er ist …"

Albert Schweitzer (1875–1965)

Inhaltsverzeichnis

III. Der Meister und seine Herz-Dame

IV. Viel Lärm um Qumran

Vorwort

Es gibt mehr Bücher über Jesus als Telefonbücher. Wenn man bedenkt, daß Verlage im allgemeinen kaum deshalb Bücher produzieren, weil ihnen daran gelegen ist, möglichst viel unverkäufliche Ware in den Magazinen zu stapeln, kann man allein schon an der Menge der auf dem Buchmarkt vorhandenen Jesusliteratur ablesen, daß das Interesse an Jesus nach wie vor groß ist – und dies, obwohl die Anzahl der Kirchenmitglieder kontinuierlich kleiner wird.

Aber bei Lesern von Jesusbüchern spielen Dinge wie persönlicher Glaube oder Zugehörigkeit zu einer Bekenntnisgemeinschaft eine eher untergeordnete Rolle. Die Gestalt des Mannes aus Nazareth ist einfach so interessant und faszinierend, daß keiner – mag er nun gläubiger Christ sein oder nicht – darum herumkommt, sich irgendwann einmal auch mit Jesus auseinanderzusetzen.

Das Eigentümliche ist freilich, daß das Lesepublikum vermehrt zu Büchern greift, die ein anderes Bild von Jesus zeichnen als das herkömmliche. Es werden Autoren bevorzugt, die versprechen, Neuigkeiten über Jesus zu enthüllen; sensationelle Wahrheiten, die von der Kirche angeblich unterdrückt wurden.

Man mag es komisch, man mag es bedauerlich finden – Tatsache ist jedenfalls, daß viele Zeitgenossen Bücher mit seriösen Informationen über Jesus links liegen lassen und nichts dabei finden, selbst haarsträubende und völlig verrückte Spekulationen für bare Münze zu nehmen.

Falsches Zeugnis wider Jesus

Wiewohl an seriösen Jesusbüchern durchaus kein Mangel herrscht, haben die unseriösen trotzdem den größeren Erfolg. Dieser eigentümliche Befund war es, der mich auf die Idee gebracht hat, ein Buch über die *„Jesusfälscher"* zu schreiben, um Publikationen, die falsches Zeugnis wider Jesus geben, kritisch unter die Lupe zu nehmen.

Mit dem Ausdruck „falsches Zeugnis" ist nicht gemeint, daß diese Leute etwas Falsches *glauben*, also etwas für wahr halten, das im Sinne der Kirche dogmatisch nicht korrekt wäre. Falsch ist dieses Zeugnis vielmehr, weil es die *historische* Wahrheit über Jesus verfälscht.

Fragen des Glaubens – darauf muß mit aller Deutlichkeit hingewiesen werden, weil es hier die größten Mißverständnisse gibt! – spielen in *dieser* Auseinandersetzung überhaupt keine Rolle. Es geht nicht darum, ob es zum Beispiel richtig oder falsch ist zu sagen, daß Jesus von Nazareth lediglich ein „Menschensohn"[1] war, und in welchem Sinn er vielleicht auch als „Sohn Gottes" bezeichnet werden könnte. In der Auseinandersetzung mit den unseriösen Jesusbüchern geht es nicht um die *Bedeutung*, die Jesus für bestimmte Menschen hat, sondern lediglich um die Frage, ob das, was in diesen Büchern behauptet wird, den Tatsachen entspricht oder ob die Autoren – aus welchen Gründen auch immer – die historische Wahrheit verfälschen.

Um es an einem Beispiel aus der Welt der Musik zu verdeutlichen: Als die Opernfreunde im 19. Jahrhundert darüber stritten, was von den Musikdramen Richard Wagners zu halten sei, hatten die „Wagnerianer" naturgemäß andere Ansichten als die „Anti-Wagnerianer". Dennoch konnte und kann man über den Bayreuther „Neutöner" durchaus unterschiedlicher Meinung sein und darf seine Musik – je nach Geschmack – für schlechthin genial halten oder aber als vordergründig und nichtssagend abtun, ohne wegen eines solchen Werturteils Gefahr zu laufen, ein „Wagnerfälscher" genannt zu werden. Wagner*fälschung* wäre es allerdings, ließe sich jemand einfallen zu behaupten, der Komponist des „Tristan" und des „Rings des Nibelungen" habe überhaupt nicht gelebt, die ihm zugeschriebenen Opern stammten in Wirklichkeit von

Mozart, oder ein Dichterkomponist namens Wagner hätte zwar gelebt, wäre aber nicht, wie man bisher immer geglaubt hat, 1883 in Venedig gestorben, sondern sei von Außerirdischen entführt worden, habe nach seinem vermeintlichen Tod in Indien oder in Japan bzw. in Amerika gelebt und ähnliches mehr.

So lächerlich und an den Haaren herbeigezogen derlei auch erscheinen mag: sobald es um Jesus geht, werden solche Dinge durchaus ernsthaft behauptet – und geglaubt. Darum war es das Ziel meines Buches, genau jene anzusprechen, die den Thesen der „Jesusfälscher" unkritisch Glauben schenken. Ich wollte versuchen, an den gesunden Menschenverstand der Leser zu appellieren und ihnen durch leicht nachvollziehbare Argumente die Augen zu öffnen, um sie selber entdecken zu lassen, wie falsch und unhaltbar diese abstrusen Thesen über Jesus in Wirklichkeit sind.

Jesusfälscher auf dem Prüfstand

Wie viele Leser durch die Lektüre meines Buches zu eigenständigem kritischem Nachdenken angeregt wurden, kann ich nicht sagen. Mein Buch *„Die Jesusfälscher – Ein Original wird entstellt"* (Augsburg 1994) erhielt jedenfalls ungewöhnlich viel Echo. Roman Heiligenthal, Professor für Bibelwissenschaften am Institut für Evangelische Theologie an der Universität Koblenz-Landau, der 1997 selber ein Buch zum Thema „Der verfälschte Jesus" vorgelegt hat, kam zum Urteil: „Dirnbecks Darstellung ist die momentan umfangreichste Sammlung und Interpretation von aktuellen Jesusbüchern und -romanen. Die eher journalistische Formulierungsweise des Buches macht deutlich, welche Zielgruppe Dirnbeck anzusprechen versucht, nämlich den ‚Nichtfachmann'. Damit liegt er auf keinen Fall falsch, denn das Interesse an Jesus ist größer als je zuvor, obwohl gleichzeitig die Institution Kirche immer weniger Ansehen genießt."[2]

Das vielleicht schönste Kompliment, das meinem Buch gemacht wurde, stammt vom Landessuperintendenten der Evangelischen Kirche Helvetischen Bekenntnisses in Österreich, dem bekannten Wiener Prediger und Publizisten Hofrat Mag. Peter Karner, der mein Buch mit Albert Schweitzers berühmter „Geschichte der Leben-Jesu-Forschung" verglichen hat – einem theologischen Standardwerk, dessen Lektüre einem die Lektüre von mindestens 150 Leben-Jesu-Büchern erspart.

„Früher war es immer frustrierend", sagte Karner bei einem Round-Table-Gespräch im Kardinal-König-Haus in Wien-Lainz, „da mußte ich oft stundenlang die abenteuerlichsten Dinge lesen, wenn Mitglieder meiner Gemeinde wieder einmal mit einem neuen Jesusbuch zu mir gekommen sind und mich gefragt haben: ‚Herr Pfarrer, was halten Sie von diesen neuen Erkenntnissen über Jesus?' Aber jetzt gibt es das Buch von Josef Dirnbeck, da brauche ich nur noch nachzuschlagen und finde fein säuberlich alle Argumente aufgelistet, mit denen sich nachweisen läßt, warum das, was in diesen Büchern behauptet wird, Unsinn ist."[3]

Fortsetzung folgt

Die Hardcover-Ausgabe meiner „Jesusfälscher" war bald vergriffen. Inzwischen ist auch die in der Serie Piper erschienene Taschenbuchausgabe nicht mehr erhältlich, so daß sich die Frage einer Neuauflage stellte.

Daß letztlich entschieden wurde, das Buch nicht so, wie es war, noch einmal aufzulegen, sondern es in völlig neuer, überarbeiteter und aktualisierter Form herauszubringen, hat einen ebenso einfachen wie einleuchtenden Grund. Die Zeit ist nicht stehengeblieben. Es sind neue Publikationen erschienen, die zu berücksichtigen waren; ja, es hat sich sogar ein neuer Trend abgezeichnet, eine restaurative Tendenz in der Jesusforschung, die nicht mit Stillschweigen hingenommen werden darf.

Mit allen diesen Aspekten habe ich mich in einem Vortrag auseinandergesetzt, den ich auf Einladung des Zentralkomitees der deutschen Katholiken beim 94. Deutschen Katholikentag in Hamburg gehalten habe. Dieser Vortrag[4], der im Rahmen einer Vortragsreihe mit dem Titel *„Zur Person Jesu – was wir wissen können"* stattfand, bei der auch so illustre Namen wie Joachim Gnilka, Gerd Theissen, Hartmut Stegemann und Thomas Södig auf der Referentenliste standen, bildet das Grundgerüst des vorliegenden Buches.

Josef Dirnbeck

ANMERKUNGEN:

1 „Menschensohn" im Sinne des Buches von Rudolf Augstein (Jesus Menschensohn, Hamburg 1999), wobei der Ausdruck lediglich als Synonym für „Mensch" verstanden wird und nicht als messianischer Hoheitstitel.

2 Roman Heiligenthal: Der verfälschte Jesus. Eine Kritik moderner Jesusbilder, Darmstadt 1997. S. 23.

3 Das falsche Spiel mit dem „wahren Jesus". Round-Table-Gespräch im Exerzitien- und Bildungshaus Lainz am 2. März 1994. Moderation: Dr. Otto Friedrich.

4 Josef Dirnbeck: Jesus und kein Ende – Was von „neuesten Enthüllungen" zu halten ist. Referat im Rahmen der Vortragsreihe „Zur Person Jesu – was wir wissen können" beim 94. Deutschen Katholikentag in Hamburg am 2. Juni 2000.

I.
TAUSEND THESEN ÜBER JESUS
Je unseriöser, um so erfolgreicher

„Jesus wurde während der Amtszeit des Hohenpriesters Simon Boethus, der von 23 bis 5 v. Chr. an der Macht war, gezeugt und geboren. Simon Boethus und seine Partei vertraten im Blick auf die rituellen und moralischen Fragen, die das Judentum damals spalteten, eine der beiden großen Strömungen. Die Boethusier nahmen eine besonders strenge Haltung zur sexuellen Moral ein, weshalb Jesus für sie ein außereheliches Kind war, einer Waise gleichzusetzen. Das bedeutete, daß er im ‚Haus der Königin', in ‚Bethlehem in Judäa', zur Welt kommen mußte.

Herodes, alt und mißtrauisch geworden, war sich klar darüber, daß die Essener sich in ihrer Enttäuschung über das Scheitern ihres Tempelprojekts gegen ihn gewandt hatten, und hatte keine Lust, einen Thronanwärter von ihren Gnaden überleben zu lassen. Er war ja nicht einmal davor zurückgeschreckt, seine eigenen Söhne umzubringen: So hatte er seine beiden Söhne aus der Verbindung mit seiner Lieblingsfrau, der Hasmonäerprinzessin Mariamne I., aus Eifersucht umbringen lassen, und zwar im selben Jahr, in dem Jesus geboren wurde.

Die Magier wiederum, Diaspora-Essener mit der liberalen Auffassung derer, die ‚glatte Dinge suchen', akzeptierten die Legitimität Jesu und wollten ihn beschützen. Als sie nach Qumran kamen, fragten sie, in welchem Haus er geboren sei, denn sein Geburtsort würde ihnen seinen Status als Waise oder Prinz verraten.

Als Herodes von ihrer Ankunft hörte, fragte auch er seine Ratgeber, wo der Messias geboren werden solle, denn er wollte das Kind unbedingt finden. Sie entschlossen sich, die Frage in ihrer Pescherbedeutung aufzufassen – d. h. ‚wo ist der

Davidide in seiner Funktion als adoptierter Sohn Gottes geboren?, – und beantworteten sie mit einer Wendung, die ebenfalls nur von einem Pescher-Kundigen verstanden werden konnte: ‚In Bethlehem in Judäa'. Herodes aber wußte nichts von der Peschermethode; er war lediglich das nominelle Oberhaupt der Bewegung und nicht in ihre Geheimnisse eingeweiht. Deshalb dachte er, sie meinten das wirkliche Bethlehem und schickte seine Schergen dorthin. Doch Jesus befand sich nicht in Bethlehem und blieb so dank Herodes' Unkenntnis verschont..."

So beschreibt Barbara Thiering[1], was sich zutrug, als Jesus von Nazareth noch ein Säugling war, und korrigiert mit ihrer Darstellung so manche liebgewordene Legende.

Drei Weisen, von den drei Weisen zu reden

Nicht nur *nicht* korrigiert, sondern vollinhaltlich bestätigt, verstärkt und in bunten Farben ausgemalt wird die herkömmliche Version der Szene vom Auftritt der drei Weisen aus dem Morgenland bei Maria Valtorta[2]: „Die drei Weisen treten hervor, ein jeder gefolgt von einem Diener. Sie überqueren den Platz. Die wenigen Vorübergehenden drehen sich um, um die prunkhaften Persönlichkeiten anzuschauen, die langsam und feierlich daherschreiten."

Man könnte meinen, einen Film ablaufen zu sehen, wenn man liest, was die Seherin Valtorta in ihren erbaulichen Visionen alles sieht: „Die Seidenkleider glänzen, die Edelsteine glitzern. Ein großer Federbusch mit kostbaren Diamantensplittern flattert und funkelt auf dem Haupt des Turbanträgers. Einer der Diener trägt eine mit Intarsien verzierte Truhe, deren Beschläge aus reinstem Gold sind; der zweite einen fein gearbeiteten Kelch mit einem noch mehr verzierten Deckel aus purem Gold; der dritte einen breiten, niedrigen Krug aus reinem Gold, dessen pyramidenartiger Verschluß mit einem Brillanten besetzt ist. Die Geschenke müssen schwer sein, denn die Diener tragen sie mit Mühe, besonders der Truhenträger."

Nur zur Erinnerung für weniger bibelfeste Leser: Wir befinden uns nicht im Stall von Bethlehem, den das Lukasevangelium voraussetzt, wo Maria das Kind in Windeln wickelt und in eine Krippe legt[3], sondern in dem Haus[4], von dem *Matthäus* erzählt.

Die drei Weisen, die Maria Valtorta sieht, „steigen die Treppe hinauf und treten in einen Raum, der von der Straße bis zur Rückseite des Hauses reicht", und Maria wartet bereits auf den hohen Besuch. Sie „sitzt da mit dem Kind auf dem Schoß" und „sieht schön aus in ihrem einfachen blütenweißen Gewand, das sie vom Hals bis zu den Füßen, von den Schultern bis zu den zarten Handgelenken bedeckt".

Wenn Maria Valtorta, die in der ersten Hälfte des 20. Jahrhunderts lebte, Ähnliches beansprucht wie Anna Katharina Emmerick (1774–1824) oder Theresia Neumann aus Konnersreuth (1898–1962) – nämlich in der Ekstase ihrer Visionen gleichsam zu einer Augenzeugin des Geschehens zu werden und die Dinge so zu sehen, wie sie wirklich waren –, werden einen spätestens an der Stelle leichte Zweifel beschleichen, ob wir wirklich eine junge jüdische Mutter im Israel des Ersten Jahrhunderts unserer Zeitrechnung vor uns haben und uns nicht womöglich im Atelier eines italienischen Renaissance-Malers befinden, wenn wir von Marias „von blonden Zöpfen umrahmten Haupt und dem von Rührung geröteten Gesicht, von den zärtlich lächelnden Augen und dem Mund, der sich zum Gruß: ‚Der Herr sei mit euch!', öffnet"[5], lesen.

In ganz anderem Licht gesehen als bei Maria Valtorta und ganz anders interpretiert als bei der Australierin Thiering werden die im Matthäusevangelium berichteten Ereignisse bei Holger Kersten. Diesen Autor, der schon mehrere Bücher über Jesus publiziert hat, interessieren in diesem Zusammenhang vor allem zwei Fragen: „Wer waren die drei Weisen?" und: „Wie findet man eine Inkarnation?"

„Im griechischen Urtext heißen die Weisen ‚Magoi', und die Magier wurden erst im sechsten Jahrhundert durch Caesarius von Arles zu Königen erhoben, denen schließlich im neunten Jahrhundert die frei erfundenen Namen Kaspar, Melchior und Balthasar untergeschoben wurden", schreibt Kersten in seinem Buch „Jesus lebte in Indien"[6]:

„Wie viele Magier es tatsächlich waren, läßt sich nicht mehr feststellen. Seit Origenes wird ihre Zahl, vielleicht wegen der drei Gaben, mit drei angegeben. Sicher ist lediglich, daß jene Leute auf einer langen Reise aus dem Osten kamen, daß sie mit magischen Praktiken vertraut waren, sich in Astrologie hervorragend auskannten und keineswegs arm sein konnten."

Daß der Stern, der die drei Weisen führte, über einer armseligen Hütte stand, in der ein wenige Stunden altes Kind lag, sei eine fromme Legende, sagt Kersten: „Vielmehr muß das etwa zwei Jahre alte Kind sich schon in der Obhut von ganz bestimmten Menschen befunden haben, die um die Bedeutung dieses Knaben wußten."

Was für „ganz bestimmte Menschen" meint Kersten? Könnten es womöglich Inder gewesen sein? Holger Kersten sagt es nicht direkt, er stellt nur die Frage: „Hatten die Mitglieder der verbotenen Geheimsekten etwa Verbindung zu ihren Brüdern in Indien, zu den verlorenen Stämmen des Hauses Israel?" – und gibt zu bedenken: „Ob die ‚Magier' tatsächlich aus Indien kamen, läßt sich heute nicht mehr mit Sicherheit beweisen; wirklich verblüffend ist aber die Übereinstimmung der Geschichte von den drei Weisen mit den Berichten über das Verfahren, nach dem noch heute in Tibet die Wiederverkörperungen von verstorbenen hohen buddhistischen Würdenträgern gefunden werden."

Tausend Thesen über Jesus

Wer ernsthaft vorhat, sich mit den tausend Thesen über Jesus auseinanderzusetzen, von denen die eine so widersprüchlich ist wie die andere, dem kann ich nur mit Immanuel Kant empfehlen: „Haben Sie Mut, sich Ihres Verstandes zu bedienen!“[7] Ich kann es nicht oft genug wiederholen: Schärfen Sie Ihr logisches Denkvermögen! Sie werden es brauchen, um diesen Leuten Paroli bieten zu können und ihren Behauptungen nicht so leicht auf den Leim zu gehen.

Sie können sich natürlich auch auf den Standpunkt stellen, daß Ihnen nichts wirklich Wichtiges entgeht, wenn Sie sich mit solchen unseriösen Büchern erst gar nicht beschäftigen. Doch Vorsicht: selbst wenn Sie sich entschlossen hätten, Ihre Zeit keinesfalls damit zu verschwenden, unnötige Dinge zu lesen und die Geistesblitze dieser Autoren samt und sonders zu ignorieren, – es wird Ihnen nichts nützen.

Auch wenn Sie nicht im Traum daran dächten, sich Bücher wie *„UFOs und ihr Zeuge Christus“*, *„Das White-Eagle-Jesus-Buch“* oder *„Das wahre Jesus-Horoskop“* zu Gemüte zu führen; auch wenn Sie heilige Eide geschworen hätten, Titel wie *„Jesus starb nicht am Kreuz“*, *„Scheintod auf Golgatha. Die Wahrheit über das Leben von Jesus“* oder *„Jesus lebte in Indien“* ungekauft in den Regalen der Buchhändler verstauben zu lassen und Druckwerke wie *„Der Ur-Jesus. Die buddhistischen Quellen des Christentums“* oder *„Also sprachen Jesus und Zarathustra“* unter keinen Umständen in die Hand zu nehmen; selbst wenn Sie durch eine flächendeckende Inseratenkampagne öffentlich bekannt gemacht hätten, Verlagshervorbringungen wie *„Der wirkliche Jesus“*, *„Das Jesus-Komplott“* oder *„Die Nazareth-Tafel. Das letzte Rätsel der Jünger Jesu“* nicht einmal geschenkt haben zu wollen; selbst wenn Sie ein feierliches Gelübde abgelegt hätten, in marktschreierisch angepriesene Schmöker wie *„Verschlußsache Jesus“*, *„Jesus und die Urchristen. Die Qumran-Rollen entschlüsselt“* oder *„Das Geheimnis des Rabbi J. – Was die Urchristen versteckten, verfälschten und vertuschten“* nie und nimmer, weder in österlicher Zeit noch sonst wann, nicht einmal unter Androhung von Todesgefahr, einen Blick zu werfen; ja selbst dann, wenn Sie bereits durch den bloßen Anblick von Publikationen wie *„Der Heilige Gral und seine Erben“*, *„Das Ver-*

mächtnis des Messias" oder *„Das verheimlichte Wissen. Tempelgeheimnisse, verschollene Evangelien und das unbekannte Leben Jesu"* von unüberwindlicher Übelkeit befallen würden und allein schon die Nennung der Titel von Schriften wie *„Briefwechsel zwischen Abgarus Ukkama, Fürst von Edessa, und Jesus von Nazareth"*, *„Die drei Tage im Tempel. Gespräche des zwölfjährigen Jesus"* oder *„Das Barnabas-Evangelium. Wahres Evangelium Jesu, genannt Christus, eines neuen Propheten von Gott der Welt gesandt, gemäß dem Bericht des Barnabas seines Apostels"* ebenfalls einen heftigen Brechreiz bei Ihnen auslösen würde; selbst wenn Sie der Meinung wären, daß es im Interesse der Aufrechterhaltung Ihres seelischen Gleichgewichtes besser ist, sich die Lektüre eines zwölfbändigen Mammutwerkes wie *„Der Gottmensch. Leben und Leiden unseres Herrn Jesus Christus. Erstes, zweites und drittes Jahr des öffentlichen Lebens Jesu"* zu ersparen und auch um Bücher wie *„Jesus 2000. Das Friedensreich naht"*, *„In den letzten Tagen. Jesus kommt wieder! Sind Sie bereit?"* oder *„Die großen kosmischen Lehren des Jesus von Nazareth an Seine Apostel und Jünger, die es fassen konnten"* einen Bogen zu machen wie der Teufel um's Weihwasser – es nützt nichts. Sie entkommen dieser geballten Ladung von Botschaften nicht! Der verfälschte Jesus kommt über alle Kanäle zu Ihnen.

Jesus war kein Zimmermann

Sie schlagen in der Früh die Zeitung auf, und schon lesen Sie die Schlagzeile: „Neues zu Jesus von Nazareth". Und ganz nebenbei, zwischen Frühstücksbrot und Kaffee, erfahren Sie, wie falsch das Bild ist, das Sie sich bisher von Jesus gemacht haben. Der Mann aus Nazareth sei weder arm noch ein Tischler gewesen, vielmehr müsse man sich ihn eher als einen „Mittelständler" vorstellen, wie ein Professor namens Giovanni Mangani enthüllte. Jesus sei „tief von der gehobenen urbanen griechischen Kultur geprägt" gewesen, habe lesen und schreiben können, mehrere Sprachen gesprochen und „vermutlich antikes Theater besucht". Auch Zimmermann sei er keiner gewesen, sondern eher ein Architekt oder ein Bauunternehmer.[8]

Paulus hat etwas ganz anderes gesehen

Oder Sie schlagen das „Deutsche Ärzteblatt" auf und erfahren von einer anderen sensationellen Enthüllung. Bisher haben Sie immer geglaubt, daß Paulus, wenn er in seinem ersten Schreiben an die Korintherinnen und Korinther beteuert, er habe „Jesus, unseren Herrn, gesehen"[9], seine Vision meint, bei welcher er laut eigener Aussage ein „helles Licht vom Himmel her"[10] sah, das „heller als die Sonne"[11] strahlte. Und dann lesen Sie, ein Augenarzt namens Guido Kluxen aus Wermelskirchen im Bergischen Land habe herausgefunden, daß Paulus infolge des plötzlichen und intensiven Sonnenblitzes, der ihn auf dem Weg nach Damaskus umstrahlte, eine „UV-Licht-Keratitis" erlitt – auf deutsch: eine Hornhautentzündung aufgrund ultravioletter Lichtstrahlung – und daß er sich bei dieser Gelegenheit auch noch eine „Retinopathia solaris" – eine schmerzhafte Netzhauterkrankung – einhandelte.

Wie werden Sie auf so eine Nachricht reagieren: werden Sie an der Seriosität der Bibel zweifeln – oder werden Sie gelinde Zweifel an der Seriosität einer solchen „Enthüllung" beschleichen? Und wie werden Sie erst reagieren, wenn Sie erfahren, was sich zutrug, als die eben erwähnte „Paulus-Affäre" durch die Medien ging: Eine Flut von Leserbriefen, durch welche die Auflage des „Deutschen Ärzteblattes", in welchem die sensationelle Ferndiagnose erschienen war, kurzfristig in die Höhe schnellte, hatte nämlich zur Folge, daß der Augenarzt schließlich zugab, seine medizinische Deutung von Pauli Bekehrung sei „selbstverständlich spekulativ" gewesen.[12]

Nicht von den Römern gekreuzigt

Mit der Schlagzeile „Neue These zum Mord an Jesus" vermeldete eine Zeitung das gedruckte Erscheinen der Erkenntnisse eines britischen Autors namens Enoch Powell. Laut Powell sei Jesus nicht von den Römern gekreuzigt, sondern von den Juden gesteinigt worden.[13]

Als Österreicher fühlt man sich, wenn man so etwas liest, sofort an Bruno Kreisky erinnert. Der 1990 verstorbene Bundeskanzler der Alpenrepublik kanzelte bekanntlich in einer seiner legendären Pressekonferenzen einen Journalisten, der sich mit einer dümmlichen Frage eine arge Blöße gegeben hatte, mit den mittlerweile zum geflügelten Zitat gewordenen Worten ab: „Lernen Sie Geschichte, Herr Redakteur!"

So „neu", wie die in Sachen Bibel und Bibelkritik leider meist ziemlich ahnungslosen Journalisten oft meinen, sind solche „Thesen" normalerweise nicht – und die von der Steinigung Jesu schon gar nicht. Hätte der Verfasser der vorhin zitierten Zeitungsmeldung „Geschichte gelernt", dann würde er gewußt haben, daß Herrn Powells These bereits etliche Jahrhunderte auf dem Buckel hat.

Die „Toledoth Jeschu", wo diese Geschichte zu finden ist, gab es bereits im Mittelalter. Ziel dieser gegen die Christen gerichteten jüdischen Kampfschrift war es, den antisemitischen Spieß einmal umzudrehen und mit plump gefälschten Informationen über das Leben Jesu den Begründer der Kirche verächtlich zu machen.

Statt so zu tun, als hätte hier irgendein Forscher etwas Neues über Jesus enthüllt, stünde es kritischer Medienberichterstattung besser an, die keineswegs schwer zu erratenden *Motive* zu enthüllen, die hinter dem Lancieren einer solchen „These" stehen – nämlich das Schüren ganz bestimmter Vorurteile. Wieder einmal sollte der Nachweis erbracht werden, daß es die Juden waren, die Jesus umgebracht haben. Wenn man weiß, daß es sich bei diesem Autor, der eine uralte These aufzuwärmen versuchte, um einen für gewisse extreme Ansichten bekannten britischen Politiker handelt[14], sehen die Dinge gleich ein wenig anders aus.

Jesus hat gar nicht gelebt

Aufwärmen von alten Thesen zählt überhaupt zu den Lieblingsbeschäftigungen der Jesusfälscher. Schon lange hat niemand mehr behauptet – oder zu behaupten gewagt, eine Person namens Jesus hätte es überhaupt nicht gegeben. Die These, Jesus sei gar keine reale Person, sondern ein Produkt der Phantasie, wurde vor allem im 19. Jahrhundert und zu Anfang des 20. Jahrhunderts propagiert. So etwa von Bruno Bauer (1809–1882), für den das Leben Jesu „eine Erfindung des Urevangelisten" war, von Albert Kalthoff (1850–1906), der in Christus den „personifizierten Gemeindeheros" sah, oder von Arthur Drews (1865–1935), bei dem der gekreuzigte Jesus in einer „astralmythischen Deutung" lediglich der zum Gottmenschen gewordene Orion war, der mit ausgebreiteten Armen am Weltbaum der Milchstraße hängt und von den Gestalten des Tierkreises wie von einer Rotte von Bösewichtern umgeben ist.[15]

Sich neuerdings für die „Jesus-hat-gar-nicht-gelebt"-Theorie erwärmt zu haben und diese fast schon vergessene Spielart der Jesusfälschung gleichsam aus ihrem Mauerblümchendasein erlöst zu haben, ist das Verdienst eines Franzosen. Für Jean Magne ist Jesus die Erfindung von Gnostikern. Nicht eine „militant-jüdische Gründerfigur" sei am Anfang der Bewegung des Christentums gestanden, sondern „ein schlichtes Brotritual".[16]

Die Frage, was von dieser „Enthüllung" zu halten sei, läßt sich mit sechs Buchstaben beantworten, nämlich mit dem einsilbigen Wort: Nichts. Was hier behauptet wird, ist reine Phantasie, die sich auf keinerlei Tatsachen stützen kann.

Er war schon tausend Jahre früher auf dieser Welt

Nicht anders verhält es sich hinsichtlich der These von Ahmed Osman, welcher behauptet, es gebe „nicht den geringsten zeitgenössischen Beweis" dafür, daß Jesus „in der Regierungszeit Herodes des Großen geboren und im ersten Jahrhundert nach Christus zum Tod verurteilt wurde".[17]

Dem in Kairo geborenen und in London lebenden Professor für ägyptische Geschichte kommt das Verdienst zu, das bunte Spektrum der Jesusfälschung um die Variante bereichert zu haben, daß Jesus schon um mehr als tausend Jahre früher gelebt habe, als wir meinen, und daß „die Figur, die wir heute als Gottessohn verehren" in Wirklichkeit identisch sei mit Josua, dem aus dem Alten Testament bekannten Schüler und Nachfolger des Mose. Obendrein sei dieser Josua noch ident mit dem Pharao Tutenchamun, der Ägypten zwischen 1361 und 1352 vor Christus regierte, während Mose seinerseits in Wirklichkeit niemand anderer war als der Pharao Echnaton.

Er war ein Marsmensch

Noch weiter entrückt finden wir Jesus bei Walter Hain. Für den in Österreich ansässigen „Marsforscher" war der Mann aus Galiläa ein „Außerirdischer". In seinem Buch „Sein Reich war nicht von dieser Welt"[18] meint der Autor, Beweise für eine „außerirdische Herkunft Christi" vorgelegt zu haben. Aber was für welche?

Walter Hain bezieht sich in seinen phantasievollen Spekulationen auf das sogenannte „Marsgesicht". Damit ist eine gewisse Hell-Dunkel-Schattierung gemeint, die auf manchen Fotos von unserem Nachbarplaneten zu sehen ist und die einem bei einiger Phantasie tatsächlich wie ein riesiges, in die Marslandschaft gemeißeltes Gesicht vorkommen kann. Dieses „Marsgesicht", findet Hain, habe eine frappante Ähnlichkeit mit dem Gesicht des Mannes auf dem Turiner Grabtuch, und das sei ein Beweis dafür, daß es sich bei dem Mann aus Nazareth um einen Außerirdischen handelte[19].

Um zu beurteilen, was von einem solchen Beweis zu halten ist, genügt es, sich im Sinne Immanuel Kants mutig des eigenen Verstandes zu bedienen. Die meisten von diesen spektakulären „Enthüllungen" über Jesus sind nichts weiter als Phantasien in wissenschaftlichem Gewande, und nicht wenige davon liegen auf der Ebene jener Wissenschaftlichkeit, über die schon Erich Kästner die Nase rümpfte, als er in seinem berühmten Gedicht über den Fortschritt der Menschheit sagte: „Und sie stellen durch Stiluntersuchungen fest, daß Cäsar Plattfüße hatte."[20]

ANMERKUNGEN:

1 Barbara Thiering: Jesus von Qumran. Sein Leben – neu geschrieben. („Jesus The Man. A New Interpretation From The Dead Sea Scrolls"), Gütersloh 1993.
2 Maria Valtorta: Der Gottmensch. Leben und Leiden unseres Herrn Jesus Christus, Bd. I, Hautville 1993.
3 Lk 2,7: „Und sie gebar ihren Sohn, den Erstgeborenen. Sie wickelte ihn in Windeln und legte ihn in eine Krippe, weil in der Herberge kein Platz für sie war."
4 Mt 2,11: „Sie gingen in das Haus und sahen das Kind und Maria, seine Mutter; da fielen sie nieder und huldigten ihm. Dann holten sie ihre Schätze hervor und brachten ihm Gold, Weihrauch und Myrrhe als Gaben dar."
5 Valtorta a. a. O., S. 56.
6 Holger Kersten: Jesus lebte in Indien. Sein geheimes Leben vor und nach der Kreuzigung, München 1993.
7 Vgl. das berühmte Wort in Immanuel Kants Aufsatz „Was ist Aufklärung?": „Sapere aude! Habe Mut, dich deines eigenen Verstandes zu bedienen!"
8 Vgl. „Jesus ein Mittelständler?", Kurier, 22. Dezember 1997.
9 1 Kor 9,1.
10 Apg 22,6.
11 Apg 26,13.
12 Vgl. den Zeitungsbericht: „Paulus-Affäre erhitzte nicht nur fromme Gemüter", Ruhrwort 36 / 23. April 1994.
13 Kurier, 17. August 1994.
14 In einem von Michael Walker verfaßten Nachruf auf Enoch Powell, diesen „umstrittensten und wohl einflußreichsten britischen Nachkriegspolitiker", heißt es beispielsweise: „Dieser Tory-Einzelgänger war eine unwi-

derstehliche Persönlichkeit und ein nicht minder unwiderstehlicher Redner. Powells Zuhörer wurden vielleicht oft in Wut gebracht, aber niemals mußten sie sich langweilen." Junge Freiheit 9 / 20. Februar 1998.

15 Bruno Bauer: Kritik der evangelischen Geschichte des Johannes, Bremen 1840. – Albert Kalthoff: Das Christusproblem. Grundlinien zu einer Sozialtheologie, Leipzig 1902. – Arthur Drews: Die Leugnung der Geschichtlichkeit Jesu, Karlsruhe 1926.

16 Jean Magne: From Christianity to Gnosis and From Gnosis to Christianity, Atlanta 1996.

17 Ahmed Osman: Wer war Jesus wirklich, München 1994. S. 266.

18 Walter Hain: Sein Reich war nicht von dieser Welt. Beweise für die außerirdische Herkunft Christi, Berlin 1997. – Vgl. auch das Interview mit Walter Hain in der TV-Sendung „Wir sind nicht allein" von Michael Satzinger und Johannes Steger, ORF, 31. März 1998.

19 Vgl. Josef Dirnbeck: Jesus und das Tuch. Die „Echtheit" einer Fälschung, Klosterneuburg-Wien 1998. S. 193.

20 Erich Kästner: Entwicklung der Menschheit, in: Gesammelte Schriften, Zürich 1959.

II.
DER UNSINN HAT METHODE
Phantasien in wissenschaftlichem Gewande

Wer gerne wissen möchte, was die Wissenschaftler in ihren Instituten eigentlich den lieben langen Tag tun und mit welchen interessanten Forschungsprojekten sie sich beschäftigen, der sollte die Mühe nicht scheuen, sich in die täglich größer werdende Informationslawine von wissenschaftlichen Publikationen zu vertiefen oder in den unendlichen Weiten des Internet zu surfen.

Falls er aber seine Zeit nicht damit vertun möchte, in diversen Fachzeitschriften zu blättern und Artikel zu lesen, die ihm eine ohnedies schon schwer verständliche Materie in perfektem Fachchinesisch erläutern, muß er trotzdem nicht dumm und uninformiert sterben. Wozu gibt es schließlich die Medien, deren Aufgabe es ist, Wissen zu vermitteln und alles Wichtige öffentlich bekanntzumachen.

Und so erfährt denn auch der sogenannte Mann von der Straße nach und nach alle möglichen Dinge, die er bisher nicht gewußt hat und nach denen zu fragen ihm nicht in den Sinn gekommen wäre.

Der geklonte Jesus

Schlagzeile in einer auflagenstarken österreichischen Tageszeitung: „US-Wissenschaftler wollen Jesus klonen – Wissenschaftler in Texas haben bereits das Gen isoliert“[1]. Wenn man so etwas am frühen Morgen als Lektüre zum Frühstück serviert bekommt, fragt man sich natürlich, woher wohl die zur Isolierung des Gens erforderliche Blutprobe genommen wurde. Elmar R. Gruber und Holger Kersten haben es enthüllt: „In der Blutbank einer texanischen Universität lagert inzwischen die Erbinformation des Mannes vom Grabtuch."[2]

Auf das sogenannte Grabtuch Christi, jene weltberühmte Reliquie, die in der zweiten Hälfte des 14. Jahrhunderts in Lirey aufgetaucht ist und seit 1578 in Turin aufbewahrt wird, beziehen sich die Theorien einer ganzen Reihe von Enthüllungsautoren. Sie behaupten, mit diesem 4,36 Meter langen und 1,10 Meter breiten Linnen ließe sich beweisen, daß Jesus nicht am Kreuz gestorben ist; denn auf dem Tuch befinde sich eine gewisse Blutspur, der man entnehmen könne, daß Jesus noch geblutet habe, als er in dieses Tuch eingewickelt war – und Leichen bluten bekanntlich nicht.

Dieses Tuch sei kein Leichentuch, sondern eine Art „Heiltuch" gewesen[3], mit welchem Josef von Arimathäa und seine Hintermänner den scheintoten Jesus, der zwar lebensgefährlich verletzt war, aber glücklicherweise noch lebte, hurtig gesund gepflegt haben, so daß er am dritten Tag nach seiner Kreuzigung – oder genauer gesagt: knappe sechsunddreißig Stunden später – trotz des Blut- und Flüssigkeitsverlustes, die ihm die schweren Verwundungen durch Geißelung, Dornenkrönung und Durchbohrung an Händen und Füßen beschert hatten, bereits wieder so weit wiederhergestellt war, daß er die im Felsengrab fürsorglich eingerichtete Intensivstation aus eigener Kraft verlassen konnte und somit eben nicht auferstanden, sondern lediglich „aufgestanden" sei.

Das Copyright an dieser phantastischen Theorie hat eigentlich ein Mann namens Hans Naber. In einer vom Autor selber in der Aufmachung einer Illustrierten herausgegebenen Schrift mit dem Titel „Illustrierte Sonderausgabe" schrieb Hans Naber, der sich auch Kurt Berna, John Reban u. ä. nannte, im Jahr 1957: „Jesus Christus ist laut seinem eigenen Linnen nicht am Kreuz gestorben." Naber behauptet, niemand Geringerem als Jesus selber den entscheidenden Hinweis zur Entdeckung des lange übersehenen Befundes zu verdanken. Er beruft sich auf Visionen, die er in der Zeit vom 16. bis zum 23. Februar 1947 hatte. In diesen Visionen habe ihm Christus mitgeteilt: „Höret mein Geheimnis – ich bin nicht am Kreuz gestorben!“[4]

Aber mit einer solchen Antwort stellt sich sofort eine neue Frage: Wenn es stimmt, daß Jesus nicht am Kreuz starb, wo starb er denn dann? Wo liegt er begraben?

Die vielen Gräber des Nazareners

Die einen sind überzeugt, daß Jesus nach seiner nicht erfolgten Auferstehung nach Indien ging; felsenfest davon überzeugt ist jedenfalls die Ahmadiyya-Sekte. In deren Besitz befindet sich nämlich das sogenannte Jesusgrab in Kashmir.[5] Die anderen meinen, Jesus sei noch etwas weiter östlich begraben – nämlich in Japan; felsenfest meint dies jedenfalls die Mahikari-Bewegung. Auch sie haben ein Jesusgrab, das jährlich von mehr als hunderttausend Menschen besucht wird, und die Besucher pflegen daselbst Früchte und Geld als Opfergabe niederzulegen.

Nach einer in Japan verbreiteten Legende soll Jesus vor den Römern nach Japan geflohen sein, eine Japanerin geheiratet haben und im nahezu biblischen Alter von 106 Jahren gestorben sein. Seit 1935 geistert die von der Mahikari-Bewegung kolportierte Story durch die Weltgeschichte, daß Jesus nicht selber am Kreuz starb, sondern ein anderer an seiner Stelle gekreuzigt wurde, während er nach Asien emigrierte. Dieser andere war niemand anderer als Jesu Bruder namens „Isukiri“, dessen Leichnam „später nach Japan überführt und genau wie Jesus selbst dort begraben“ worden sei.[6]

Japanischen Zeitungsberichten aus dem Jahr 1997 war zu entnehmen, daß dieses angebliche Grab Jesu in der Stadt Shingo mutwillig beschädigt worden war. Unbekannte Täter hatten die beiden großen Gedenkkreuze abgesägt, die über dem sogenannten „Grab Christi“ errichtet waren.

Noch ein weiteres Grab wurde ausfindig gemacht, in dem die sterblichen Überreste jenes Mannes liegen sollen, der schon zu Lebzeiten kein Freund von Gräbern und Friedhöfen war; jenes Jesus, der die Schriftgelehrten und Pharisäer mit „übertünchten Gräbern" verglich, die außen schön aussehen, aber innen voll Knochen, Schmutz und Verwesung sind[7], und der seine Anhänger mit Sprüchen wie diesem schockierte: „Laß die Toten ihre Toten begraben!"[8]

Jesu Grab sei in Frankreich zu finden, verkündeten Richard Andrews und Paul Schellenberger der staunenden Öffentlichkeit.[9] Es befinde sich im Pech Cardou, einem Berg in der Nähe von Rennes-le-Chateau in Südfrankreich, und zwar in einem circa 250 Meter langen Stollen, der in den 795 Meter hohen Berg getrieben wurde. Die Autoren beriefen sich dabei auf ein von der Kirche angeblich jahrhundertelang unterdrücktes „explosives Geheimwissen", das in kryptischen geometrischen Sequenzen überliefert wurde, z. B. auf Kunstwerken wie der „Lancelot-Miniatur" oder einem Bild von Nicolas Poussin.

Die reichlich abstruse Theorie wurde längst als das entlarvt, was sie ist: eine pure Erfindung. Eine TV-Sendung der BBC[10] hat aufgezeigt, daß die angeblich aus dem Mittelalter stammenden Pergamente phantasievolle Fälschungen sind, was die beiden Autoren übrigens gar nicht bestritten, sondern vor laufender Fernsehkamera sogar behaupteten, sie hätten in ihrer Theorie die Möglichkeit mit berücksichtigt, daß die Dokumente aus dem 19. oder 20. Jahrhundert stammen könnten. Und wieder mußte die „Sacra Sindone di Torino" als Beweismittel herhalten: Andrews und Schellenberger schlugen allen Ernstes vor, zur Überprüfung ihrer Thesen die „unter Tausenden von Tonnen Felsgestein" verborgenen Gebeine Jesu freizubuddeln und „den einbalsamierten Körper mit dem Abbild auf dem Grabtuch von Turin" zu vergleichen.

Visionäre Managementmethoden

Verglichen mit dermaßen spektakulären „Enthüllungen" nimmt es sich nachgerade harmlos aus, wenn uns Jesus auch noch als ein visionärer Manager präsentiert wird. Laurie Beth Jones, Präsidentin eines amerikanischen Werbe-, Marketing- und Wirtschaftsentwicklungsunternehmens, empfiehlt ihrer Klientel eine ganz spezielle Form von Jesus-Nachfolge. Sie rät den Managern in Wirtschaftsbetrieben nämlich, sich an Jesus ein Beispiel zu nehmen und seine Managementmethoden nachzuahmen.

Der Führungsstil „jener Person, die zwölf Menschen schulte", ist „dafür bestimmt, von uns angewandt zu werden", weiß die Autorin[11], und man kann ihr nicht einmal vorwerfen, daß sie Jesus dabei in irgendeiner Weise *verfälschen* würde. Frau Jones' Analyse ist lediglich von erschreckender Banalität. Die clevere Marketing-Expertin, die ihre „Erkenntnisse" aus der aufmerksamen Lektüre der Heiligen Schrift gewonnen haben will, hat ja keineswegs unrecht, wenn sie der staunenden Leserschaft enthüllt, daß sich Jesu „Führungstechnik" auf drei Stärken konzentriere – nämlich auf die „Stärke der Selbstführung und Persönlichkeitsentwicklung", auf die „Stärke der Handlung" und auf die „Stärke der Beziehung" – und daß die Kombination dieser drei „Stärken" eine unabdingbare Voraussetzung sei, um in der heutigen Geschäftswelt durchschlagende Managementerfolge zu erzielen.

Gut und schön, aber was, bitte sehr, ist daran jesuanisch, oder gar *typisch* jesuanisch? Keine Führungspersönlichkeit der Welt, deren Aufgabe es ist, Menschen zu führen, hat Menschen je anders führen können als so – also sicherlich auch Jesus. Mit anderen Worten: die Ausführungen über die „visionären" Managementmethoden des „Managers" Jesu sind ungefähr so aufschlußreich wie die Feststellung, daß das Wasser naß ist.

Der „Bibel-Code"

Der Schmerzhafte Rosenkranz meditiert bekanntlich die Leidensgeschichte des Herrn, aber er berücksichtigt keineswegs alle Stationen dieses Leidensweges. Jesus wird nämlich nicht nur gegeißelt, verspottet, geschlagen und mit Dornen gekrönt; er befindet sich auch in den Klauen der „Enthüller".

In meinen Vorträgen wurde ich schon oft gefragt: Kann und darf man über Jesus eigentlich allen erdenklichen Unsinn behaupten und mit Hilfe des Buchdrucks und der elektronischen Medien öffentlich bekannt machen? Leider kann ich darauf keine andere Antwort geben als: Ja. Offensichtlich kann und darf man. Jedenfalls tut man es unentwegt; und wenn es kein gutes Geschäft wäre, solche unseriösen Jesusbücher zu machen, dann hätten die Verleger sicher schon längst die Finger davon gelassen.

„Der Bibel-Code" hieß ein Buch, das vor einigen Jahren die Gemüter bewegte.[12] Michael Drosnin – ein amerikanischer Jude, der nach eigener Aussage nicht an Gott glaubt – behauptete, der hebräische Text der Bibel enthielte versteckte Botschaften über zukünftige Ereignisse, und es gebe ein Verfahren, den „Code" dieser Botschaften zu entschlüsseln und auch sehr detaillierte Aussagen über die Zukunft zu machen. So wollte der Autor z. B. auch eine präzise Voraussage des Attentats auf den israelischen Premierminister Yizchak Rabin in der Bibel codiert gefunden haben.

Drosnins „Bibel-Code" wurde nicht nur erfolgreich verkauft, er wurde auch erfolgreich kritisiert. Es fehlte nicht an Skeptikern, die an der hier propagierten Methode zweifelten. Sie hielten dem Autor vor, daß man auf diese reichlich willkürliche Weise alles und jedes aus der Bibel herauslesen kann. Und als der Autor, um seinen Gegnern den Wind aus den Segeln zu nehmen, in einem Interview öffentlich erklärte, wenn einer seiner Kritiker imstande wäre, eine Botschaft über die Ermordung eines Premierministers verborgen im Text von „Moby Dick" zu entdecken, dann wolle er sich geschlagen geben, wurde er prompt beim Wort genommen. Brendan McKay machte die Probe aufs Exempel und fand, unter peinlich genauer Anwendung der „Bibel-Code-Methode", im englischen Text von „Moby Dick" gleich mehrere solcher Mordanschläge vorhergesagt, u. a. den auf Indira Gandhi, den auf Trotzki und den auf Martin Luther King.

Was war nun erwiesen: daß offenbar auch ein Bestsellerautor wie Herman Melville (1819–1891) hellseherische Fähigkeiten besessen haben muß – oder war erwiesen, daß die Sache mit dem Bibel-Code nichts weiter ist als pure Scharlatanerie?

Sehr treffend vermerkte ein Rezensent dieses neuesten Schreis auf dem Markt der postmodernen Beliebigkeit, daß Drosnins „Bibel-Code"-Buch vor allem „Esoteriker elektrisiert", und übertitelte seine Ausführungen mit den Worten: „Erleuchtung kurz vor dem Dritten Weltkrieg."[13] Denn der Dritte Weltkrieg ist laut Drosnin in der Bibel selbstverständlich ebenfalls schon längst vorausgesagt. Doch wir dürfen aufatmen: wir *heute* Lebenden, ja nicht einmal die Babys, die heute – zu Beginn des 21. Jahrhunderts – geboren werden, haben Chancen, ihn noch zu erleben. Michael Drosnins computerunterstützter biblischer Kaffeesatzlektüre zufolge wird es erst im Jahr 2116 so weit sein … – Und an diesem Detail entdecken wir plötzlich den tieferen Sinn der ganzen Sache.

Die Botschaft vom Dritten Weltkrieg

Die Botschaft ist ganz klar: Der „Dritte Weltkrieg", dieser Inbegriff von Angst und Schrecken, diese fürchterliche Horrorvision der totalen Weltvernichtung, findet zwar statt, aber nicht hier und heute und auch nicht demnächst, sondern zu einem Zeitpunkt, in dem es uns persönlich nicht mehr trifft.

Siehe da, so fällt es uns wie Schuppen von den Augen: zwei so völlig unterschiedliche Dinge wie der banale Raumschiff-Jesus von Frau Hatara-Siri[14] und Herrn Drosnins kompliziert ausgetüftelter „Bibel-Code" haben einen gemeinsamen Nenner! Botschaften dieser Art sind dazu da, bestimmte Bedürfnisse zu stillen. Wer solche Sachen liest und bereitwillig glaubt, dem geht es gar nicht um Information. Er liest aus ganz anderen Gründen. Die Lektüre spendet ihm Trost. – Pervers, aber wahr: Die Bibel, die wirklich Trost spenden könnte, bleibt ungelesen, aber der „Bibel-Code" ist der Tröster.

Und wer sich trösten lassen möchte, wird sich in jeder Lage und um jeden Preis trösten lassen – auch nach dem 11. September 2001, jenem Tag, der „die Welt verändert" hat, wie man gesagt hat, und nach dem „nichts mehr so sein wird, wie es war".

Warum werden solche Bücher gelesen?

Das schreckliche Attentat auf das World-Trade-Center hat Michael Drosnin mit seinem „Bibel-Code" zwar nicht vorausgesagt – aber was besagt das schon! Nur sarkastische Gemüter, denen nichts heilig ist, könnten auf die Idee kommen, Gorbatschows Spruch variierend zu sagen: „Wer zu früh prophezeit, den bestraft die Geschichte." Nur notorische Zyniker würden ätzen, daß Drosnin, falls er eine Möglichkeit gehabt hätte, schon im vorhinein zu wissen, daß sich schon ein paar Jahre nach Erscheinen seines Buches etwas so Schreckliches ereignen würde, ganz bestimmt auch haarklein nachweisen hätte können, daß auch der Einsturz der beiden Türme in New York längst schon in codierter Form in der Bibel prophezeit war. Alle anderen aber werden doch einsehen, daß man das doch ganz anders sehen muß: nämlich daß es sich hier nur scheinbar um ein Versagen der prophezeienden Kraft des „Bibel-Codes" handelt; denn in Wirklichkeit ist es doch ungemein tröstlich, daß der 11. September *nicht* vorausgesagt wurde. Oder nicht?

So schlimm, wie viele meinen, *kann* es gar nicht sein! Denn wenn dieses Ereignis in New York wirklich so weltbewegend wäre, dann wäre es doch in der Bibel, die sogar das Attentat auf Yizchak Rabin präzis vorausgesagt hat, bestimmt berücksichtigt worden. Nein, *wirklich* schlimm wird es erst in mehr als hundert Jahren werden, wenn der Dritte Weltkrieg ausbricht; aber dann tut uns Gott sei Dank ohnehin kein Zahn mehr weh.

Der langen Rede kurzer Sinn: Drosnins Buch ist ein typisches Beispiel für jenes Genre pseudowissenschaftlicher Bücher mit mystischem Touch, die wir hier unter die Lupe nehmen. Und es stellt sich die Frage: Warum werden solche Phantasien im wissenschaftlichen Gewande eigentlich so gerne gelesen?

Auf diese Frage habe ich mehrere Antworten. Zunächst einmal werden sie deswegen gerne gelesen, weil sie es verstehen, auf ganz raffinierte Weise sozusagen an das „Kind im Manne" zu appellieren.

Solche Bücher befriedigen den Spieltrieb, der auch bei Erwachsenen zu finden ist, und sie geben der Abenteuerlust Nahrung, die in jedem Leser und jeder Leserin steckt. Darüber hinaus kompensieren sie Verlustängste und lindern tief verborgenen Schmerz. Denn mit der gleichen Wehmut, mit der sich der erwachsen gewordene Mensch in stillen Stunden an die schönen Tage der Kindheit erinnert und sich mit Marcel Proust auf die „Suche nach der verlorenen Zeit" begibt, denkt auch der Mensch der Moderne und Postmoderne an die gute alte Zeit zurück, als die Welt noch heil war – an die Zeit vor Kopernikus, Kant, Einstein, Freud und Bill Gates, wo alles noch so einfach und übersichtlich war; wo man stets wußte, wo's lang geht; wo man noch so viele Sicherheiten hatte und wo die Erde noch der Mittelpunkt der Welt war.

Das Verlangen nach Sicherheit, das sogenannte „Sekuritätsbedürfnis" des Menschen, liefert den entscheidenden Kick. Es startet – in der Sprache des Computers ausgedrückt – im Betriebssystem der menschlichen Psyche bestimmte Programme, die still und heimlich unter der Benutzeroberfläche ablaufen und sich nur hin und wieder durch bestimmte Eingabeaufforderungen bemerkbar machen. Dann kann die Lektüre einer gewissen Art von Literatur zu einer das seelische Gleichgewicht aufrechterhaltenden Notwendigkeit werden. Bücher, die bestimmte Illusionen nähren, werden dann im wahrsten Sinne des Wortes „verschlungen wie ein Stück Brot", und der unkritische Konsument dieser Bücher ist sich nicht im mindesten bewußt, warum diese Bücher für ihn eigentlich so attraktiv sind und weshalb er sie so dermaßen unkritisch konsumiert.

Maßgeschneiderte Bedürfnisbefriedigung

Der aufgeklärte Mensch, der Mensch im Zeitalter des World-Wide-Web und der Gentechnik ist gar nicht so cool, wie er immer meint. Wenn er in stillen Stunden ein wenig in sich hineinhorcht, spürt er, wie sehr er unter der Komplexität der modernen Welt leidet; wie sehr er diese ganze Rationalität satt hat und wie sehr er die Welt, in der er lebt, eigentlich haßt. Und dann werden in ihm uralte Sehnsüchte wach, und er sehnt sich in die Zeit des „Es war einmal" zurück; in jene märchenhafte Zeit, als das Wünschen noch geholfen hat. Auch im angeblich so nüchternen und rationalen Menschen von heute sitzt tief drinnen der archaische Wunsch, die Welt möge eine heile Welt sein – ein Land der unbegrenzten Möglichkeiten, ein Märchenland voller Wunder und Überraschungen.

In einer solchen Situation wäre eigentlich der Glaube gefragt. Ein starker Glaube, ein „Glaube, der die Erde liebt", wie Karl Rahner gesagt hat; ein Glaube, der uns wieder zeigt, wie man das eigentlich macht: die Erde mit ihren Mängeln zu lieben. Was aber tun, wenn kein Glaube mehr da ist? Was tun, wenn vom ehemaligen Glauben nur noch ein brüchiges Satzgefüge übriggeblieben ist, das einen nicht mehr zu tragen vermag? Was tun, wenn der Glaube aus dem Leben verschwindet und der Mensch nicht mehr imstande ist, sich in einem Akt des Urvertrauens in jenem Geheimnis festzumachen, welches wir Gott nennen?

Einem Menschen, der nicht glaubt – nicht zu glauben vermag –, dem bleibt gar nichts anderes übrig, als sich in Illusionen zu flüchten. Und wir erleben es ja allenthalben: Auf vielerlei Weise versuchen vielerlei Menschen, aus den vielfältigen Gebrochenheiten unserer Welt zu flüchten, statt – wie es Christen tun sollten – ihnen standzuhalten und die Welt glaubend zu bestehen. „Habt Mut, ich habe die Welt besiegt“, lautet die Botschaft, die der Jesus der johanneischen Abschiedsreden seinen Jüngern auf den weiteren Lebensweg mitgibt.[15]

Zwischen Glaube und Aberglaube

In der Tat: es gehört *Mut* dazu, zu glauben und die Welt glaubend zu bestehen. Bequemer und einfacher ist das andere: der Sehnsucht nachzugeben, aus dieser komplexen Welt zu flüchten. Der Drang zum Eskapismus ist größer denn je; und die Bücher der Jesusfälscher bieten sich gleichsam als Reisebüros an, in denen man den Trip in die Scheinwelt buchen kann. Es ist zwar nur bloßer Schein, was einem da geboten wird, aber es ist schön. Und es beruhigt, gibt Sicherheit.

Anders gesagt: Die Thesen der Jesusfälscher – wir haben es schon an einigen Beispielen gesehen – sind maßgeschneiderte Bedürfnisbefriediger; sozusagen Designer-Drogen, einsetzbar gegen ganz bestimmte Ängste. Es handelt sich um nichts anderes als um Religionsersatz; um ein Imitat, welches echter Religion zum Verwechseln ähnlich sieht: um geklonte Religion. Wenn man will, kann man es auch mit den Kategorien der Marx'schen Religionskritik benennen: Opium – nicht für das Volk, sondern für den Durchschnittsintellektuellen. Denn allzu dumm darf man nicht sein, etwas Bildung ist schon vonnöten, um solche Bücher lesen zu können; aber allzu kritisch darf die Kundschaft wieder auch nicht sein, denn sonst durchschaue ich die Illusion, und eine Illusion, die ich durchschaue, kann mir nicht mehr helfen.

Um es ganz unverblümt zu sagen: Diese Bücher sind Psychopharmaka aus bedrucktem Papier. Und sie sind umso wirksamer, je unbewußter einem die Sehnsüchte bleiben, die man eigentlich hat und die man auf diese Weise stillt. Denn was ich weiß, macht mich nicht heiß. Wie schlimm für mich, wenn ich gleich von Anfang an durchschauen würde, daß ich drauf und dran bin, genau das zu tun, wovor mich das Neue Testament warnt – nämlich mir, weil ich die „gesunde Lehre" nicht mehr ertrage, „nach eigenen Wünschen" immer neue Lehrer zu suchen, die „den Ohren schmeicheln"[16]!

Wenn ich das falsche Spiel, das ich mit mir selber treibe, durchschauen würde, dann könnte ich es nicht ertragen. „Vater, verzeih ihnen, denn sie wissen nicht, was sie tun", hat Jesus am Kreuz gebetet, wie im Lukasevangelium berichtet wird.[17] Der barmherzige Vater Jesu würde mir vermutlich sogar verzeihen, wenn ich *weiß*, was ich tue, aber ich? Wie könnte *ich* mir verzeihen? Wie sollte meine Seele den ersehnten Frieden finden, wenn mein Über-Ich den psychoanalytischen Zeigefinger erhebt und mir spielverderberisch zuruft: „Pfui, du regredierst ja schon wieder!"

Je weniger einem Leser bewußt ist, welche Vorgänge unter der Oberfläche ablaufen, umso glücklicher wird ihn die Lektüre solcher Bücher machen. Diese Bücher ermöglichen es ihm, sich wie ein Kind fühlen zu dürfen, ohne sich kindisch vorkommen zu müssen. Sie gaukeln ihm vor, Sachbücher zu sein. Er braucht sie also nicht mit der Taschenlampe unter der Bettdecke zu lesen wie einst die Bücher von Karl May. Er braucht sich nicht von seinem kritischen Bewußtsein vorwerfen zu lassen, daß er sich ja bloß in eine erfundene Traumwelt begibt, wenn er liest, daß der Meister nach Indien ging oder daß sogar ein so tadelloser und vollkommener Typ wie Jesus seine liebe Not mit der Ehe hatte und eines Tages als wiederverheirateter Geschiedener dastand, wie eines dieser sensationellen Jesusbücher „enthüllt" hat. Vielmehr kann sich der Leser ruhigen Gewissens sagen: „Das sind doch ernsthafte Leute, die das schreiben, und ernsthafte Verlage, die das drucken; es klingt doch alles so vernünftig und so wissenschaftlich, was in diesen Büchern steht – da kann man doch nichts dagegen sagen!"

Hier Esoterik, dort Fundamentalismus

Der Zerberus der Vernunft, der die Regression ins infantile Bewußtsein verwehren will, wird auf diese Weise erfolgreich beschwichtigt und läßt nicht mehr sein störendes Kläffen vernehmen. Aber was noch viel wichtiger ist: der Leser bekommt etwas wiedergeschenkt, das er schon längst verloren hatte und im Grunde für unwiederbringlich hielt – die heile Welt seines Kinderglaubens. Oder sagen wir besser, er bekommt einen herrlichen Ersatz dafür.

Statt an den allmächtigen und allwissenden Gott, an den er nicht mehr zu glauben vermag, darf er hier nach Herzenslust an die Allmacht der Wissenschaft glauben und über deren Allwissenheit staunen. Die Wissenschaft weiß alles und kann alles erklären. Selbst die unglaublichsten und unenthüllbarsten Rätsel und Geheimnisse löst sie im Handumdrehen: Cäsars Plattfüße, den Landeplatz der Arche, das Geheimnis der Pyramiden, die Wahrheit über Atlantis und nicht zu vergessen: den Bibel-Code.

Aber dies alles ist nur die eine Spielart des Eskapismus: die atheistische oder agnostische. Komplementär zu ihr gibt es noch eine fromme oder besser gesagt: *vermeintlich* fromme Fluchtbewegung, jene Variante des Eskapismus, die wir als die fundamentalistische Versuchung bezeichnen.

Der Regensburger Dogmatiker Wolfgang Beinert, ein trefflicher Analytiker dieser Thematik, sagt mit guten Gründen, heute sei „die Sternstunde des Fundamentalismus"; der Startpunkt dieses Denkens sei „die Angst vor der Komplexität der Moderne, die in der Postmoderne höchst verdächtig geworden ist".[18]

ANMERKUNGEN:

1 Neue Kronen-Zeitung, 12. April 1998.
2 Holger Kersten / Elmar R. Gruber: Jesus starb nicht am Kreuz. Die Botschaft des Turiner Grabtuchs, München 1998. S. 336.

3 In einer Fernsehdiskussion des Bayerischen Rundfunks („Stationen", 5. Mai 1998) faßte Elmar R. Gruber die These, die er in seinen gemeinsam mit Holger Kersten verfaßten Büchern vertritt, folgendermaßen zusammen: „Wenn die Person, die im Grabtuch lag, tatsächlich Jesus war, und sehr vieles, fast alles deutet darauf hin, dann muß man sagen, daß Jesus nicht am Kreuz gestorben ist, daß Jesus die Kreuzigung überlebt hat und daß seine Helfer versucht haben, ihn nicht mit einem Grabtuch, sondern mit einem Heiltuch – und das ist es letztlich – zu retten, zu heilen. Die Stoffe, die darauf aufgetragen wurden, Aloe und Myrrhe beispielsweise, wurden ja auch nicht für Begräbnisriten verwendet, sondern eigentlich waren das Heilutensilien, Heilstoffe."

4 Vgl. Josef Dirnbeck: Jesus und das Tuch. Die „Echtheit" einer Fälschung, Klosterneuburg-Wien 1998. S. 191.

5 Vgl. Günter Grönbold: Jesus in Indien. Das Ende einer Legende, München 1985. S. 10.

6 Vgl. Joachim Finger: Jesus – Essener, Guru, Esoteriker? Mainz und Stuttgart 1993. S. 48.

7 Mt 23,27.

8 Lk 9,60.

9 Richard Andrews / Paul Schellenberger: Das letzte Grab Christi. Die Geometrie des Heiligen Gral, Bergisch Gladbach 1996. S. 294.

10 William Cran: Im Irrgarten der Templer. ORF, 26. November 1997.

11 Laurie Beth Jones: Jesus Christus, Manager. Biblische Weisheiten für visionäres Management, Signum-Verlag / Business, Wien 1996.

12 Michael Drosnin: Der Bibel Code, München 1997.

13 Süddeutsche Zeitung, 19. Juli 1997.

14 Vgl. Hatara-Siri: Mein Wort. Unvergängliche Worte von Jesus Christus und Gedanken Seiner Sternengeschwister aus dem Licht, Ostermundigen 1993. S. 110. – In diesen durch „Mental-Telepathie" übermittelten Offenbarungen läßt Jesus seine Anhänger wissen, auf welche Weise er sie vor den Bedrohungen, denen sie in dieser Welt ausgesetzt sind, retten wird: „Ein wunderschönes Mutterschiff wird Euch dereinst aufnehmen. Es ist ein großes Schiff in Glockenform, das viele Stockwerke hat und circa zehntausend Menschen Platz bietet. An der unteren Peripherie sind die Landeplätze für kleine Raumschiffe, die zur Erde kommen werden, um Euch abzuholen".

15 Joh 16,33.

16 2 Tim 4,3.

17 Lk 23,34.

18 Wolfgang Beinert: Christentum und Fundamentalismus, Nettetal 1992. S. 35.

III.
DER MEISTER UND SEINE HERZ-DAME
Jesus im Ehebett

Brennende Kerzen und demonstrativ gebetete Rosenkränze, lautstarke verbale Proteste, vereinzelte Sachbeschädigungen und Bombendrohungen gegen Kinos: Der Spielfilm „Die letzte Versuchung Jesu“[1] hat für einige Aufregung gesorgt, als er 1988 erstmals in den Kinos zu sehen war. Sogar die Oberhirten Deutschlands sahen sich veranlaßt, in ihrer Herbstvollversammlung in Fulda am 28. August 1988 zum Scorsese-Film Stellung zu nehmen: „Die Deutsche Bischofskonferenz ist befremdet darüber, daß ein solcher Film überhaupt dem Publikum zugemutet wird. In völliger Willkür verfälscht und verzerrt der Film die biblische Gestalt Jesu. Er beleidigt die religiösen Gefühle der Gläubigen. Er mißachtet Leben und Sterben Jesu Christi. Er kränkt alle, die ihre Hoffnung auf den Erlösungstod des menschgewordenen Sohnes Gottes gründen. Wer in dieser Weise die Überzeugungen anderer verletzt, verhält sich intolerant und kann sich dafür nicht auf die Freiheit der Kunst berufen.“[2] In den Jahren danach hat sich die Aufregung gelegt. Der Streifen, den Martin Scorsese nach einem Roman von Nikos Kazantzakis gedreht hat, ist mehrfach im Fernsehen gezeigt worden, sogar im renommierten deutsch-französischen Kulturkanal „Arte“, der gewiß nicht im Verdacht steht, ein von „Big-Brother“-Geilheit gebeutelter, eiskalt auf Einschaltquoten schielender Schmuddelsender zu sein.

Ein nüchterner Betrachter, der den Film mit Abstand sieht, wird sich vermutlich verwundert die Augen reiben und nur schwer begreifen, wogegen eigentlich damals so viele wackere Katholiken auf die Barrikaden stiegen.

Warum gab es um diesen Film einen solchen Skandal? Was ist so schlimm an dieser „letzten Versuchung“ Jesu?

Die letzte Versuchung

Der Stein des Anstoßes ist weiblich und heißt Maria von Magdala. Bereits uralte christliche Phantasie hat jene Frau, aus der Jesus nach biblischem Zeugnis „sieben Dämonen ausgetrieben“ hat[3], für eine Hure gehalten und mit der anonymen Sünderin identifiziert, die Jesus im Haus eines Pharisäers die Füße salbte[4]. Insofern war der Scorsese-Film keineswegs originell. Neu ist lediglich das Motiv, aus welchem Magdalena hier Gunstgewerblerin wurde. Es war enttäuschte Liebe zum Meister. Auch wenn sich Jesus und Magdalena schon als Kinder kannten und seit jeher zärtliche Gefühle füreinander empfunden haben, eines steht fest: Jesus muß Gott mehr gehorchen als dem Lockruf irdischer Liebe. Ehe er in die Wüste geht, um sich auf sein öffentliches Auftreten vorzubereiten, sucht er die aus Verzweiflung Hure gewordene Magdalena im Haus der Sünde auf und bittet sie um Verzeihung. Leider ohne Erfolg. Erst als man sie später steinigen möchte und Jesus die Steinigung vereitelt, wird sie seine treueste Anhängerin.

Und dennoch bleibt die Gestalt der Magdalena im Scorsese-Film seltsam blaß. Sie spielt im wahrsten Sinne des Wortes nur eine Nebenrolle. Der Film interessiert sich ausschließlich für Jesus und dessen Ringen um seine Sendung. Magdalena kommt erst wieder ins Spiel, als der Menschensohn auf raffinierte Weise versucht wird.

Jesus hängt bereits am Kreuz, da erscheint ihm der Satan als Engel verkleidet und gaukelt ihm vor, die Passion sei zu Ende. Gott habe Jesu Bereitschaft zur Hingabe gesehen, und ganz so wie seinerzeit bei der Opferung des Isaak müsse es nicht zum Äußersten kommen. Jesus brauche den bitteren Kelch nicht zu Ende trinken, sondern könne an der Seite eines Eheweibs ein ganz normales Leben führen. Und schon sehen wir, wie Jesus Magdalena heiratet, eine Schar von Kindern in die Welt setzt und altert, bis er endlich erkennt, daß alles nur Lug und Trug war. Gerade noch rechtzeitig kann er dem Satan widersagen. Kurz und gut: Jesus besteht auch diese *letzte* Versuchung seines Lebens, sagt Ja zum Willen Gottes und stirbt den Opfertod, um die Welt zu erlösen.

So gesehen müßte man dem vermeintlichen Skandal-Film eigentlich das Prädikat „besonders erbaulich" verleihen. Jeder Zuschauer des Films, der seine fünf Sinne beisammen hat, muß doch sehen, daß Jesu Eskapade als Ehemann hier nicht für bare Münze genommen, sondern lediglich als *fiktive Möglichkeit* gezeigt wird – als eine Versuchung, die zweifellos auch für den historischen Jesus existierte.

Selbst der fundamentalistischste Bibelleser wird zugeben müssen, daß es im Leben Jesu nicht bloß jene klassischen drei Versuchungen gab, von denen Matthäus und Lukas in stilisierter Form erzählen. Immerhin redet Jesus im *Plural,* als er beim letzten Abendmahl dankbar erklärt: „In allen meinen Versuchungen habt ihr bei mir ausgeharrt"[5] – und auch nachher noch auf dem Ölberg empfiehlt er seinen Jüngern Wachen und Beten als Gegenmittel, um nicht „in Versuchung" zu fallen. Nicht zuletzt wird Petrus von Jesus sogar ausdrücklich „Satan" gescholten[6], weil er den Meister vom Weg des Leidens abhalten will. Warum also sollte fromme Phantasie sich nicht ausmalen dürfen, daß es für Jesus eine naheliegende Versuchung gewesen sein könnte, sich vorzustellen, daß er, statt sich selbst zu verleugnen und das Kreuz auf sich zu nehmen, genau so gut auch ein biederes Familienleben hätte führen können?

Falls wirklich etwas im Sinne der Lehre der Kirche Anstößiges im Scorsese-Film zu finden gewesen wäre, dann höchstens das Selbstverständnis dieses Jesus, das sicherlich nicht in allem und jedem von christologischer Correctness geprägt ist; doch pflegen derlei Anstößigkeiten in der Regel lediglich von dogmatischen Experten und beamteten Glaubenswächtern wahrgenommen zu werden, nicht aber von sogenannten einfachen Gläubigen.

Bleibt als anstößiger Rest in der Tat bloß die im wahrsten Sinne des Wortes nackte Tatsache übrig, daß Jesus im Scorsese-Film ein paar Filmsekunden lang – zwar diskret fotografiert, aber doch – in liebender Vereinigung mit Magdalena zu sehen war.

Der Jesusknabe und die Hormone

Wie jedes normal entwickelte Menschenkind wurde auch Jesus eines Tages geschlechtsreif. Da die biblischen Schriften über die Jahre zwischen Kindheit und dem ersten öffentlichen Auftreten Jesu nichts berichten, berichten sie auch nichts über die Entwicklung des Sexuallebens Jesu. Aber so, wie der seriöse Journalismus stets von der auf Klatsch und Tratsch, Sex and Crime, Banalitäten und Skandalgeschichten abzielenden Regenbogenpresse begleitet wird, hat auch die seriöse Jesusberichterstattung ihr Gegenstück in einem von den ersten Apokryphen bis heute gut florierenden Zweig sensationsgieriger Jesusschreiberei, die mit wachsamen Augen hinter die Gardinen von Nazareth blickt und schlechthin alles sieht – selbst das, was in dunkler Nacht und unter der Bettdecke geschieht.

Wer neugierig ist, was mit Jesus geschah, als die Sexualhormone in seinem Körper die Pubertät einläuteten, wird bei Gerald Messadié umfassend informiert. Im Roman „Ein Mensch namens Jesus" erzählt der französische Autor von einer überaus aufschlußreichen Begegnung zwischen dem Nährvater und dem mannbar werdenden Gottessohn.

„Eines Morgens faßte der alte Zimmermann seinen Sohn bei den Schultern und sah ihm lange prüfend ins Gesicht. Dabei kam er ihm so nahe, daß Jesus jedes Haar, jede Pore auf seiner knolligen Nase und jede Falte um seine Augen hätte zählen können. Josef runzelte die Augenbrauen. Jesus fragte nicht, warum. Und er fragte auch nicht, weshalb Josef seit neuestem nahezu allmorgendlich das Bettzeug seines Sohnes zu untersuchen pflegte; er tat, als bemerkte er es nicht. Nur eines Morgens, während einer dieser inquisitorischen Untersuchungen, blieb er neben dem Bett stehen und sah den Vater fest an. Der Alte erwiderte den Blick. Jesus wich ihm nicht aus. Von diesem Tag an gab es keine Inspektionen mehr. Doch der Flaum auf Jesus' Oberlippe war für jedermann sichtbar."[7]

Wenn man beginnt, an dieser Geschichte eine Plausibilitätskontrolle vorzunehmen und sie anhand bekannter Fakten über den Alltag und die Wohnverhältnisse im Palästina der Zeitenwende auf einen möglichen Realitätsgehalt zu überprüfen, wird man sehr schnell zum Spielverderber. Darum wollen wir lieber darauf verzichten zu fragen, wie wohl das „Bettzeug" ausgesehen haben mag, in welchem hier der halbwüchsige Jesus schlief. Nicht ohne Pikanterie ist es freilich, sich zu vergegenwärtigen, wie alt dieser Josef eigentlich ist, der sich hier so massiv dafür interessiert, ob der junge Jesus schon seinen ersten Samenerguß hatte oder nicht. Messadié erwähnt es zwar nicht, aber da wir das Rechnen nicht verlernt haben, können wir leicht selber herausfinden, daß hier ein 97 Jahre alter Nährvater in der Bettwäsche eines Zwölfjährigen herumfummelt, um Anzeichen von dessen beginnender Mannbarkeit aufzustöbern. Denn bei Jesu Geburt ließ der Autor den heiligen Josef stattliche 85 Jahre alt sein.

Schon klar, daß sich Gerald Messadié damit lediglich an die fromme Tradition anhängt, derzufolge der Zimmermann aus Nazareth als Mann bereits so weit jenseits von Gut und Böse gewesen sein muß, daß er gar nicht erst in den Verdacht geraten kann, etwa doch nicht bloß der *Nähr*vater, sondern der echte Vater des Kindes der Jungfrau zu sein. Nur hat er offenbar nicht bedacht, daß er sich, wenn er so maßlos übertreibt, ein neues Problem einhandelt. Was sollen wir uns denken, wenn ein Mann, der mit seinen 85 Jahren nicht bloß Großvater, sondern bereits Urgroßvater sein könnte, frischfröhlich daran geht, eine Familie zu gründen? Was treibt einen Mann in fortgeschrittenem Pensionsalter dazu, sich mit einer blutjungen Jungfrau zu verloben? Mit Georg Kreisler möchte man fragen: „Ist das legal? Ist das normal? Ist das erlaubt?“[8] – Und wenn es erlaubt ist, ist es auch gottwohlgefällig und im Sinne der Bibel?

Man wird daran zweifeln dürfen. In der biblischen Erzählung von der Erschaffung des Menschen erklärt Gott am Schluß: „Darum wird der Mann Vater und Mutter verlassen und der Frau anhangen, und sie werden ein Fleisch sein.“[9] Die Vorstellung, ein Greis von 85 Jahren entschlösse sich, seine bereits über hundert Jahre alten Eltern zu verlassen, um mit einem heiratsfähigen Teenager „ein Fleisch“ zu werden, ist *noch* grotesker als die niedliche Vorstellung von einer neuzeitlichen Schlafzimmereinrichtung im Zimmermannshaushalt von Nazareth.

„Noli me tangere!“

Sexualität wird – um ein Wort von Wilhelm Busch zu variieren – von religiösen Menschen oft weniger als betörende Lust denn als störende *Last* empfunden, zumal sie mit Moral verbunden. Daß es auch und gerade für einen wie Jesus so war, hat uns Jakob Lorber (1800–1864) aufgeschrieben.

Während gewöhnliche Schriftsteller nur auf ihre Vorstellungskraft angewiesen sind, beanspruchte der „Neuoffenbarer“ Lorber, der sich als „Schreibknecht Gottes“ verstand, freilich einen ungleich höheren Wahrheitswert für die von ihm zu Papier gebrachten Spezialinformationen über Jesu Umgang mit seinem Triebleben. Nach dem zu schließen, was er uns in seinem „Jakobusevangelium“ berichtet, haben die sexuellen Regungen dem halbwüchsigen Jesus jedenfalls ganz schön zu schaffen gemacht.

„Die Weiberlust bekämpfte Er durch nicht selten schwere Arbeit, durch magere Kost, durch Gebet und durch den Umgang mit weisen Männern. Ja, in diesem Punkte hatte Er ungemein viel auszustehen, indem Sein Äußeres und der Ton

Seiner Rede von höchst einnehmender Art waren, aus welchem Grunde die fünf überaus schönen Cyreniusschen Mädchen in Ihn durch die Bank sterbensverliebt waren und untereinander wetteiferten, Ihm am besten zu gefallen. Ihm gefiel solche Liebe wohl; aber dennoch mußte Er allezeit zu jeder sagen: Noli me tangere!"[10]

Wollen wir hoffen, daß die fünf Hübschen Latein verstanden und daß es Jesus nicht ergangen ist wie dem wackeren Don Gonzalo in Max Frischs Stück „Don Juan oder Die Liebe zur Geometrie" – wo dieser christliche Kämpfer seinem Beichtvater anvertraut, was ihm widerfuhr, als er nach dem Sieg über die Mohammedaner in einen Harem geriet: „Die Mädchen verstehen bloß arabisch, sonst wäre es nie so weit gekommen; als sie mich entkleideten, wie sollte ich ihnen erklären, daß ich verheiratet bin und was das bedeutet für unsereinen?"[11]

Der Galiläer bei der Morgentoilette

Hatte Jesus einen Körper, der ihn für Frauen begehrenswert machte? In den Jesus-Filmen kann der Leinwandheld, der Jesus mimt, gar nicht attraktiv genug sein, und doch kann er sich nicht benehmen wie ein normaler Leinwandheld, weil genau jene Dinge für ihn tabu sind, die einen Leinwandhelden auszeichnen: sich mit starken Männern prügeln und hinreißend schöne Frauen umarmen.

Man könnte meinen, in den Büchern, wo der Phantasie des Lesers größerer Spielraum gelassen ist, sei es unproblematischer, in die intimeren Zonen einzudringen. Doch in puncto Körperlichkeit Jesu beherzigen auch die nichtvisuellen Versionen im Grunde die gleichen Tabus wie die klassischen Jesusfilme. Das höchste der Gefühle ist schon, daß uns Jesus bei der Morgentoilette vorgeführt wird.

So können wir im „Augenzeugenbericht eines Zeitreisenden von den letzten elf Tagen des Jesus von Nazareth" lesen, einem Science-Fiction-Roman, den der spanische Bestseller-Autor

Juan José Benitez verfaßt hat: „Eine Frau riß den Meister aus dieser beschaulichen Stimmung, indem sie ihm mitteilte, sie habe eine Tonschüssel mit Wasser für ihn bereitgestellt. Jesus dankte mit einem Lächeln, und ganz unbefangen streifte er sich die weiße Tunika über den Kopf. Unter diesem Kleidungsstück trug der Rabbi eine Art Lendenschurz. Der Galiläer kniete vor dem breiten Gefäß nieder. Er steckte die Hände ins Wasser und bespritzte sich Gesicht, Brust, Achselhöhlen und Arme; in wenigen Sekunden war der ganze Körper mit Wasser übergossen. Hierauf nahm er ein viereckiges, knochenfarbiges Täfelchen in die Hand und rieb sich kräftig damit ab. Nach kurzer Zeit hatte sich etwas weißer Schaum gebildet. Dann beugte er sich wieder über die Schüssel und wusch sich ab. Die Frau, die ihm das Wasser eingegossen hatte, reichte ihm ein Tuch, mit dem er sich den Körper abtrocknete. Bevor der Rabbi wieder die Tunika überstreifte, streckte er die Hände vor, und die Frau goß ihm ein paar Tropfen einer öligen Flüssigkeit auf die Handflächen. Der Nazarener verrieb die Essenz in den Achselhöhlen, am Hals, am Oberkörper und in den Haaren. Danach zog er sich an."[12]

Seife im heutigen Sinn war „in der Antike nicht bekannt", steht in einem renommierten Lexikon der Antike.[13] Wenn das wahr ist – und warum sollten wir dem „Kleinen Pauly" mißtrauen –, dann versetzt uns der „Augenzeugenbericht" im Fantasy-Roman von Benitez in tiefes Grübeln. Kann es sein, daß Jesus zwar der Versuchung widerstanden hat, Steine in Brot zu verwandeln, jedoch nicht der Versuchung widerstehen konnte, etwas so Praktisches wie ein Stück Seife auf wunderbare Weise vorauszuerfinden?

Ein sexueller Versager

Wie man aus dem Neuen Testament weiß, erregte Jesus in der Öffentlichkeit Anstoß, weil er auch gesellschaftlichen Außenseitern – wie den Freudenmädchen und den verhaßten

Zollpächtern – die Freundschaft Gottes zusprach.[14] Als historisch gesichert kann gelten, daß Jesus Frauen, die im ältesten Gewerbe der Welt tätig waren, persönlich gekannt hat. Es kann nicht verwundern, daß sich die Phantasie gewisser Jesusschreiber nicht damit begnügen konnte, daß Jesu Kontakte zu dieser Art von Damen lediglich *seelsorglicher* Art gewesen seien.

Bei Dagobert Runes lesen wir von einem Besuch Jesu bei einer Prostituierten, der für Jesus einigermaßen blamabel endet. Für diesen Autor, der in den Jahren nach dem Ersten Weltkrieg in Wien ein Anti-Jesusbuch veröffentlicht hat[15], das auf jeder Seite mit aufklärerischem Pathos gegen eine so schändliche Institution wie die Kirche geifert und alles, was Gläubigen heilig ist, in den Schmutz zu ziehen versucht, ist Maria Magdalena eine Hure, die eine Schwester namens Martha hat, mit der sie in Magdala wohnt. Diese Martha, die ansonsten der von der Bibel her bekannten Schwester des Lazarus in Betanien zum Verwechseln ähnlich sieht, führt den „ärmlichen Haushalt" und leidet „seit Jahren an einem Aussatz".

Eines schönen Tages geht die Tür auf, und im Türrahmen erscheint „ein Mann in wallendem Mantel, barfuß, ein hohes Kopftuch am Haupt: Jeschu, der Meschiach". Martha ist seltsam entrückt, als sie ihn sieht, fällt auf die Knie und murmelt ein Gebet, während „Mirjam, die Hure aus Magdala" sich daran macht, ihren Beruf auszuüben.

Dagobert Runes wörtlich: „Mirjam hatte sich erhoben und starrte fassungslos auf ihre kniende Schwester, hiebei entrollte sich ihr Gewand und gab den blanken Körper frei. Jeschu fühlte ein seltsames Bewegen in sich aufsteigen. Er hob die Rechte und Martha verschwand. Jeschu trat näher auf Mirjam zu, seine Augen gewannen einen seltsamen Glanz und versenkten sich in die Brüste des Weibes. ‚Komm!' flüsterte sie und sank schwer auf das Lager. Keuchend neigte sich Jeschu über das nackte Weib. Seine heißen Hände berührten ihren Leib und strichen bebend über die vollen Brüste. Mirjam seufzte auf und wandte sich ihm begehrend zu. Da fuhr ein Zucken durch den Körper Jeschus. Seine Hände erkalteten und fielen kraftlos zur Seite. Und des entzündeten Weibes Blick fiel auf die eingesunkene Gestalt. ‚Du', schrie sie zitternd, ‚Du – Du bist – kein Mann!' ‚Ich bin doch der König der Juden', sprach Jeschu dumpf. Dann erhob er sich und schritt langsam hinaus."[16]

Der „wahre Jesus", wie Dagobert Runes sein Buch nennt, ist also beides: einerseits geiler Hurenbock, andererseits sexueller Versager. Noch dazu einer, der aus seiner Not eine Tugend macht. Denn einige Seiten später verkündet er dann: „Höret, ihr Heuchler, es sind etliche Entmannte, die sind aus dem Mutterleibe also geboren, sie werden ins Himmelreich kommen, und es sind etliche Entmannte, die von Menschen entmannt sind, auch sie werden ins Himmelreich kommen, und es sind etliche entmannt, die sich selbst entmannt haben um des Himmelreiches willen. Selig sind die, wer es fassen kann, der fasse es."[17]

Runes zitiert also den berühmten Eunuchen-Spruch von den „Verschnittenen um des Himmelreiches willen"[18]. Kleiner, aber psychologisch feiner Unterschied zur Bibel: Der seiner mangelnden Männlichkeit überführte Runes-Jesus macht eine *Seligpreisung* daraus.

Obszöne Praktiken im Gottesdienst

Weil wir schon dabei sind, seien an dieser Stelle noch zwei Texte erwähnt, in denen Jesus in einem eindeutig obszönen Zusammenhang erscheint. In gewissen gnostischen Schriften aus frühchristlicher Zeit wird Jesus als Offenbarer bestimmter obszöner Praktiken dargestellt, die in den Sektengemeinden wie Sakramente gespendet wurden. So sollen die sogenannten Borborianer – der Name bedeutet „Schmutzfinken" – in ihren Gottesdiensten männlichen Samen, der durch Masturbation gewonnen worden war, als „Leib Christi" und weibliches Menstruationsblut als „Blut Christi" verwendet haben.[19]

In der gnostischen Schrift „Die Fragen Marias" wird berichtet, Jesus habe Maria Magdalena „beiseite genommen auf den Berg, gebetet und eine Frau aus seiner Seite hervorgebracht und begonnen, sich mit ihr zu vereinigen, und so habe er dann, indem er seinen Samenausfluß nahm, gezeigt, daß man so handeln müsse, auf daß wir leben. Als Maria bestürzt zu Boden gefallen sei, habe er sie wieder aufgerichtet und zu ihr gesagt: Weswegen hast du gezweifelt, Kleingläubige?".[20]

Allerdings ist diese apokryphe Schrift nicht mehr erhalten. Wir wissen von ihr nur durch Epiphanius von Salamis (315–403), einen Kirchenschriftsteller, der sich als Autor eines Standardwerks über Ketzereien einen Namen gemacht hat. In seinem in den Jahren 374 bis 377 entstandenen „Panarion" – zu deutsch: „Arzneikasten", heute würden wir sagen „Giftschrank" – werden nicht weniger als 80 Ketzereien abgehandelt, unter ihnen eben auch die der Borborianer.

Mit anderen Worten: Ohne die Fleißarbeit dieses Ketzerbekämpfers, der sich nicht scheute, auch die unglaublichsten und frivolsten Dinge getreulich zu notieren, würden wir den Wortlaut der „Fragen Marias" nicht einmal in indirekter Rede kennen. Freilich muß dazu gesagt werden, daß Epiphanius von Salamis nicht mit geziemender wissenschaftlicher Sorgfalt vorgegangen ist, sondern ziemlich unkritisch alles und jedes für bare Münze nahm, was irgendwo irgendwer irgendwelchen Ketzern nachgesagt hat. So hat er zwar einerseits durch seine Exzerpte viele Informationen vor dem Untergang bewahrt, doch hat er sich auf der anderen Seite – wie Heinrich Kraft sagt – „nicht nur nicht gescheut, auch die wildesten und unwahrscheinlichsten Nachrichten als Fakten mitzuteilen und notfalls sogar eigene Zeugenschaft zu behaupten, sondern er hat auch aus von der Polemik erfundenen Ketzernamen neue Ketzereien und Sekten sich ausgedacht."[21] Gut möglich also, daß die mysteriöse Story von dem rituellen Sexualverkehr Jesu gar nicht wirklich von *wirklichen* Ketzern stammt, sondern lediglich der überbordenden Phantasie eines frommen Ketzerbekämpfers entsprungen ist.

Der Frauenfreund als Herr der Männerkirche

„Ich habe immer nur eines gewußt: Er war Er. Und ich wußte, was er mir war: Alles.“[22] So leidenschaftlich und schwärmerisch spricht Maria Magdalena bei Luise Rinser. „Mirjam“ ist der Titel eines 1983 erschienenen „biblischen Romans“, in dem die deutsche Autorin die prominenteste aus der Gruppe der Frauen um Jesus als eine „Rebellin, die zu Freiheit und Bindung findet“, schildert.

„Ich habe ihn immer verstanden. Er war ein glühender Patriot und ein so leidenschaftlich Liebender wie kein andrer von uns“, erklärt Mirjam selbstbewußt.[23] Darum müsse sie vieles „zurechtrücken“, und sie sei dazu auch in der Lage, denn „ich bin das lebendige Gedächtnis. Nichts ging mir verloren, denn ich habe nichts als meine Erinnerungen. Frisch und klar sind die geblieben. Nichts zerstreut mich mehr. Doch gibt es Tage, an denen meine gesammelte Stille zerreißt: immer dann, wenn mich Nachrichten ereilen aus meiner Heimat, wenn ich höre, was aus der reinen Lehre Jeschuas wurde und wie nicht unsre Feinde, sondern unsre Freunde sich ihrer bemächtigen und sie benutzen, in guter Absicht oder als Vorwand zu diesem oder jenem Zweck, der unendlich weitab liegt vom Eigentlich-Gemeinten“.[24]

Rinsers Mirjam-Roman zählt *nicht* zum Typ der unseriösen Jesusliteratur, sondern ganz im Gegenteil: die Autorin will ausdrücklich gegen die Verfälschungen anschreiben, die Jesus auch und gerade von seinen Anhängern angetan werden; und sie tut es, indem sie eine idealisierte Magdalena-Figur zeichnet, die gegen die Windmühlen der Männerkirche kämpft.

An der Gestalt jener Jüngerin, die aus einem am Nordwestufer des Sees Gennesaret gelegenen Ort namens Magdala stammte, hat sich die Phantasie zahlreicher Autorinnen und

Autoren mit ganz unterschiedlichsten Interessen entzündet. Daß Jesus mit dieser Frau, die zu seinen treuesten Anhängerinnen zählte und ihm auch in seiner Todesstunde noch die Treue hielt und unter dem Kreuz ausharrte, ein Verhältnis gehabt haben könnte, wurde schon oft vermutet.

Bereits in einer in koptischer Sprache überlieferten apokryphen Schrift, dem „Evangelium nach Maria", wird von einer auf Maria Magdalena bezogenen Eifersuchtsszene der Apostel berichtet. Zuerst bittet Petrus Magdalena, ihm und den anderen Jüngern etwas von der besonderen Offenbarung mitzuteilen, die sie von Jesus empfangen hat, der sie „mehr als die übrigen Frauen" geliebt habe. Doch nachdem Magdalena dann dieser Bitte nachgekommen ist, bezweifelt Andreas, „daß der Erlöser das gesagt hat". Auch Petrus schlägt in die gleiche Kerbe und fragt: „Sprach er denn mit einem Weibe heimlich vor uns und nicht offen? Sollen wir umkehren und alle auf sie hören? Hat er sie uns gegenüber bevorzugt?" Aber ein anderer Apostel – Levi, der Sohn des Alphäus – nimmt die angegriffene Magdalena gegen die frauenfeindlichen Insinuationen des Chefs in Schutz: „Petrus, du bist von je her aufbrausend. Nun sehe ich, wie du dich gegen die Frau ereiferst wie die Widersacher. Wenn der Erlöser sie aber würdig gemacht hat, wer bist denn du, daß du sie verwirfst? Sicherlich kennt der Erlöser sie ganz genau. Deshalb hat er sie mehr als uns geliebt."[25]

Noch deutlicher kommt der frauenfeindlich eifersüchtelnde Charakterzug des Petrus im ebenfalls apokryphen „Thomasevangelium" zum Ausdruck. Dort beschwert sich Simon Petrus über Maria Magdalena und möchte Jesus dazu bringen, daß er sie aus dem Jüngerkreis rausschmeißt: „Simon Petrus sprach zu ihm: Maria soll von uns weggehen! Denn die Frauen sind des Lebens nicht wert."

Was der Autor des apokryphen Evangeliums dann Jesus als Antwort in den Mund legt, ist zwar an und und für sich als versöhnender Vermittlungsversuch gemeint, dürfte aber nicht nur Feministinnen in wieherndes Hohngelächter ausbrechen lassen. Jedenfalls zeigt es, daß das Thema Stellung der Frau in der Männerkirche auch schon in den frühchristlichen Gruppierungen ein heißes Eisen gewesen sein muß.

„Jesus sprach: Ich werde sie ziehen, daß ich sie männlich mache, damit sie auch zu einem lebendigen Geist wird, der euch Männern gleicht. Denn eine Frau, die sich zum Manne macht, wird eingehen ins Reich der Himmel."[26]

Kerzen und Rosenkränze zu Jesu Hochzeit

Wie sich die Bilder gleichen! Brennende Kerzen und demonstrativ gebetete Rosenkränze empörter Katholiken, wie sie anläßlich der Aufführung des Spielfilms „Die letzte Versuchung Jesu" zu sehen waren, wurden auch schon aufgeboten, als im Wiener Akademietheater die Uraufführung der Oper „Jesu Hochzeit" stattfand.

Der Titel allein war schon geeignet, für Aufregung zu sorgen. Man stelle sich nur lebhaft die Konsequenzen vor, die es hätte, wenn nicht nur der erste Papst eine Schwiegermutter hatte[27], sondern auch Jesus die Wonnen und Wehen des Verheiratetseins am eigenen Leib erfahren hätte! Nicht auszudenken, wenn der Traum von der trauten Zweisamkeit an der Seite eines Weibes, den Jesus im umstrittenen Streifen von Martin Scorsese träumte, gar kein Traum war und er wirklich Arm in Arm mit seiner Lieblingsjüngerin zum Traualtar schritt, um fortan Tisch und Bett mit ihr zu teilen.

All jene in ihrer Doppelmoral enttarnten skandalösen amerikanischen Fernsehprediger, die den Hut nehmen mußten, weil sich herausstellte, daß ihre TV-Show zwar hui, ihr Privatleben aber pfui war, wären lediglich kleine Fische gegen diesen aus der Sicht der treuesten Jesusjünger beispiellosen moralischen Super-GAU. Da wäre Jesus auf der einen Seite das große Vorbild einer auf eiserne Linientreue eingeschworenen zölibatären Kirchenmannschaft – und hätte selber mit dem Zölibat so gar nichts am Hut gehabt!

Gar nicht zu reden von den Millionen jungfräulich gebliebener Nonnen, die ihrem Herrn und Meister bereitwillig ihr Leben geweiht haben, weil sie glaubten, er wäre ein Freund keuscher Seelen, und nicht ahnen konnten, daß ihr angebeteter Seelenbräutigam in Wirklichkeit still und heimlich der irdischen Liebe frönte und mit einem ehemaligen Flittchen auf Flitterwochen ging. Ja, wenn sich dieser Jesus als Ehemann wenigstens seine eigenen Eltern zum Vorbild genommen hätte und Manns genug gewesen wäre, mit *seiner* Maria bloß eine Josefsehe zu führen! Aber nichts da. Keine Rede davon, daß er sich damit begnügt hätte, mit seiner besseren Hälfte wie Bruder und Schwester bzw. wie seine Mutter und sein Nährvater zusammenzuleben – er mußte mit dieser Magdalena auch noch eine Schar fröhlicher Kinder in die Welt setzen!

Doch woher will man eigentlich wissen, daß Jesus verheiratet war? Haben die Archäologen am Ende irgendwo seinen Trauschein ausgegraben? Schließlich weiß schon jedes Schulkind, daß Jesus von Nazareth zeitlebens Junggeselle war. Von einer Hochzeit, bei der Jesus nicht als Gast, sondern als *Bräutigam* teilgenommen hat, kann also gar keine Rede sein. In der Bibel steht jedenfalls nichts davon, daß Jesus jemals auf Freiersfüßen gewandelt wäre. Oder doch?

Zwar ist tatsächlich im letzten Buch des Neuen Testaments – in der sogenannten Geheimen Offenbarung des Johannes – die Rede von einer Hochzeit, bei welcher Jesus der Bräutigam ist, nämlich von der „Hochzeit des Lammes"[28]. Aber mit diesem Lamm ist ganz eindeutig nicht der irdische Jesus gemeint, der im Prinzip natürlich ein heiratsfähiger Mann gewesen wäre. Das „Lamm" ist der himmlische Christus, der sich in der ebenso komplizierten wie phantasievollen Bildersprache der Geheimen Offenbarung mit der heiligen Stadt Jerusalem vermählt, durch welches Bild wiederum das neue Gottesvolk symbolisiert wird.[29] Diese „Hochzeit des Lammes" ist also alles andere als eine Trauungszeremonie zwischen Jesus und einer real existierenden Frau. Sie ist symbolisch gemeint.

Genauso symbolisch gemeint ist freilich auch die mystische Vereinigung zwischen Jesus und der „Tödin", dem archetypisch als Frau auftretenden Tod in der Oper „Jesu Hochzeit", die Lotte Ingrisch (Libretto) und Gottfried von Einem (Musik) seinerzeit für die Wiener Festwochen geschaffen haben. In dieser Oper hat Jesus die „Tödin" als Partnerin und Widersacherin, die z. B. auf Golgota an seiner statt das Wort spricht: „Es ist vollbracht" und dann zu ihm sagt: „Der Du mit den Füßen auf dem Regenbogen stehst, mach Hochzeit mit der Nacht!"[30]

Klar, daß es sich auch bei diesem zweiaktigen Stück nebst einem Vorspiel und Nachspiel um keine christliche Verkündigung im kirchlich erwünschten Sinn handeln konnte. Von keinem Bischöflichen Ordinariat hätte es das „Imprimatur"[31] bekommen. Statt dessen wurden der Oper die Prädikate „Blasphemie" und „Verletzung religiöser Gefühle" verliehen.

Schon der Titel „Jesu Hochzeit" ist aus jenem Stoff, aus dem die roten Tücher gewebt sind, denen die Fähigkeit innewohnt, schlichte Gemüter in Rage zu bringen. Hätte das musikalische Kunstwerk „Die Hochzeit des Todes" geheißen, wären die religiösen Gefühle gleich um etliches unverletzter geblieben. Durchaus nicht unwahrscheinlich, daß manch einer der Demonstranten, die gegen die Wiener Uraufführung der Einem-Oper mit brennenden Kerzen und Rosenkränzen protestierten, gar nicht wußte, worum es in diesem unverkennbar mit esoterisch-theosophischem Geist parfümierten Musikdrama eigentlich ging.

„Jesu Hochzeit" entzweite denn auch die katholische Publizistik der Alpenrepublik. Während der Chefredakteur der offiziösen Wiener Kirchenzeitung seine Leser zur Unterstützung einer Unterschriftenaktion gegen diese Verhöhnung des christlichen Glaubens aufrief, sah der Chefredakteur einer anderen katholischen Wochenzeitung die Protestaktion als einen Schuß, der nach hinten losging. Wer werde Unterschriftenaktionen denn noch ernst nehmen, wenn sie für derart lächerliche Dinge mißbraucht würden, meinte er. „Gott braucht die Verteidigung durch eifernde Hasser nicht", schrieb Hubert Feichtlbauer. „Kitsch kann man zu einem solchen Werk allemal noch sagen, aber nicht Gotteslästerung unterstellen, die Wissenschaftsministerin vor dem Theater anpöbeln, die Textbuchautorin als ‚Hexe' verbrennen wollen, alle sonst noch denkbaren Morddrohungen übers Telefon ausstoßen, Bischöfe zu Protesten drängen, noch ehe man das Libretto gelesen oder gar die Aufführung gesehen hat, und ahnungslose Gläubige zu Unterschriften gegen etwas überreden, das sie nicht kennen."[32]

Welche Frau war des Meisters Herz-Dame?

Wie die Christenheit weiß und die seriöse Bibelwissenschaft tatsächlich mit guten Gründen plausibel machen kann, lebte Jesus *zölibatär*. Auch ein Mann wie Karl August von Hase (1800–1890), der dreißig Jahre lang Theologieprofessor in Jena war und eines der vielen „Leben Jesu" geschrieben hat, die Albert Schweitzer in seiner „Geschichte der Leben-Jesu-Forschung" behandelt, zweifelte nicht daran, daß Jesus unverheiratet war. Allerdings meinte er, daß es sich nur deshalb so verhielt, weil Jesus, anspruchsvoll wie er war, schlicht und einfach nicht die richtige Frau gefunden hatte.[33]

Bei Karl Heinrich Venturini (1768–1849) hätte der Meister zwar an und für sich die Richtige gefunden, tat aber dann doch nicht den Schritt ins bürgerliche Eheglück. Die unglückliche Glückliche, in die Jesus verliebt war, ohne entsprechende Konsequenzen zu ziehen, war *Maria von Betanien*, die Schwester des Lazarus. Bei Venturini verzichtet Jesus, obwohl er „von dem stillen Reiz der demütigen Maria überwältigt" ist, sozusagen aus beruflichen Gründen auf eine Lebensgefährtin, da der Dienst für das Himmelreich „ihn frei fordert".[34]

Für Nicolai Notowitsch, den Erfinder des „Jesus-in-Indien-Märchens", war der Verzicht nur durch eine strapaziöse Reise zu haben. Als Jesus merkt, daß seine Eltern Vorbereitungen treffen, eine Ehe für ihn anzubahnen, hält ihn nichts mehr in Nazareth. Asien ist ihm lieber als der Hafen der Ehe, und so zieht er mit einem indischen Händler in das Land am Ganges.[35]

In eine ganz andere Richtung wird Jesus von Henry Lincoln, Michael Baigent und Richard Leigh geschickt. In einem Buch mit dem Titel „Der Heilige Gral und seine Erben“[36] erzählen diese Autoren die liebliche Mär, daß Maria Magdalena – ehemals Ehefrau Jesu, nach der Kreuzigung nunmehr seine Witwe – zusammen mit einem Sohn Jesu und den Utensilien der späteren Gralslegende – das heißt mit der Schale, in dem Josef von Arimathäa das aus der Herzwunde strömende Blut Christi aufgefangen hat, und mit dem Speer, den Longinus dem Gekreuzigten in die Seite stieß – in Südfrankreich gelandet sei und daß sich die leiblichen Nachkommen Jesu fortgepflanzt hätten bis zum heutigen Tag.

Bleibt noch eine weitere Variante zu erwähnen: Jesus war zur Zeit seines öffentlichen Wirkens zwar unverheiratet, jedoch nicht Junggeselle, sondern bereits *Witwer.*

Die Pest macht Jesus zum Witwer

Schon der Jurist Dr. De Jonge, der mit seinem 1904 erschienenen Buch – ganz im gleichen Sinne wie heutige Jesusfälscher – die „Zerstörung des kirchlichen Jesus-Bildes“ bezweckte, hielt es für ausgemacht, daß Jesus ein Witwer war.[37] Er schob ihm auch gleich ein Kind unter, nämlich jenes im Johannesevangelium erwähnte „Knäblein“, das bei der wunderbaren Speisung am See von Tiberias fünf Gerstenbrote und zwei Fische dabei hatte[38].

Für den Franzosen Jean-Claude Barreau, der einfühlsame „Memoiren“ von Jesus schrieb, ist Jesus ebenfalls Witwer, allerdings beinahe aus einem gegenteiligen Grund. Barreaus meditatives und durchaus erbaulich gemeintes Jesusbuch ist gewissermaßen aus dogmatischen Gründen daran interessiert, daß Jesus diesen wichtigen menschlichen Erfahrungsbereich hautnah erlebt hat – eben um zu zeigen, daß er im Vollsinn Mensch war.

Und so hört es sich an, wenn sich Jesus an seine Hochzeitsnacht und sein kurzes Eheglück erinnert: „Wie es der Brauch verlangt, sah ich Saras Gesicht erst, als man uns nach der langen Hochzeitszeremonie in das Schlafgemach geführt hatte. Sie legte stumm ihre Schleier ab. Als sie nackt war, hob ich den Blick zu ihr und glaubte alle Herrlichkeit der Welt zu sehen. Nichts im Reich der Schöpfung ist so schön wie eine nackte Frau im Zustand der Unschuld, nichts. Als die Ehe vollzogen war, begann ein friedliches Zusammenleben. Ich liebte Sara sehr und stellte fest, daß diese Liebe nicht geringer war als die, die ich für den Vater im Himmel fühlte. Es war die gleiche Liebe. Die Welt, die mich oft so grausam gedünkt hatte, kam mir nach einigen Monaten des Glücks wie ein einziges Gedicht vor. Da wurde Nazareth von der Pest heimgesucht."[39]

Die Quadratur des Kreises

In dem von Gideon J. R. Ouseley (1835–1906) verfaßten „Evangelium Jesu" wird die Sache mit Jesu Heirat und Witwerschaft folgendermaßen geschildert: „Als Jesus achtzehn Jahre alt war, wurde Er mit Mirjam verheiratet, einer Jungfrau aus dem Stamme Juda, und Er lebte mit ihr sieben Jahre lang; und sie starb; denn Gott nahm sie zu sich, damit Er weiterschreiten könne zu den höheren Aufgaben, die Er zu vollbringen hätte und zu leiden für alle Söhne und Töchter der Menschen."[40]

Doch wir sind gut beraten, wenn uns zur Botschaft, die wir hören, ein wenig der Glaube fehlt. So wie es da geschrieben steht, ist es nämlich nicht ganz richtig – teilt uns Jesus durch seine in Würzburg seßhafte Prophetin Gabriele Wittek mit: „Ich war niemals verheiratet. In dieser Generation hat das Wort

‚verheiratet' eine andere Bedeutung. Für den Menschen dieser Zeit bedeutet es Verehelichung vor dem Standesamt und eventuell eine Zeremonie in einer irdischen Kirche vor und mit einem Priester. In diesem Buche hat das Wort ‚verheiratet' die Bedeutung: verbunden durch Gottes Liebe."[41]

Der Wittek'sche Jesus „erklärt, berichtigt und vertieft" des weiteren, daß er seinerzeit als Menschensohn „diese Verbindung zum weiblichen Geschlechte erfahren" mußte, um das weibliche Geschlecht „zu verstehen und ihm helfen zu können": „Als Jesus von Nazareth hatte Ich eine tiefe, reine Verbindung zu dieser Frau, die Meinem Wesen sehr nahe war. Das Gesetz lautet: Gleiches zieht Gleiches an. Diese Frau hatte einige Meiner Seele ähnlich schwingende Wesensaspekte. Durch diese standen wir in tiefer Kommunikation. Ich empfand Mich in ihr und sie sich in Mir. Dabei erlebte Ich die Empfindungswelt des weiblichen Prinzips im Erdenkleid und verstand dadurch auch die vielen Frauen, die in den Jahren Meiner Lehrtätigkeit mit Mir waren."[42]

Wenn das nicht die Quadratur des Kreises ist! Da haben wir also Jesus in allen Nuancen, in denen er gebraucht wird: er ist unverheiratet für die, denen ein verheirateter Jesus anstößig erschiene, aber er ist trotzdem einer, der einer ganz bestimmten menschlichen Frau in Liebe verbunden ist und durch sie zum großen Frauenkenner und Frauenversteher wird – und für alle, die schmerzlich zusammenzucken, wenn sie daran denken, daß die Liebe zwischen Mann und Frau im Schöpfungsplan auch eine sexuelle Komponente hat, ist festgehalten, daß Jesus bloß tief und rein liebt.

Etwas freilich berührt dennoch merkwürdig. Dieser überaus geschwätzig dampfplaudernde Wittek-Jesus ist bei aller anerworbenen weiblichen Feinsinnigkeit doch noch Mannsbild genug geblieben, die Dinge nur aus seiner – der *männlichen* – Sicht betrachten zu können. Wie diese beglückende Begegnung für jene so früh verstorbene Mirjam ausgesehen haben mag, wird uns nicht geoffenbart.

Überhaupt verliert dieser Würzburger überirdische „Christus-Gottesgeist"-Jesus kein persönliches Wort über seine angeblich so innig geliebte Nicht-Ehefrau und scheint sie eigentlich nur als Mittel zum Zweck benutzt zu haben – eben um „die vielen Frauen", denen er in den Jahren seiner Lehrtätigkeit begegnen würde, besser verstehen zu können.

Und noch etwas: Wenn das Gesetz gilt „Gleiches zieht Gleiches an" und jene Mirjam sich in Jesus genauso empfand wie er sich in ihr, ist sie dann womöglich in den Rang einer Art Gottmenschin aufgestiegen? Hat die Fast-Schwiegertochter der Muttergottes etwa auf diese Weise Kompetenzen erhalten, die diejenigen der Maria aus Nazareth noch übersteigen? Wird die herkömmliche Mariologie umgeschrieben werden müssen? Wir wissen es nicht. Ungeduldig warten wir auf ein erklärendes, berichtigendes und vertiefendes Wort des „Christus-Gottesgeistes" aus Würzburg, das uns diese brennenden Fragen beantwortet.

Bei Anna Katharina Emmerick (1774–1824), deren Visionen zwar ebenfalls mit Vorsicht zu genießen sind, die wir aber doch keinesfalls mit den Eingebungen der Prophetin vom Würzburger „Universellen Leben" auf dieselbe Stufe stellen wollen, hat der unverheiratete Jesus eine ganz spezielle Mission für Eheleute und solche, die es wieder werden sollten: er ist darauf trainiert, unzufriedene Ehepaare zu versöhnen und die Ehen von Ehebrecherinnen „neu einzusegnen".[43]

Jesus und Magdalena lieben sich ohne Trauschein

Den in anstößiger Nacktheit im Ehebett liegenden Jesus bei Martin Scorsese und die Proteste, die sein Film provozierte, haben wir bereits erwähnt. Allerdings ist diese Bettszene in der „Letzten Versuchung Jesu" geradezu ein Andachtsbildchen gegen das, was Marianne Fredriksson in ihrem Magdalena-Roman schildert. Insofern muß man sich eigentlich wundern, daß es nicht zu ähnlich geharnischten Protesten kam, als – gut zehn Jahre nach dem Scorsese-Film – dieses Buch der schwedischen Bestsellerautorin auf den Markt kam.[44]

Von Verletzung religiöser Gefühle keine Rede. Von öffentlicher Erregung über ein unzumutbares blasphemisches Machwerk keine Spur. Im Gegenteil: Das Buch wurde überraschend positiv aufgenommen. Beispielsweise bescheinigte die Rezensentin einer katholischen Wochenzeitung dem Roman, von ihm ginge „so viel Ruhe, Wärme und Zuversicht" aus.

Von *Ehe* oder wenigstens von der fiktiven *Möglichkeit* einer Ehe zwischen Magdalena und Jesus kann bei Fredriksson überhaupt keine Rede sein. Wenn sich der Meister und seine Herz-Dame körperlich lieben, dann kann dies nicht einmal als ein vielleicht gerade noch läßlich sündhafter „vorehelicher" Geschlechtsverkehr durchgehen. Vielmehr treiben es der Meister und seine Herz-Dame miteinander, ohne an Heirat geschweige denn an die Zeugung von Nachwuchs zu denken.

Beim ersten Mal ergreift die erfahrene Magdalena die Initiative: „Still nahm sie seinen Kopf in ihre Hände und küßte seinen Mund. Und es geschah, was geschehen mußte, ihre Lust sprang auf ihn über."[45] Freilich haben die Liebenden „nur selten Gelegenheit, allein zu sein"[46], und eine dieser seltenen Gelegenheiten bietet sich, als Magdalena und Jesus kurz entschlossen einen Fluß durchschwimmen, statt wie alle anderen auf das Fährboot zu warten: „Sie schwammen trotz der Strömung mühelos wie im Tanz. Naß und erfrischt erreichten sie das andere Ufer, wo die Erde samten von grünen Kräutern war und wo hohe Zypressen wuchsen. Sie setzten sich eine Weile in die Sonne und ließen ihre Kleider trocknen, ehe sie den Schatten unter den Bäumen aufsuchten."[47]

Ein nüchterner Leser des Romans wird sich vermutlich verwundert fragen, wo es in Israel wohl einen Fluß gibt, den man nur mit einem „überlasteten Fährboot"[48] überqueren könnte. Aber skandinavisch geprägte Vorstellungen irrlichtern auch sonst durch das Buch. So bringt die in Göteborg geborene Autorin das Kunststück zustande, Magdalena zwar als waschechte Jüdin mit aramäischer Muttersprache zu beschreiben, sie aber trotzdem blond und blauäuig sein zu lassen wie ein Schwedenmädel aus dem Bilderbuch. Magdalenas Haare sind „gelb“[49] „wie reifer Weizen“[50] sowie „herausfordernd blond“[51] und „golden“[52] „wie Sonnenlicht“[53] – und ihre Augen sind „tiefblau“[54], „strahlend blau wie der Enzian“[55] bzw. so blau „wie die Iris auf den Wiesen im Frühling“[56].

Esoterischer Kitsch

Was an Fredrikssons Buch wirklich ärgerlich ist, ist nicht der ästhetische Befund, daß eine Bestsellerautorin hier ein Stück Literatur von schier atemberaubender Trivialität zu Papier gebracht hat; auch nicht, daß lebhafte Einbildungskraft und Phantasie eingesetzt werden, um der Gestalt Jesu nahezukommen und seine Botschaft besser zu verstehen. Ärgerlich ist vielmehr, daß Frau Fredriksson den Mann aus Nazareth zur esoterischen Kitschfigur verfremdet und das Produkt einer späteren Entwicklung auf die Zustände in der Urkirche zurückprojiziert, gleichzeitig aber mit großem kirchenkritischen Pathos so tut, als wäre der historisch-kritische Befund das Verfälschte und das forsch propagierte Wunschbild – der „faszinierend spannende Blick für ein weibliches Christentum“[57] – in Wahrheit das Ursprüngliche.

Wenn überhaupt irgend etwas im Leben Jesu hundertprozentig sicher ist, dann der Umstand, daß der Nazarener die Vorstellung einer *Nah-Erwartung* vom Reich Gottes hegte. Marianne Fredriksson hingegen will uns weismachen, daß es umgekehrt war. Nicht das Ausbleiben der Parusie habe nach und nach eine Umdeutung der Reich-Gottes-Vorstellung bewirkt, sondern die Christen hätten später einfach „vergessen“, was Jesus eigentlich gemeint hatte, und von sich aus die Idee entwickelt, das Reich Gottes komme „bald“. Fredriksson läßt ihre Maria von Magdala sagen: „Jesus sprach von dem neuen Reich, das nicht von dieser Welt ist. Das Himmelreich ist nahe, sagte er. Aber das wurde, wie so vieles andere auch, mißverstanden. Man vergaß seine Worte, die besagten, daß das Himmelreich in uns sei und daß das neue Reich sich auf ein unablässiges Miteinander gründe."[58]

Die Autorin nimmt es auch sonst nicht besonders genau mit historischen und geographischen Gegebenheiten. So verwechselt sie Betanien mit Betsaida[59] und Sabbatmahl mit Paschamahl[60], bringt Kanaan und Kana durcheinander[61] und versündigt sich gerade an dem, was wir über Jesu Lieblingsjüngerin am zuverlässigsten wissen: daß Jesus sieben Dämonen aus ihr ausgetrieben hat. Fredrikssons Magdalena erklärt die diesbezügliche Überlieferung kurzerhand für unwahr und versichert der staunenden Nachwelt: „Ich war nicht von Dämonen besessen."[62]

Da wundert es einen kaum noch, wenn sogar die jüdische Identität Jesu in Frage gestellt wird – eines Mannes, den der Eifer für Gottes Haus verzehrte, der den Schriftgelehrten im Namen der Schrift die Leviten las und der in der Synagoge seiner Heimatstadt ein Prophetenwort auf sich bezog. Fredrikssons esoterischer Jesus wagt allen Ernstes zu behaupten: „Meine Ohren nahmen die Tora auf – ich kenne die Schrift –, aber die schönen Worte haben mein Herz nie wirklich bewegt."[63]

Gewiß, Papier ist geduldig und phantasieren kann man viel. Aber wenn derlei Phantasien mit dem Anspruch der richtigen oder gar der „richtigeren" Sicht geschehen, dann ist Einspruch vonnöten. Das durchaus berechtigte Anliegen, wider die Verkrustungen der Männerkirche anzuschreiben, heiligt noch lange nicht unlautere Mittel. So sehr wir uns auch Bücher wünschen mögen, die es verstehen, die lange unterdrückt gewesene oder gar nicht wahrgenommene weibliche Perspektive in der christlichen Tradition aufzuzeigen und zum Leuchten zu bringen, muß leider aber gesagt werden: keineswegs alles, was sich „feministisch" nennt und beansprucht, eine vertieftere Sicht der Dinge zu geben, gibt tatsächlich eine vertieftere Sicht der Dinge. Auch Feminismus schützt vor Torheit nicht. Die von Fredrikssons blonder Magdalena allzu blauäugig durch die Hintertür geschmuggelte Prise Antisemitismus ist jedenfalls ausgesprochen töricht und durch nichts zu rechtfertigen.

Der Engel auf dem Ölberg

Besser begreifbar und biblisch korrekter als bei Scorsese oder Fredriksson, aber immer noch kühn genug dargestellt finden wir die Frau aus Magdala in dem von Hejo Müller verfaßten Drama „Joschua oder Die Mitte der Nacht ist der Beginn des Tages", das in den USA uraufgeführt wurde und auch beim Katholikentag in Aachen zu sehen war.[64]

In diesem Theaterstück eines deutschen Autors sind Jesus und Magdalena bzw. Joschua und Mirjam ebenfalls schon seit Kindertagen miteinander befreundet. Sie haben gemeinsam im See Gennesaret gebadet, den Fischern bei der Arbeit zugesehen und das plötzliche Aufkommen gefährlicher Stürme beobachtet. Doch die unbeschwerte Verliebtheit der beiden gerät eines Tages in die Krise. Joschua, der sich den Bund mit Mirjam als schönstes Ziel seines Lebens ausgemalt hat, gibt seine Beschäftigung als Zimmermann auf und brütet über der Heiligen Schrift. Er wird von einer Stimme getrieben, die ihm sagt, er müsse den Leuten erzählen, wie Gott wirklich ist; und als er seinen besonderen Weg zu gehen beginnt, entschließt sich Mirjam, mit ihm zu gehen. Sie kann gar nicht anders. Denn sie erkennt: „Er hat sich mir eingebrannt." Und während die anderen meinen, Jesus sei „ein dummdreister Spinner", mutmaßt Hejo Müllers Magdalena: „Vielleicht spinnt er ein Garn, aus dem ihr euch alle noch einmal ein paar wunderbare Kleider weben könnt!"[65]

Die Schlüsselszene des Stücks, von welcher es auch eine frühere Fassung – die Meditation „Mirjam aus Magdala" aus dem Zyklus „Ein Mann aus Galiläa" – gibt[66], spielt im Garten Getsemani. Hejo Müller hatte die phantastische Idee, Magdalena in die Ölbergszene hineinzunehmen. In der Nacht vor dem Leiden, als im Garten Getsemani die Todesangst über Jesus kommt und alle Jünger außer Judas schlafen, ist Mirjam da. Sie spricht Joschua Mut zu, als er Gott anfleht: „Abba, mein Vater, es wird mir zu viel! Es wird zu viel für mich! Ich kann nicht!" Und die Nachfolgerin Jesu wird gewissermaßen zur Stellvertreterin Jesu, indem sie nun genau das tut, was er die ganze Zeit getan hat: Hilflosen helfen und Darniederliegende aufrichten.

Mirjam behält einen klaren Kopf und ein unerschütterliches Vertrauen in Gottes Güte. Sie habe es kommen sehen und nun gebe es kein Zurück mehr, denn Jesus sei bereits „zu tief in die Sache hineingeritten", sagt sie in Anspielung auf den spektakulären Einzug in Jerusalem. Jesus habe sich dem Vater versprochen, nun müsse er seinen Weg gehen. Aber Joschua hat Angst, Todes-Angst.

„Was weißt denn du!" entgegnet er. „Kennst du die wildgeile römische Soldateska? Hast du gesehn, wie sie foltert und quält?" Mirjam macht sich keinerlei Illusionen. Sie weiß, was Jesus erwartet. Dennoch sieht sie einen Ausweg. Der himmlische Vater werde den Gottesknecht nicht im Finstern liegen lassen, sondern ihn wieder „rausholen aus der finsteren Grube des Grabes". Darum gibt es nur einen einzigen Fluchtweg, sagt Mirjam: „Den Weg nach vorn. In die Nacht. In die finstere Nacht. Aber jede Nacht hat eine Mitte, und die Mitte der Nacht ist die Stunde des beginnenden Tags."

Der Zuspruch, den Hejo Müllers Magdalena Jesus zuteil werden läßt, hat Erfolg. In neu gestärktem Vertrauen steht Joschua auf, als Mirjam zu ihm sagt: „Geh jetzt, Joschua, Judas wartet schon!"

In der 1976 entstandenen früheren Fassung der Ölbergszene schreibt der Autor: „Als der Heiland heulend im Garten lag in jener Nacht, siehe, da war jene Frau bei ihm, jene Frau aus Magdala. Und hat ihm Mut gemacht. Lukas wird später sagen, ein Engel sei es gewesen; und was ist daran nicht wahr?!"[67]

Solche und solche Phantasien

Der 1932 geborene, in Berlin lebende Lyriker und Dramatiker hat völlig recht. Was sollte falsch daran sein, wenn uns die poetische Phantasie eines zeitgenössischen Autors die Augen dafür öffnet, daß im Grunde genau die gleiche poetische Phantasie auch bei jenem frühchristlichen Autor am Werk war, der die Szene vom Blut schwitzenden Jesus entwarf und die klassischen Worte schrieb: „Da erschien ihm ein Engel vom Himmel und gab ihm Kraft“[68] – und damit ausdrückte, wie sehr Jesus bei seiner Entscheidung, den Weg des Leidens bis zum bitteren Ende zu gehen, auch von all dem mitgetragen wurde, was er im Lauf seines Lebens an Stütze und Trost von der Treue und vom Glauben derer, die ihn liebten, als Stärkung empfangen durfte.

Nur damit es keine Mißverständnisse gibt: Hejo Müllers Joschua-Stück wurde hier nicht deswegen so ausgiebig besprochen, weil es etwa auch zu jener Art Literatur zu rechnen wäre, deren Absicht es ist, den Jesus der Bibel zu verfälschen und sich nach Lust und Laune einen neuen Jesus zu basteln. Ganz im Gegenteil: das Drama des Berliner Autors setzt alle Mittel ein, um den *echten* Jesus zu zeigen und seine Botschaft zum Leuchten zu bringen.

Wir haben es schon in der Auseinandersetzung mit dem Magdalena-Roman von Marianne Fredriksson gesagt: anstößig ist nicht, daß lebhafte Einbildungskraft und Phantasie eingesetzt werden, um der Gestalt Jesu nahezukommen und seine Botschaft besser zu verstehen, es kommt darauf an, *wie* die Einbildungskraft und die Phantasie eingesetzt werden. Es geht um die Unterscheidung der Geister, denn es gibt eben solche und solche Phantasien.

In den vorhin erwähnten Jesus-Memoiren von Jean-Claude Barreau werden Einbildungskraft und Phantasie tatsächlich eingesetzt, um den *echten* Jesus besser zu verstehen. Das gleiche gilt für Luise Rinsers Magdalena-Roman. Mag die pathetische Art von Rinsers „Mirjam" auch nicht nach jedermanns Geschmack sein oder mag es auch sachlich da und dort aus exegetischer Sicht das eine oder andere zu hinterfragen geben, vom Ansatz her ist gegen diese Art, sich auf literarische Weise mit Jesus zu beschäftigen, nicht das mindeste einzuwenden. Auch Hejo Müllers dichterischer Entwurf zur Gestalt des Mannes aus Galiläa setzt Phantasie ein, nicht um Jesus zu verfälschen, sondern um den echten Jesus zu finden, und wurde an dieser Stelle eben deshalb so ausführlich präsentiert, um zu demonstrieren, daß das, was Marianne Fredriksson beabsichtigt haben mag und woran sie letztlich gescheitert ist, auch in gelungener Form verwirklicht werden kann.

Dennoch will ich nicht versäumen zu sagen: Gemessen an *anderen* unseriösen Hervorbringungen in der Sparte Jesusliteratur schneidet die schwedische Bestsellerautorin mit ihrer Version der Lovestory von Jesus und der Frau aus Magdala immer noch gut ab. Die Verzerrung und Verfälschung zur esoterischen Kitschfigur, die Jesus bei Marianne Fredriksson widerfahren ist, ist noch harmlos gegen das, was die *australische* Bestsellerautorin Barbara Thiering in die Welt gesetzt hat. Die Story, die sie so virtuos auf geduldiges Papier beförderte, daß sich die Balken der seriösen Jesusforschung nur so bogen, ist die bislang bizarrste und phantastischste Version unter allen bizarren und phantastischen Versionen über Jesu Leben als Mann.

Geschieden und wieder verheiratet

Die an der Universität von Sydney Altes Testament, Hebräische und Feministische Theologie lehrende Forscherin hat wahrlich nicht zu viel versprochen, wenn sie für sich in Anspruch nimmt, das Leben Jesu „neu geschrieben"[69] zu haben. Wir erfahren nicht nur die Tatsache, *daß* Maria von Magdala dem Meister ihr Jawort gab, wir erfahren auch wo, wie, wann und wie oft. Barbara Thiering weiß alles vom Menschensohn und seiner Erwählten, sowohl den Tag als auch die Stunde.

Verlobt haben sich Jesus und Maria Magdalena am Dienstag, dem 6. Juni 30. Die Verlobungsfeier dauerte von 18.00 bis 22.00 Uhr. Geheiratet wurde ein Vierteljahr später, nämlich am Samstag, dem 23. September 30. Allerdings kam es, wie Frau Thiering formuliert, „noch nicht zu einer Empfängnis“[70], auch lebte Jesus nicht in ständiger ehelicher Gemeinschaft mit seinem Eheweib, sondern war nur zeitweise bei ihr. So z. B. am 1. März 30, am 20. September 30, am 12. September 32 usw. Und vor allem: der Bund zwischen der Frau aus Magdala und dem Mann, den der Hebräerbrief später den Mittler des Neuen Bundes nennen sollte[71], währte nicht ewig – nicht einmal so lange, bis der Tod das Paar schied.

Jesus blieb nichts erspart. Sogar diese Erfahrung mußte er machen, die schon so mancher Ehemann gemacht hat: seine Holdeste lief ihm eines schönen Tages davon. Barbara Thiering wörtlich: „Nach der Geburt des dritten Kindes und zweiten Sohnes aus der Verbindung mit Jesus im März 44 n. Chr. entschloß sich Maria Magdalene, ihren Mann zu verlassen.“[72]

Pech für Jesus. Aber noch war nicht aller Tage Abend. Sechs Jahre später – im März 50 n. Chr. – heiratete Jesus ein zweites Mal. Diesmal war seine Wunderschöne und Prächtige eine Geschäftsfrau. Sie hieß Lydia, wohnte in der Stadt Thyatira und war von Beruf Purpurhändlerin. Wer schon einmal das 16. Kapitel der Apostelgeschichte gelesen hat, dem ist sie keine Unbekannte.[73]

Doch halt, im Jahr 50 soll das gewesen sein? War da Jesus nicht längst tot und begraben – und auferstanden?

Ein altes Lied mit neuen Strophen

Gekreuzigt – ja. Laut Frau Thiering schlug man Jesus am 20. März 33 zusammen mit Simon dem Magier und Judas dem Zeloten ans Kreuz. Doch Jesus, der bekanntlich am Kreuz noch einen Trank von Essig und Galle – laut Barbara Thiering einen Giftbecher, der ihm das Bewußtsein nahm – zu sich genommen hatte, „starb nicht am Kreuz. Er erholte sich wieder von den Wirkungen des Giftes. Seine Freunde halfen ihm, aus dem Grab zu entkommen, und begleiteten ihn nach Rom, wo er bis zum Jahr 64. n. Chr. lebte"[74].

Da haben wir ihn also wieder, den alten Hut aus der Mottenkiste der Leben-Jesu-Forschung, lediglich in einer neuen Verpackung. Die sogenannte Scheintodhypothese, die bereits Heinrich Eberhard Gottlob Paulus (1761–1851) und andere Theologen des 19. Jahrhunderts als rationalistisches Erklärungsmodell strapazierten, um nicht an so etwas wie Auferstehung glauben zu müssen;[75] eine Annahme, die – wie wir bereits gesehen haben und noch ausführlich sehen werden – auch heute in den Köpfen so mancher Autoren von Jesusbüchern herumspukt: Jesus sei weder durch die Kreuzigung noch durch den Lanzenstich des Soldaten ums Leben gekommen und sei folglich nachher auch nicht auferstanden, sondern bloß wieder auf*ge*standen.

Nun singt also auch Barbara Thiering dieses alte Lied mit, nicht jedoch ohne gleich ein paar neue Strophen hinzuzudichten. Für sie steht fest, „daß nach der Auferstehung nichts Übernatürliches geschah, daß es keine ‚Erscheinungen' gab – das sind Erzählungen für die ‚unmündigen Kinder'. Wenn Jesus in den folgenden Jahren Petrus oder Paulus ‚erschien', wie es in der Apostelgeschichte heißt, so handelte es sich um ein Auftreten des wirklichen Jesus in Fleisch und Blut, der sich mit seinen Mitarbeitern beriet"[76].

Jesus auf Baby-Pause

Die Geschichte von der Auferstehung wurde freilich laut Thiering „ganz bewußt in die Welt gesetzt". Denn die Evangelisten, die natürlich „selber nicht an die Auferstehung" glaubten – sie haben gewissermaßen nur für die Dummen eine schöne Geschichte geschrieben, unter deren Oberfläche sie Informationen versteckten, denen die eingeweihten Gescheiten entnehmen konnten, „was tatsächlich geschah" –, wollten mit Hilfe der Auferstehungsstory „die große Zahl von Heiden, die von der hellenistischen Idee der Unsterblichkeit der Seele beeinflußt waren, als Mitglieder der Bewegung erhalten"[77].

Und wie erging es Jesus nach der nichterfolgten Auferstehung? – laut Barbara Thiering ging es ihm so: Er lebte zunächst sehr zurückgezogen, wurde wieder einmal Vater eines Kindes und betätigte sich im übrigen als Mitverfasser des Johannesevangeliums. Die Professorin aus Sydney wörtlich: „Jesus verbrachte die nächsten drei Jahre in Klausur. Da im September des Jahres 33 n. Chr. seine Tochter geboren war, durfte er im September des Jahres 36 n. Chr. wieder in die Welt zurückkehren. Während dieser drei Jahre der Abgeschlossenheit kann er durchaus an der Niederschrift des vierten Evangeliums beteiligt gewesen sein."[78]

Man fragt sich, woher die Dame das alles weiß – und warum sie den Jesus, den sie uns präsentiert und dessen Leben sie neu schreibt, eigentlich „Jesus von *Qumran*" nennt.

ANMERKUNGEN:

1 Martin Scorsese: Die letzte Versuchung Jesu. Nach dem Roman von Nikos Kazantzakis. Spielfilm 1988.
2 Stellungnahme der Deutschen Bischofskonferenz vom 29. September 1988. Zit. in: „Jesus in der Hauptrolle. Zur Geschichte und Ästhetik der Jesus-Filme", Filmdienst 11 / 1992. S. 70.
3 Mk 16,9.
4 Lk 7,37.
5 Lk 22,28.
6 Mt 16,23.
7 Gerald Messadié: Ein Mensch namens Jesus. Roman, München 1989. S. 112.
8 Vgl. das Chanson von Georg Kreisler: „Zwei alte Tanten tanzen Tango".
9 Gen 2,24.
10 Zit. nach: CD-ROM zur Offenbarung durch Jakob Lorber sowie Gottfried Mayerhofer und Leopold Engel, Lorber-Verlag, Bietigheim o. J.
11 Max Frisch: Gesammelte Werke Bd. III/1, Frankfurt am Main 1976. S. 115.
12 Juan José Benitez: Operation Jesus. Der Augenzeugenbericht eines Zeitreisenden von den letzten elf Tagen des Jesus von Nazareth, Bern 1993. S. 192.

13 Der Kleine Pauly. Lexikon der Antike, Bd. V, München 1979. S. 78.
14 Vgl. Mt 21,31: „Da sagte Jesus zu ihnen: Amen, das sage ich euch: Zöllner und Dirnen gelangen eher in das Reich Gottes als ihr."
15 Dagobert Runes: Der wahre Jesus oder Das fünfte Evangelium, Wien 1927.
16 Ebenda S. 130.
17 Ebenda S. 138.
18 Vgl. Mt 19,11.
19 Konrad Algermissen: Artikel „Borborianer", in: Lexikon für Theologie und Kirche, Bd. II, Herder-Verlag, Freiburg im Breisgau [2. Auflage] 1958. S. 606.
20 Epiphanius von Salamis: Panarion 26,8,2-3; zit. nach: Edgar Hennecke / Wilhelm Schneemelcher: Neutestamentliche Apokryphen in deutscher Übersetzung, Bd. I, Tübingen [4. Auflage] 1968. S. 250.
21 Vgl. Heinrich Kraft: Kirchenväterlexikon, in: Texte der Kirchenväter, Bd. 5, München 1966. S. 190.
22 Luise Rinser: Mirjam, Frankfurt am Main 1983. S. 65.
23 Ebenda S. 67.
24 Ebenda S. 67.
25 Hennecke / Schneemelcher a. a. O. S. 253-254.
26 Das Thomas-Evangelium. Übersetzt von E. Haenchen, in: Kurt Aland: Synopsis quattuor Evangeliorum. Locis parallelis evangeliorum apocryphorum et patrum adhibitis, Stuttgart 1964. S. 530.
27 Die Evangelien berichten davon, daß Jesus die in Kafarnaum am Nordwestufer des Sees Gennesaret wohnhafte Schwiegermutter des Petrus von einem Fieber geheilt hat: Mt 8,14-15; Mk 1,29-31; Lk 4,38-39.
28 Offb 19,7: „Denn gekommen ist die Hochzeit des Lammes, und seine Frau hat sich bereit gemacht."
29 Vgl. Offb 21,9-11: „Und es kam einer von den sieben Engeln, die die sieben Schalen mit den sieben letzten Plagen getragen hatten. Er sagte zu mir: Komm, ich will dir die Braut zeigen, die Frau des Lammes. Da entrückte er mich in der Verzückung auf einen großen, hohen Berg und zeigte mir die heilige Stadt Jerusalem, wie sie von Gott aus dem Himmel herabkam." und Offb 21,2: „Und ich sah die heilige Stadt, das neue Jerusalem, von Gott her aus dem Himmel herabkommen; sie war bereit wie eine Braut, die sich für ihren Mann geschmückt hat."
30 Lotte Ingrisch / Gottfried von Einem: Jesu Hochzeit. Mysterienoper in zwei Akten. Libretto, Berlin 1979. S. 50.
31 Das lateinische Wort „Imprimatur" (wörtlich: „Es möge gedruckt werden") ist ein Fachausdruck für die kirchliche Druckerlaubnis in der katholischen Kirche. Durch das Zweite Vatikanische Konzil, das bekanntlich den mündigen Christen propagiert hat, ist es diesbezüglich zu einem Paradigmenwechsel gekommen. Der alte Index der verbotenen Bücher wurde zwar nicht ausdrücklich abgeschafft, aber er ist – wie man so schön sagt – eines natürlichen Todes gestorben; d. h. die Erteilung einer kirchlichen Druckerlaubnis ist heutzutage nur noch von untergeordneter Bedeutung.
32 Hubert Feichtlbauer in der Wochenzeitung „Die Furche", zit. in: Kathpress Nr. 108, 29. Mai 1980.

33 Karl August von Hase: Das Leben Jesu zunächst für akademische Studien, 1829.
34 Karl Heinrich Venturini: Natürliche Geschichte des großen Propheten von Nazareth, Kopenhagen 1800.
35 Nicolai Notowitsch: Die Lücke im Leben Jesu („La vie inconnue de Jésus-Christ"), Stuttgart 1894. – Vgl. Joachim Finger: Jesus – Essener, Guru, Esoteriker? Mainz und Stuttgart 1993. S. 62.
36 Henry Lincoln / Michael Baigent / Richard Leigh: Der Heilige Gral und seine Erben. Ursprung und Gegenwart eines geheimen Ordens, Bergisch Gladbach 1984.
37 Dr. De Jonge: Jeschuah. Der klassische jüdische Mann. Zerstörung des kirchlichen, Enthüllung des jüdischen Jesus-Bildes, Berlin 1904.
38 Joh 6,9.
39 Jean-Claude Barreau: Die Memoiren von Jesus, Frankfurt 1978. S. 33-34.
40 Das ist Mein Wort. Alpha und Omega – Das Evangelium Jesu. Die Christus-Offenbarung, welche die Welt nicht kennt, Würzburg 1991. S. 91-92.
41 Ebenda S. 92.
42 Ebenda S. 92-93.
43 Anna Katharina Emmerick: Das Leben Jesu, Regensburg 1858. – Vgl. Albert Schweitzer: Geschichte der Leben-Jesu-Forschung, München 1966. S. 144.
44 Marianne Fredriksson: Maria Magdalena. Roman, Frankfurt am Main 1999.
45 Ebenda S. 133.
46 Ebenda S. 156.
47 Ebenda S. 156.
48 Ebenda S. 157.
49 Ebenda S. 28.
50 Ebenda S. 27.
51 Ebenda S. 169.
52 Ebenda S. 91.
53 Ebenda S. 145.
54 Ebenda S. 16.
55 Ebenda S. 17.
56 Ebenda S. 28.
57 So ein zentrales Argument, mit dem vom Verlag für das Fredriksson-Buch geworben wurde.
58 Fredriksson, a. a. O. S. 110.
59 Ebenda S. 213.
60 Ebenda S. 236.
61 Ebenda S. 191.
62 Ebenda S. 135.
63 Ebenda S. 132.
64 Hejo Müller: Joschua oder Die Mitte der Nacht ist der Beginn des Tages. Eine Szenenfolge. Bühnenmanuskript. Druckerei Christoph Hille, Dresden 1993.
65 Ebenda Szene II/7.
66 Hejo Müller: Ein Mann aus Galiläa. Meditationen. Paqué-Verlag, Ramstein [2. Auflage] 1985.

67 Ebenda S. 18.
68 Lk 22,43.
69 Barbara Thiering: Jesus von Qumran. Sein Leben – neu geschrieben. („Jesus The Man. A New Interpretation From The Dead Sea Scrolls"), Gütersloh 1993.
70 Ebenda S. 300.
71 Hebr 8,1-13.
72 Thiering a. a. O., S. 180.
73 Apg 16,14. – Thiering a. a. O., S. 356. – Vgl. ebenda S. 180-181: „Daß Maria und Jesus sich trennten und Jesus eine zweite Ehe einging, ist einer auf die ‚Purpurhändlerin, Lydia bezogenen Aussage aus dem März des Jahres 50 n. Chr. zu entnehmen: ‚Da tat der Herr das Herz auf'."
74 Thiering a. a. O., S. 143.
75 Heinrich Eberhard Gottlob Paulus: Das Leben Jesu als Grundlage einer reinen Geschichte des Urchristentums, Heidelberg 1828.
76 Thiering a. a. O., S. 143.
77 Ebenda S. 145.
78 Ebenda S. 157.

IV.
VIEL LÄRM UM QUMRAN
Ein Jahrhundertfund beflügelt die Phantasie

In der Zeit des „Kalten Krieges" erzählte man folgenden Witz. Ein Skelett wird gefunden, und die Forscher sollen herausfinden, was für ein Mensch das war und wann und wie er gelebt hat.

Ein amerikanischer Wissenschaftler macht seine Untersuchungen und kommt zum Ergebnis, daß es sich um das Skelett einer Frau handeln dürfte, die vor circa 300 Jahren gelebt hat. Ähnlich wie er sehen es auch andere westliche Experten. Nun aber tritt ein *sowjetischer* Wissenschaftler ans Rednerpult und verblüfft die staunende Mitwelt mit höchst präzisen Angaben zum ausgegrabenen Fund. Der Russe kann nicht nur das genaue Todesdatum sowie Name und Adresse der vor drei Jahrhunderten ums Leben gekommenen Frau angeben, sondern er weiß auch, an welchen Krankheiten sie litt, wieviel Kinder sie zur Welt brachte und daß sie zweimal verheiratet war.

Als ihn sein Kollege aus den USA dann heimlich beiseite nimmt und bittet, er möge ihm doch verraten, wie es möglich sein kann, aufgrund des vorhandenen Befundes solche Details herauszufinden, antwortet der Russe: „Weißt du, Brüderchen, Genosse Stalin ist zu mir gekommen, hat mich bei Wasser und Brot eingesperrt und zu mir gesagt: ‚Gestehe!' Was hätte ich machen sollen? Ich habe gestanden ..."

Die Australierin Barbara Thiering, die das Leben Jesu „neu" geschrieben hat, scheint ähnlich vorgegangen zu sein wie der Russe im Witz – wenngleich es allerdings in diesem Fall sicherlich keinen äußeren Druck gab, der einen Wissenschaftler unter Umständen dazu bewegen könnte, Dinge zu tun, die ihm sein Gewissen als Wissenschaftler eigentlich zu tun verbietet.

Blühende Phantasie

Qumran heißt das Zauberwort, an dem sich schon die Phantasie so mancher Jesusfälscher entzündet hat, um Feuerwerke der bizarrsten Sorte abzusondern. Bei Khirbet Qumran in der Nähe des Toten Meeres wurde im Jahr 1947 ein sensationeller Fund gemacht. In einigen Höhlen befanden sich einzigartige Dokumente – Schriftrollen, die in Tonkrügen gelagert waren und die, wie sich herausstellte, über zweitausend Jahre alt waren. Zu den aufgefunden Texten zählten unter anderem auch Abschriften biblischer Bücher, die um ein dreiviertel Jahrtausend älter waren als die bis *dahin* ältesten der erhalten gebliebenen Bibelhandschriften.

Die Erforschung und Auswertung dieses Jahrhundertfundes zog sich über Jahrzehnte hin und ist – auch wenn mittlerweile bereits die letzten, oft nur ein paar Quadratzentimeter großen Fragmente fein säuberlich publiziert sind – noch immer im Gange. Im Dunstkreis der *wissenschaftlichen* Publikationen über die Schriftrollen von Qumran und parallel dazu entwickelte sich allerdings auch ein Strom *spekulativer* Qumranliteratur. Zu ihr zählt die „Verschlußsache Jesus", die sich als eines der spektakulärsten und in der Öffentlichkeit am meisten wahrgenommenen Jesusbücher erwies. Immerhin behaupteten die Autoren Michael Baigent und Richard Leigh nichts Geringeres, als daß die in den Höhlen von Qumran gefundenen Texte brisante Informationen enthalten würden, die für die Existenz der Kirche so bedrohlich wären, daß sie der Vatikan deshalb „unter Verschluß" halten würde.[1]

Kennern der Materie war von vornherein klar, daß eine solche These nur hochgradiger Unsinn sein konnte. Oder um mit Mark Twain zu sprechen: „Dies scheint eine starke Behauptung zu sein, aber der Dichter hat gesagt: Die Dinge sind nicht, was sie scheinen."[2] Ganz abgesehen davon, daß die fraglichen Schriftrollen gar nichts über Jesus und die Urchristen enthalten *können* – wurden sie doch zu einer Zeit geschrieben, da Jesus noch gar nicht geboren war![3] – : um etwas „unter Verschluß“ halten zu können, müßte man es zuerst einmal besitzen! Und die 1947 entdeckten Schriftrollen einer Sektengemeinde in Qumran beim Toten Meer gehören nun einmal nicht dem Vatikan, sondern befinden sich bekanntlich im Besitz des Staates Israel.

Nichtsdestoweniger haben nicht wenige Leser der plumpen Verschwörungstheorie unkritisch Glauben geschenkt. Denn wie sagte doch der Wiener Journalist Alfred Worm, selber Verfasser eines Jesus-Bestsellers[4], so treffend? „Einer Kirche, die Hunderttausende unschuldiger Frauen als Hexen verbrannte, Hunderttausende Juden aus dem Spanien des Columbus vertrieb oder zwangstaufte, die im Zeichen des Kreuzes Millionen von Indios hinschlachtete, die zwei Jahrhunderte lang Kreuzzüge zum Grab Christi unternahm und nebenbei die Kreuzritter knöcheltief im Blut der Ungläubigen waten ließ. Dieser Kirche, deren selbsternannte Nachfolger des angeblichen, jedenfalls jüdischen Apostels Petrus jahrhundertelang übelste antijüdische Pamphlete verfaßten – dieser Kirche kann man getrost die Unterdrückung einiger für die Religion peinlicher Dokumente zutrauen. Auch dann, wenn den angeblichen Verschwörern im klerikalen Dunstkreis ausnahmsweise Unrecht getan wird.“[5]

Michael Baigent und Richard Leigh mit ihrer „Verschlußsache Jesus“ sind allerdings Waisenknaben gegen Barbara Thiering. Was die beiden Journalisten mithilfe von Robert Eisenman[6], einem Orientalisten an der University of California, durch die Lektüre jener Texte, die im Jahr 1947 bei Qumran am Nordwestufer des Toten Meeres entdeckt wurden, über Jesus und das Urchristentum in Erfahrung gebracht haben wollen, war schon bizarr und abstrus genug und meilenweit von dem entfernt, was seriöse Wissenschafter in geduldiger Forschungsarbeit über das Leben und die Gedankenwelt der Qumran-Essener ermittelt hatten. Barbara Thiering allerdings ist die phantastischste aller Qumranphantasten. Was die Australierin aus den Evangelien und der Apostelgeschichte alles herausgelesen – oder besser gesagt: in die neutestamentlichen Texte *hinein*gelesen – hat, hat noch kein Jesusfälscher vor ihr zuwege gebracht. Oder sagen wir: mit Rücksicht auf den gesunden Menschenverstand der Leser denn doch nicht gewagt.

Vergewaltigter Bibeltext

Die unangefochtene Rekordhalterin in der Disziplin disziplinlosen Jesusfälschens kennt keine falschen Rücksichten. Ihre den Bibeltext gnadenlos vergewaltigende Interpretation geschieht unter ein paar tolldreisten Annahmen: erstens, daß Jesus in Qumran gelebt hätte („Die Bootsfahrten, die Jesus und die Jünger unternahmen, fanden auf dem Toten Meer, nicht auf dem See Gennesaret statt"[7]); zweitens, daß die Texte der in den Höhlen von Qumran gefundenen Schriftrollen nicht schon vor Christi Geburt, sondern erst in herodianischer Zeit entstanden wären, und daß drittens das Neue Testament in einer verschlüsselten Darstellungsweise geschrieben wäre, die an der Textoberfläche „Erzählungen für die ‚unmündigen Kinder'" bieten, hinter denen sich konkrete historische Aussagen für die „Eingeweihten" erschließen lassen.

„Peschermethode" heißt das Zauberwort der Australierin, mit dem sie versucht, den Produkten ihrer blühenden Phantasie den Anschein von Wissenschaftlichkeit zu verleihen.

Thiering wörtlich: „Der Pescher ist so etwas wie die Lösung eines Rätsels, etwa in der Form eines Buchstabenrätsels. Für den Uneingeweihten ergeben die Zeichen keinen Sinn, doch wer die Technik kennt und das notwendige Wissen mitbringt, kann das Rätsel entschlüsseln."[8]

Und so funktioniert Barbara Thierings Peschermethode: „Der Schreiber nimmt sich ein alttestamentliches Buch vor, z. B. das Buch Habakuk aus den Kleinen Propheten, in dem es um Ereignisse im Jahr 600 v. Chr. geht, als die Babylonier in Judäa einmarschierten und Angst und Schrecken verbreiteten. Er zitiert nun den Text Vers für Vers und fügt dabei jedem einzelnen Vers einen Kommentar an, den er mit den Worten ‚sein Pescher (d. h. seine Deutung) ist …' einleitet und in dem er den Text auf Geschehnisse in seiner eigenen Zeit bezieht. Die Babylonier sind für ihn die ‚Kittim', d. h. die Römer."[9]

Otto Betz und Rainer Riesner haben sich die Mühe gemacht, das pseudowissenschaftliche Brimborium, mit dem die Australierin ihre Leser zum Narren hält, minutiös zu entlarven. Im Habakuk-Pescher, der in den Tonkrügen von Qumran aufgefunden wurde, werde „keine exegetische Geheimniskrämerei" betrieben, schreiben beide Bibelwissenschaftler in ihrem Buch „Jesus, Qumran und der Vatikan", einem überaus informativen Aufklärungsbuch zu Fragen rund um Qumran und zur Unterscheidung der Geister hinsichtlich diverser Qumranphantasien. „Die Form des Peschers ist in Qumran klar definiert. Zuerst wird ein Stück aus dem Alten Testament zitiert, und dann folgt, meist eingeleitet durch die Formel ‚pischro' (seine Deutung), die aktualisierende Anwendung der Stelle." In den Evangelien gibt es zwar ebenso „Stellen, wo ein alttestamentliches Wort als im Wirken Jesu erfüllt zitiert wird" (z. B. Mt 1,22-23; 2,15 usw.), aber – und das ist der springende Punkt – „nirgends im Neuen Testament wird ein Wort oder eine Tat Jesu zitiert und dann behauptet, sie würden sich verschlüsselt auf einen völlig anderen geschichtlichen Vorgang beziehen".[10]

Mit anderen Worten: Barbara Thierings Schriftauslegungen sind an den Haaren herbeigezogen.

Das Jesusbuch der Australierin, die ehedem eine seriöse Qumran-Forscherin gewesen ist, entspricht exakt dem, was nach Martin Esslin dem absurden Theater bzw. nach Sigmund Freud den Wahnvorstellungen eignet. Hat man einmal die völlig willkürlichen absurden Grundannahmen akzeptiert, ist alles weitere zwingend logisch. Barbara Thiering macht das gleiche wie Kinder, die sagen „Tun wir so, wie wenn wir Ritter wären" – sie lebt ihren Spieltrieb aus.

Spuren des echten Jesus hinter den Fälschungen

Der Gerechtigkeit halber soll freilich nicht unerwähnt bleiben, daß sogar noch in diesem unsaglichen „Jesus von Qumran", in dem der authentische Jesus der Bibel komplett gegen den Strich gebürstet wird und die historische Wahrheit über Jesus auf der Strecke bleibt, dennoch da und dort die Züge des unverfälschten Jesus durchschimmern. So etwa, wenn Barbara Thiering über die für den historischen Jesus charakteristische Zuwendung zu den Außenseitern völlig richtig feststellt: „Bei allen entscheidenden Ereignissen der Geschichte war er stets auf der Seite derer, die unter dem System zu leiden hatten: der Armen, der Behinderten, der sozial Diskriminierten"[11], auch wenn sie im nächsten Atemzug aus dieser richtigen Einsicht gleich wieder eine ihrer abstrusen Schlußfolgerungen zieht.

Auch was die Australierin im Zusammenhang mit der Tempelreinigung über Jesus schreibt, kann als eine kleine Insel des Richtigen im Meer von so viel Fälschung bezeichnet werden: „Er wandte sich aufs schärfste gegen den Ausverkauf religiöser Erlösung für Geld und lehrte, daß die Erlösung ein freies Geschenk der Gnade sei. Mit der Peitsche trieb er die ‚Händler, die Rinder, Schafe und Tauben verkauften', hinaus und stieß die Tische der Geldwechsler um ... Die Religion, so lehrte Jesus, sei kein finanzielles Schwindelunternehmen, sondern eine Gabe Gottes."[12] Kein finanzielles Schwindelunternehmen – das ist gar kein so übles Stichwort! Auch Jesusbücher sollten, so könnte man daraus lernen, kein Schwindelunternehmen sein.

Ein „unüberbietbarer Schmarrn"

So sehr Barbara Thiering für sich verbuchen kann, die bislang abenteuerlichsten Qumranphantasien in die Welt gesetzt zu haben, hat sie dennoch Vorgänger. Daß die These vom scheintoten Jesus, der das Kreuz überlebt hätte, aus der Mottenkiste des 19. Jahrhunderts stammt, haben wir bereits erwähnt. Aber auch Bibelauslegungsmethoden, die dem Bibeltext aufgrund einer vorgefaßten, mehr oder weniger willkürlichen Annahme partout einen anderen Sinn abzugewinnen trachten, als er hat, sind nichts Neues unter der Sonne.

So wäre z. B. an den österreichischen Alttestamentler Claus Schedl zu erinnern, der in den sechziger Jahren die Worte und die Buchstaben des Bibeltextes zu zählen begann, weil er sich in die Idee verrannt hatte, daß die Zahl den Text mitformt. Aus den Patriarchenerzählungen der Genesis glaubte er, „ein altes Epos Israels" herausschälen zu können, und wenn die Texte nicht das hergaben, was sie aufgrund der Theorie hergeben sollten, dann wurde der Bibeltext von Claus Schedl einfach „kühn korrigiert", wie er selber sagte.[13] „Mystische Arithmetik oder geschichtliche Zahlen", „Thesenanschlag zu den Pentateuchquellen", „Siegel Gottes und Zaun des Gesetzes. Die biblischen Schöpfungsberichte als Zahlengebäude" sind nur einige Titel der Arbeiten, die Claus Schedl zu diesem Thema veröffentlicht hat. Sogar die griechisch geschriebenen neutestamentlichen Schriften wurden von Schedl aufgrund der an und für sich anhand des hebräischen Bibeltextes gewonnenen Methode auf ihren tieferen Sinn hin abgeklopft. Titel eines 1966 erschienenen Aufsatzes: „Die Zahl als Formungselement der Evangelien."[14]

Schedls kuriose Theorie wurde, wie es im akademischen Leben üblich ist, von anderen Fachleuten der Bibelwissenschaft geprüft, mit all ihrem Für und Wider diskutiert – und ist mittlerweile, ihrer Unhaltbarkeit überführt, längst in der Versenkung verschwunden.

Es gibt allerdings einen gravierenden Unterschied zwischen Claus Schedl und Barbara Thiering. Während der österreichische Redemptoristenpater mit seiner Methode des Wortezählens ernsthaft und redlich um das Erarbeiten eines vertieften Zugangs zum Bibeltext bemüht war, klatscht die Australierin ihre als sensationelle neue Methode propagierte Erfindung den ernsthaften Bibelwissenschaftlern kaltschnäuzig ins Gesicht. Eine zynische Verhöhnung der Zunft, in ihrem enthüllerischen Pathos gemixt mit dem Aspekt der Tabuverletzung: natürlich wiederum der ideale Teig, aus dem Bestsellerbrötchen gebacken werden.

Wie sagte doch der Wiener Judaist Kurt Schubert, selber ein exzellenter Kenner der Qumrantexte: „Jedes dieser Bücher bezeichne ich als einen unüberbietbaren Schmarrn und werde durch das nächste widerlegt, weil es einen noch unüberbietbareren Schmarrn bietet."[15]

Gesunder Geschäftssinn gegen gesunden Menschenverstand

Wenn der gesunde Menschenverstand den gesunden Geschäftssinn zum Duell fordert, hat der Klügere schon oft nachgegeben und sich zur Einsicht bekehrt, mit der Kaiser Vespasian die anrüchige Latrinensteuer zu kommentieren pflegte: Pecunia non olet. Der jüdische Publizist Hershel Shanks hat denn auch in einer Rezension von Thierings Buch nicht nur bitterböse beklagt, daß hier „unter Aufbietung größter Gelehrsamkeit die historische Wissenschaft zur Karikatur gemacht wird", sondern auch ein treffendes Wörtchen über das Motiv renommierter Verlage geschrieben, ein solch törichtes Buch („silly book") herauszubringen: „Zweifellos hat die Antwort etwas mit dem zu tun, was auf den Tischen lag, die Jesus umstürzte."[16]

Die Öffentlichkeitsabteilung des Verlagshauses, das sich dafür entschieden hatte, den gesammelten Thiering'schen Aberwitz auf deutsch herauszubringen, hatte offensichtlich noch einen Funken Scham im Leib und wagte nicht, so zu tun, als ob man die Thesen des Buches, das man verkauft, auch glauben würde. Die Rechtfertigung, das Buch dennoch zu verlegen, war allerdings einigermaßen kläglich und halbherzig. „Wichtiger als die Richtigkeit der Ergebnisse", hieß es da, wäre es, „daß das Thema von allen Seiten angegangen wird".[17]

Barbara Thierings blühende Phantasie zu übertrumpfen ist in der Tat sehr schwer. So schwer, daß es nicht einmal der Autorin selber gelungen ist. Eventuelle Erwartungen, mit einem zweiten Buch den spektakulären Erfolg des ersten wiederholen zu können, blieben jedenfalls unerfüllt.[18]

Ein Rauschgift namens Jesus

„Der Geheimkult des heiligen Pilzes. Rauschgift als Ursprung unserer Religion“ lautete der Titel eines 1970 auf englisch und ein Jahr später auf deutsch erschienenen Buches, in dem der „Nachweis“ erbracht wird, daß Jesus in Wirklichkeit der Name eines Rauschgifts sei, das im Kult des Heiligen Fliegenpilzes eine Rolle gespielt habe.[19] Das Buch, das in einem auf Bestseller spezialierten Verlagshaus erschienen war, erweckte für einen in die Interna der Qumranforschung nicht eingeweihten Leser den Eindruck einer phantastischen Parodie.

Hier hat sich doch einer, möchte man mutmaßen, den tollen Spaß gemacht, eine ganz und gar verrückte These nach allen Regeln der Kunst durchzuspielen, und hat die Mühe nicht gescheut, mit ungeheurer Akribie philologisches Material herbeizuzitieren, das die Theorie scheinbar belegt. Wer so etwas zustande bringt, muß klarerweise etwas von der wirklichen Wissenschaft verstehen; also kann es sich beim Autor dieses fulminanten Juxes nur um einen Experten handeln; aber um wen? Da der Autor offensichtlich seinen literarischen Faschingsscherz nicht mit seinem wirklichen Namen zeichnen wollte, hat er sich – so ginge die Mutmaßung weiter – ein Pseudonym zugelegt, freilich eines, das jeder Musikfreund gleich als solches erkennen mußte: er nannte sich „Allegro“, also gleichsam einen Mister Flott.

Doch nichts da. Es gibt keinen Qumranwissenschaftler, der sich heimlich „Mister Flott“ nannte. Der John M. Allegro, der so flott über den Kult des Fliegenpilzes drauflosschrieb, hieß wirklich John M. Allegro.

Im Grunde war dieser Mann eine tragische Figur. Sabine Rückert kennzeichnet ihn in ihrem kenntnisreichen Aufsatz, den sie für das „Zeit-Dossier" geschrieben hat, folgendermaßen: „John Allegro, der Atheist, verfiel über den Rollen Alkohol und Drogen, überwarf sich mit allen Kollegen und verfaßte vor seinem Tode wirre Aufsätze, in denen er den Ursprung des Christentums auf Halluzinationen infolge von Pilzvergiftung zurückführte."[20]

Die Welt nur durch ein kleines akademisches Loch zu sehen und ständig danach zu fiebern, irgendwann die große Sensation zu entdecken, kann ins Auge gehen. Anscheinend ist es tatsächlich nicht ungefährlich, sich jahrelang mit nichts anderem zu beschäftigen als mit der Entzifferung von Buchstaben auf oft nur briefmarkengroßen Textfragmenten; „es macht labil", wie der Qumran-Experte Shemaryahu Talmon meint[21], und Allegro ist keineswegs der einzige, den es erwischt hat. Leute wie Josef Milik und John Strugnell haben diesen eigentümlichen Streß der Qumranentzifferer psychisch genauso wenig durchgestanden wie Allegro[22] – und wer wagt zu ahnen, was eine Barbara Thiering dazu gebracht haben mag, mit einem rabiaten Jesusbuch verrückt zu spielen?

Die „Verschlußsache Jesus" – ein alter Hut

„Die anfeuernden Orakel" war der Titel eines Theaterstücks, das im Jahr 1966 in England uraufgeführt wurde. Geschrieben hatte es John M. Allegro, der 1957 von der Universität Manchester entlassen worden war und sich mit Sensationsveröffentlichungen über Wasser halten mußte.[23] In diesem Stück geht es um die angebliche Brisanz, die die 1947 entdeckten Schriftrollen für die Kirche hätten.[24]

Eine Universitätsassistentin löst die zusammengeklebten Bruchstücke einer Schriftrolle aus Qumran mit Dampf auf. Der Professor entziffert die nun lesbar gewordenen Texte und meint, das werde die katholische Kirche erschüttern. Denn aus der Schriftrolle gehe hervor, daß Jesus den Chefapostel Petrus nicht, wie man bisher immer gemeint hat, „Fels" genannt habe, sondern „Untersucher". Das fragliche aramäische Wort, das der Bibelstelle Mt 16,18 („Du bist Petrus, und auf diesem Felsen werde ich meine Kirche bauen") zugrunde liege, laute „gajpha", nicht „kajpha". Ein winziger Unterschied im Text, aber eine gigantische Auswirkung für das Selbstbewußtsein der katholischen Kirche, meint der Professor. Denn nun sei das Papsttum widerlegt.

Die Assistentin aber, die zwar prinzipiell auf der Seite des Professors steht, in den sie verliebt ist, kann ihr Wissen nicht für sich behalten. Sie beichtet einem Priester, was sie weiß. Und der Priester – Beichtgeheimnis hin, Verschwiegenheitspflicht her – kann sein Wissen ebenfalls nicht für sich behalten. Kurzum, der Vatikan bekommt Wind von der Sache und setzt flugs seine Leute auf den Professor an. Ziel der Unternehmung: Rom wünscht, daß der Forscher dazu überredet werden soll, doch lieber wieder „kajpha" (der Fels) als die richtige Lesart des Textes zu entziffern. Professor Lanson jedoch, wie das fiktive literarische Double von Mister Allegro im Theaterstück heißt, bleibt standhaft. Im Rahmen einer Pressekonferenz will er seine sensationelle Entdeckung der Öffentlichkeit bekanntgeben. Doch siehe da, der Safe, in dem das brisante Dokument eingeschlossen war, ist plötzlich leer – und Professor Lanson bleibt nur noch zu sagen: „Man unterdrückt die Worte Jesu!"

Was John Marco Allegro lediglich als literarische Fiktion auf jene Bretter geknallt hatte, die die Welt bedeuten, hat das Autorenpaar Baigent und Leigh allerdings als *reelle* Anschuldigung des Vatikans in die Welt gesetzt. Die „Verschlußsache Jesus" stand monatelang auf den Hitlisten der am meisten verkauften Bücher, und die Werbung versprach den Käufern, in diesem Buch würde zum ersten Mal enthüllt, „welch brisantes Material zurückgehalten wird – bislang unbekannte Texte über die Urchristen"[25].

Ein noch älterer Hut

Otto Betz und Rainer Riesner weisen zu Recht darauf hin, daß sich das Allegro-Stück von 1966 „wie das Drehbuch zur ‚Verschlußsache Jesus'" liest.[26] Und wenn man tief genug in die Geschichte der Leben-Jesu-Forschung zurückblickt, kann man sehen, daß es dergleichen auch schon viel früher gegeben hat. Ein Carl Friedrich Bahrdt (1741–1792) und ein Karl Heinrich Venturini (1768–1849) verhalten sich nämlich ziemlich genau so zueinander wie Allegro zu den beiden Sachbuchschreibern Baigent und Leigh.

Carl Friedrich Bahrdt beschäftigte sich mit der Geschichte Jesu vom Standpunkt der Vernunft aus. Als Rationalist lehnte er den Offenbarungsglauben ab und versuchte in seinen Schriften[27] das, was damals in Galiläa geschah, auf seine Weise zu erklären. Daß in der Passionsgeschichte plötzlich ein Mann namens Josef von Arimathäa auftritt und eine wichtige Rolle spielt, gab ihm zu denken – bzw. zu phantasieren. Und so kam Bahrdt auf die Idee, in ihm – wie schon Johann Georg Wachter (1673–1757), der diese Spekulation zum ersten Mal anstellte[28], einen Essener zu sehen, also einen Angehörigen jener dritten religiösen Gruppierung, die der jüdische Geschichtsschreiber Josephus Flavius neben den Pharisäern und den Sadduzäern erwähnt hat.

Je weniger man über diese Essener wußte – insbesondere damals, als die Schriftrollen von Qumran noch unentdeckt in den Tonkrügen am Toten Meer lagen –, umso mehr war der Phantasie Tür und Tor geöffnet.

Die Essener als geheime Drahtzieher

Bahrdt stellte sich vor, daß die Essener ein Geheimbund waren, der in allen Gesellschaftsschichten seine Leute sitzen hatte – eben auch im Hohen Rat. Dieser geheim agierende Orden sei daran interessiert gewesen, einen Kandidaten für die Rolle des Messias zu finden, um ihn für ihre Zwecke nutzbar zu machen.

Schon bei seiner Geburt sei man auf Jesus aufmerksam geworden, seine Erziehung und Ausbildung sei von den Essenerleuten gemanagt worden. Wenn Jesus z. B. auf einen Berg ging, um allein zu beten, wie im Evangelium bisweilen berichtet wird, so bedeutete dies nach Bahrdt, daß er dort in Wirklichkeit an einer geheimen Sitzung des Ordens teilnahm. Denn der Orden hatte überall seine verborgenen Höhlen, in Galiläa ebenso wie in der Umgebung von Jerusalem. In solch einer Höhle sei denn auch das Ende Jesu geplant worden, sein raffiniert inszenierter Tod am Kreuz und seine noch raffinierter inszenierte scheinbare Auferstehung. Lukas, der Arzt, würde Jesus Medikamente verabreichen, mit deren Hilfe er die Schmerzen der Passion aushalten kann. Nikodemus übernimmt es, den Hohen Rat entsprechend zu manipulieren, damit die Verurteilung und die Hinrichtung möglichst rasch über die Bühne gehen und Jesus nur kurz am Kreuz ausharren muß.

Und in der Tat, es geht alles nach Plan. Nur Pilatus ist eine gewisse Hürde – um ein Haar, und er hätte Jesus laufen lassen. Aber der Hauptmann ist eingeweiht; die Essener haben ihn bestochen, damit er Jesus nicht die Beine zertrümmern läßt oder ihm gar einen tödlichen Lanzenstich verpaßt. Schon kommt „Joseph von Ramath", wie Josef von Arimathäa bei Bahrdt heißt, bringt den scheintoten Jesus in eine Höhle und pflegt ihn in der improvisierten Intensivstation mithilfe der von Lukas vorbereiteten Arzneien flugs gesund und päppelt ihn entsprechend auf, denn nach drei Tagen muß er ja wieder für die Auferstehung fit sein. Bahrdt im Originalton: „Seine Wunden, da seine Säfte vollkommen gesund waren, heilten sehr leicht, und er konnte den dritten Tag schon wieder auftreten, ohngeachtet die Löcher noch offen waren, welche die Nägel ihm gemacht hatten."

Und Ostern fand wie folgt statt: Der Stein wird nicht von einem Engel weggewälzt, sondern mit vereinter essenischer

Muskelkraft von innen nach außen gedrückt. Die Wachen vor dem Grab packt der Schrecken, als der massive Klotz scheinbar ganz von alleine den Berg hinunterrumpelt. Die Frauen kommen, und einer der weißgewandeten Essener mimt den Engel, der offiziell verkündet, daß Jesus auferstanden sei. Maria Magdalena, die Jesus viel zu gut gekannt hat, um sich täuschen zu lassen, sieht Jesus, erkennt ihn aber erst wieder, als sie seine Stimme hört. Und wieder Bahrdt im Originalton: „Hierauf sagte ihr Jesus, daß er zu seinem Vater gehe (in den Himmel – im mystischen Sinne des Wortes – nämlich unter die Auserwählten, in die stillen Wohnungen der Wahrheit und Seligkeit – in den Zirkel seiner Vertrauten, wo er ein unsichtbares Leben für seinen Zweck fortlebte), und sie solle seinen Jüngern es sagen, daß er lebe."

Zwischen Ostern und Himmelfahrt kommt Jesus ein paar Mal aus dem Essenerversteck, um seinen Jüngern zu „erscheinen", und bei der Himmelfahrt kommt den Augenzeugen natürlich nur so vor, als wäre sie eine. Jesus nimmt herzzerreißenden Abschied von seiner Mannschaft und schreitet den Berg hinan: „Da stunden die armen Leute – betäubt – vor Schmerz außer sich – sahen ihm nach, solange sie konnten. Aber je höher er stieg, desto tiefer kam er in die Wolken hinein, die auf dem Berge lagen. Und endlich war er gar nicht mehr zu sehen. Die Wolke nahm ihn weg vor ihren Augen."[29]

Deswegen bleibt den Aposteln auch unbekannt, daß Jesus wieder in die Mutterloge des Geheimbundes zurückkehrt und nur noch ganz selten – z. B. vor Damaskus, als er Saulus gegenübertritt – in das Geschehen eingreift.

Jesusfälscher haben ihre Schicksale

So weit das Grundmuster einer Geschichte, von der man dasselbe sagen könnte wie Don Giovannis Diener Leporello, als die Tafelmusik im Hause seines Herrn – in einem ironischen Selbstzitat Mozarts – ein Thema aus dem „Figaro" intoniert: „Die Melodie kommt mir äußerst bekannt vor."

Mit anderen Worten: Die oft genug als „neuestes" Forschungsergebnis angepriesene Erkenntnis, daß Jesus das Kreuz überlebt hat und die Auferstehung nur vorgegaukelt wurde, ist alles andere als neu. Die Story von einem Jesus, der sich keineswegs aus irgendwelchen religiösen Gründen in das Schicksal fügte, in das er wegen der konsequenten Verkündigung seiner Botschaft vom Reich Gottes geriet, und darin den Willen seines Vaters im Himmel erkannte, sondern der einfach der Hampelmann in den Händen der Essener war, einer Art Edelmafia, die wußte, wo es lang ging – diese Story, die von den „jungen" Jesusfälschern des 20. Jahrhunderts gezwitschert wurde, sungen auch schon die alten im 18. Jahrhundert.

Der gebürtige Braunschweiger Karl Heinrich Venturini hat das von Bahrdt entwickelte Modell vierzehn Jahre später verbessert. Carl Friedrich Bahrdt schrieb sozusagen das Libretto für eine noch viel schönere Oper – für Venturinis Roman eines Leben Jesu, der zu seiner Zeit viel und gerne gelesen wurde: „Natürliche Geschichte des großen Propheten von Nazareth".[30]

Freilich, damals gingen die Uhren noch anders als heute, wo gesellschaftliche Ächtung und institutionelle Repression wegen ideologischen Dissidententums im Grunde nur noch historische Vokabeln sind. Darum schienen Venturini gewisse Vorsichtsmaßnahmen geboten, die es geraten sein ließen, das Buch anonym herauszubringen. Auch wurde der wahre Erscheinungsort verschleiert; auf dem Impressum wurde sinnigerweise „Bethlehem" als Verlagssitz angegeben.

Schließlich konnte Venturini am Beispiel seines Vorläufers Bahrdts deutlich sehen, was einem Freigeist alles blühen kann, wenn er unverblümt sagt, was er sich denkt. Denn dies zieht sich gleichfalls wie ein roter Faden durch die Geschichte der Jesusfälscher: die Bücher haben ihre Schicksale, aber die Autoren nicht minder.

Der erste große Essenerphantast Carl Friedrich Bahrdt war zwar schon in jungen Jahren „außerordentlicher Professor der geistlichen Philologie" zu Leipzig geworden, wurde aber ebenso bereits in jungen Jahren – mit fünfundzwanzig – geschaßt. Kündigungsgrund: „anstößiger Lebenswandel". Eine Zeitlang konnte er dann noch in liberalerer Umgebung dem Lehrberuf nachgehen – zunächst in Gießen, dann in Halle an der Saale, wo Hunderte von Hörern in seine Vorlesungen kamen. Aber in Halle konnte sich Bahrdt nur halten, weil die aufgeklärte Regierung der konservativen Fakultät eins auswischen wollte und nur deshalb dem unliebsamen Professor die Stange hielt.

Als Friedrich der Große starb, wendete sich das Blatt, und Bahrdt mußte Lehrstuhl und Hörsaal Ade sagen. Der Jesus-Umdichter wurde Weinbauer und Gastwirt, provozierte seine bürgerlich wohlanständige Umwelt durch so manche unmoralische Aktion – z. B. jagte der Nichtmehr-Theologe und Nur-noch-Wirt Bahrdt seine Ehefrau zum Teufel und holte sich statt ihrer seine Kellnerin ins Bett, landete zwischendurch auch einmal im Knast (Bahrdts Delikt: „Verspottung des Wöllnerschen Ediktes") und starb, gesellschaftlich geächtet, ein paar Monate nach Mozarts Tod[31].

Die Verschlußsache wird zur Verdrußsache

Doch zurück zu Michael Baigent und Richard Leigh. Die beiden Autoren, die in einem Interview bereitwillig zugaben, daß sie Mitte der siebziger Jahre noch gar keine Ahnung hatten, daß es so etwas wie die Schriftrollen vom Toten Meer überhaupt gibt, hatten sich – schon lange bevor sie ihre hanebüchene „Verschlußsache Jesus" herausbrachten – publizistisch mit Jesus beschäftigt. Zuerst 1982 im Buch „Der Heilige Gral und seine Erben" und dann 1986 im Folgeband „Das Vermächtnis des Messias" hatten sie die Welt mit der Erkenntnis beglückt, daß Jesus als Königssproß aus dem Hause David auch leibliche Nachkommen hatte, gezeugt mit niemand anderem als mit Maria Magdalena; leibliche Nachkommen, die schon in der Geschichte Frankreichs zur Zeit der Merowinger eine Rolle gespielt hätten und die sich heute, unterstützt von einem geheimen Orden, der „angesichts der nuklearen Bedrohung des Menschen und der Sinnkrise der modernen Welt“ seine Stunde gekommen sieht, darauf vorbereiten, die Weltherrschaft zu übernehmen.[32]

Kennern der Szene war also schon länger bekannt, aus welchem Holz Baigent/Leigh-Bücher geschnitzt sind. Übrigens ist es auch nicht ganz uninteressant zu sehen, wie eine Barbara Thiering über das Qumran-Buch von Baigent und Leigh herzieht.

Die Australierin, die wir bereits als extreme Qumranphantastin kennengelernt haben, ist wiederum so von allen guten Geistern denn doch nicht verlassen, daß sie nicht sähe, welch Geistes Kind die „Verschlußsache Jesu“ war. In einer Fußnote ihres Buches „Jesus von Qumran“ läßt uns Barbara Thiering ihr Urteil über Baigent und Leigh wissen:

„In ihrem kürzlich erschienenen Buch mit dem Titel ‚Verschlußsache Jesus‘ schreiben M. Baigent und R. Leigh von dem ‚Skandal um die Schriftrollen‘. Ihrer Argumentation zufolge wurden die Rollen der Wissenschaft bewußt vorenthalten, und zwar in erster Linie durch die Kirche, aus Angst, daß ihr Inhalt dem Christentum Schaden zufügen könnte. Das Buch verdient durchaus Beachtung. Leider tendieren die Autoren jedoch dazu, einige Tatsachen durcheinanderzubringen. So stimmt es beispielsweise nicht, daß alle wichtigeren Rollen unterdrückt wurden. Alle Schriftstücke von einer bestimmten Größe wurden veröffentlicht und sind sowohl der wissenschaftlichen Forschung als auch der Öffentlichkeit zugänglich; letzterer in Vermes' Buch ‚The Dead Sea Scrolls in English‘, das von 1962 bis 1987 bereits zahlreiche Neuauflagen erfahren hat. Richtig ist allerdings, daß eine große Anzahl kleinerer Fragmente, besonders Fragmente aus der Höhle 4, unveröffentlicht blieb, vor allem, weil es sich dabei um winzige Textausschnitte handelt, die als uninteressant galten. Sie wurden jedoch mittlerweile herausgegeben (R. H. Eisenman und J. M. Robinson, A Facsimile Edition of the Dead Sea Scrolls, 2 Bde., Biblical Archaeology Society, Washington D.C., 1991). Es besteht natürlich nach wie vor die Möglichkeit, daß weitere vollständige Rollen auftauchen, doch im Augenblick ist den Forschern nichts von solchen Texten bekannt."[33]

Auch ein Mann wie Johannes Lehmann weiß, was von Leuten wie Baigent und Leigh zu halten ist. Angesichts dessen, was in den längst veröffentlichten Qumrantexten zu lesen ist, schreibt er, kann „von einer ‚Verschlußsache Jesus' keine Rede sein, wie die beiden Autoren Michael Baigent und Richard Leigh behaupten, die freilich schon geübt sind, spekulative, weil so herrlich faktenarme Themen wie ‚Der Heilige Gral und seine Erben' oder ‚Der Tempel und seine Loge' zu saftigen Büchern aufzubauschen". Das Autorenduo habe „bei seinem Theaterdonner offensichtlich übersehen, daß man in Qumran zwei vollkommen verschiedene Textarten gefunden hat. Das eine sind Texte, die mit der Lehre und der Organisation der Essenersekte zu tun haben, wie der sogenannte ‚Sektenkanon', die ‚Damaskusschrift', die ‚Hymnenrolle', die ‚Kriegsrolle' oder die erst 1985 edierte ‚Tempelrolle'. Das andere sind meist Abschriften von Texten des Alten Testaments, insgesamt 575 Dokumente, die man im Lauf der Jahre nach und nach in den umliegenden Höhlen gefunden hat. Wenn jetzt die Schauermär verbreitet wird, daß bis heute 75 Prozent der Texte noch nicht herausgegeben seien, dann ist das halb so schlampig und schrecklich, wie es klingt: Alle wichtigen Dokumente, die mit der Qumransekte, also möglicherweise mit Jesus, zu tun haben, sind längst veröffentlicht".[34]

Für Baigent und Leigh waren die Schriftrollen vom Toten Meer nur eines von vielen Themen, mit denen sie sich beschäftigten. Die zum Bestseller gewordene „Verschlußsache Jesus" blieb lediglich eine Episode. Die beiden emsig produzierenden Vielschreiber haben in der Folge noch in andere „Verschlußsachen" hineingesehen. 1997 erschien die „Verschlußsache Magie. Wir werden noch immer von magischen Kräften gesteuert". Ein Jahr danach warf Michael Baigent „Das Rätsel der Sphinx" auf den Markt. 1999 waren es schließlich „Der Tempel und die Loge. Das geheime Erbe der Templer in der Freimaurerei", denen das Schreiber-Duo Baigent und Leigh ihr vereintes Interesse widmeten, und im Heiligen Jahr 2000 durfte ein kirchenkritisches Thema nicht fehlen. Mit dem Titel „Als die Kirche Gott verriet. Die Schreckensherrschaft der Inquisition" bereicherten Baigent und Leigh das Angebot des Buchmarkts an der Schwelle vom Zweiten zum Dritten Jahrtausend. Weitere aktuelle Titel dieser Autoren sind in dem bei jedem Buchhändler abfragbaren „Verzeichnis lieferbarer Titel" zu finden – oder im Internet, das bekanntlich eine eigene Form von Kommunikation kultiviert.

Ein „Ah!" und ein „Oh!"

Wer z. B. unter der Web-Adresse von „amazon.de" nach einem Buch sucht, wird dabei jedesmal aufgefordert: „Schreiben Sie eine Online-Rezension zu diesem Buch, und teilen Sie Ihre Gedanken anderen Lesern mit!" Im Fall von Baigents „Rätsel der Sphinx" haben immerhin zwei Internet-User der Aufforderung Folge geleistet, allerdings kommen die beiden anonym bleibenden Personen – die eine ist als „Rezensentin / Rezensent aus Deutschland" ausgewiesen, die andere firmiert als „Rezensentin / Rezensent aus Kleinblittersdorf" – zu völlig gegensätzlichen Urteilen. In der einen Besprechung wird das Buch als „unwissenschaftlich" bezeichnet und sein Inhalt total abgelehnt, dafür wird es in der anderen geradezu über den grünen Klee gelobt.

Rezensent Nr. 1 „aus Deutschland" erklärt, er habe Baigents Buch gar nicht gelesen und werde es auch nicht lesen, und gibt „handfeste Gründe" für die rigorose Ablehnung an: „Das im Jahre 1992, vom gleichen Autor herausgegebene Buch ‚Verschlußsache Jesus' wirbt mit den gleichen Attributen wie das vorliegende. Es werden sensationelle Funde, neue erschütternde archäologische Erkenntnisse und dergleichen angekündigt. Und das alles von einem Autor, der mit seinen vorangegangenen Werken eindeutig der Geschichtsfälschung überführt wurde und sich dadurch ins wissenschaftliche Abseits gestellt hat." Die unverblümte Meinungsäußerung schließt mit der Empfehlung: „Wenn Sie für Ihr Geld seriöse Literatur erwarten, sollten Sie auf andere Werke ausweichen."

Rezensent Nr. 2 „aus Kleinblittersdorf" hingegen versichert: „Michael Baigent behauptet, die Archäologie unterdrücke Fakten und verfälsche Lehren. Doch es bleibt nicht bei Behauptungen. Baigent belegt schlüssig, daß der Mensch deutlich älter ist, als er es nach offizieller Lehrmeinung sein dürfte. Der Autor führt überzeugende Belege für die These an, daß Menschen bereits zur Zeit der Dinosaurier gelebt hätten. Er äußert berechtigte Zweifel an der Evolutionstheorie in ihrer heute gelehrten Form. Baigent führt sogar Belege für die These an, daß Dinosaurier heute noch leben. Besonders intensiv geht Baigent auf den Ursprung des Menschen ein, und er zeigt auf, daß auch hier die offiziellen Erklärungen kaum ausreichend sind. Ein Kapitel, in dem der Autor kompetent auf die Atlantis-Problematik eingeht und ein Schlußkapitel, das die Rätsel der Sphinx und der Pyramiden behandelt, vervollständigen das flüssig geschriebene Werk, das sich durch große Sachlichkeit und nachvollziehbare Folgerungen auszeichnet. Auch das ausführliche Quellenverzeichnis muß lobend erwähnt werden."

Wenn wir schon beim Zitieren pointierter Meinungen sind, möchte ich noch einen weiteren kritischen Rezensenten zu Wort kommen lassen, den es maßlos ärgert, daß „Menschen, die gar nicht dazu qualifiziert sind, deren Ignoranz geradezu verbrecherisch ist, die über die wissenschaftliche Theologie hochfahrend schelten, statt sich auch nur einigermaßen mit ihren Forschungen vertraut zu machen", sich gedrungen fühlen, über

Jesus zu schreiben. Das Abstruseste finde Beifall, klagt er, und werde „gierig von der Menge verschlungen".

Freilich stammen diese Worte nicht von einem Leser heutiger Jesusbücher, sondern von Albert Schweitzer, der bereits 1906 in seiner „Geschichte der Leben-Jesu-Forschung" gesagt hat, daß gewisse Autoren „immer neue gefälschte Porträts von dem historischen Jesus entwerfen und meinen, etwas erreicht zu haben, wenn sie der Menge ein ‚Ah!' entlocken, wie es dem Haufen der Großstadt entfährt, der einen Augenblick vor einem neuen Reklamebild stehen bleibt".[35]

Diesem Stoßseufzer des Theologen, Philosophen, Mediziners und Musikers Albert Schweitzer kann man sich nur vollinhaltlich anschließen. In der Tat, das ist eben das Problem, daß ein solches „Ah!" und „Oh!" von einem unkritischen Lesepublikum bereits für ein „Alpha" und „Omega" gehalten wird!

ANMERKUNGEN:

1 Michael Baigent / Richard Leigh: Verschlußsache Jesus. Die Qumranrollen und die Wahrheit über das frühe Christentum, München 1991.
2 Mark Twain: Die Arglosen im Ausland, Zürich 1990. S. 486.
3 Die Schriftrollen von Qumran sind nach Ansicht seriöser Forscher bis zu eineinhalb Jahrhunderte älter als das Christentum. Diese Einschätzung wurde übrigens auch durch einen 1994 vorgenommenen Radiocarbontest bestätigt.
4 Alfred Worm: Jesus Christus. Die Wahrheit über den „wahren" Menschen. Eine Recherche, Klosterneuburg-Wien 1992.
5 Alfred Worm: Mein Gott, Jesus! Profil 15 / 10. April 1993. S. 63.
6 Robert Eisenman / Michael Wise: Jesus und die Urchristen. Die Qumran-Rollen entschlüsselt, München 1992.
7 Barbara Thiering: Jesus von Qumran. Sein Leben – neu geschrieben, Gütersloh 1993. S. 53.
8 Ebenda S. 34.
9 Ebenda S. 33.
10 Vgl. Otto Betz / Rainer Riesner: Jesus, Qumran und der Vatikan. Klarstellungen, Gießen und Freiburg im Breisgau 1993. S. 135-136.
11 Thiering a. a. O., S. 96.
12 Ebenda S. 48.
13 Claus Schedl: Baupläne des Wortes. Einführung in die biblische Logothechnik, Wien 1974. S. 21.

14 Vgl. die bibliographische Liste „Zeitschriftenartikel des Autors zum Thema Wort und Zahl", ebenda S. 30-31.
15 Univ. Prof. Dr. Kurt Schubert in einem Vortrag zum Thema „Qumran und Jesus", Wien 21. Januar 1993.
16 Vgl. Otto Betz / Rainer Riesner: Jesus, Qumran und der Vatikan. Klarstellungen, Gießen und Freiburg im Breisgau 1993. S. 49 und 138.
17 Ebenda S. 49.
18 „Der Jesus der Apokalypse. Sein Leben nach der Kreuzigung" lautete der Titel des zweiten Teils des kuriosen Fortsetzungsromans der Australierin. Dieses Buch (Barbara Thiering: Jesus of the Apocalypse. The Life of Jesus after the Crucifixion. Doubleday Verlag, London 1997) hat allerdings bei weitem nicht so viel Aufmerksamkeit erregt wie Thierings primärer Qumran-Schmöker.
19 John M. Allegro: Der Geheimkult des heiligen Pilzes. Rauschgift als Ursprung unserer Religion, Wien 1971.
20 Sabine Rückert: Ans Licht der Welt, Die Zeit 53 / 25. Dezember 1992. S. 12.
21 Vgl. ebenda S. 12.
22 Vgl. ebenda S. 12.
23 Vgl. Betz / Riesner a. a. O., S. 32.
24 Wir folgen der Inhaltsangabe, die Otto Betz und Rainer Riesner gegeben haben.
25 Vgl. den Klappentext des Buches von Michael Baigent und Richard Leigh („Verschlußsache Jesus", München 1991).
26 Betz / Riesner a. a. O., S. 32.
27 Carl Friedrich Bahrdt: Briefe über die Bibel im Volkston. Eine Wochenschrift von einem Prediger auf dem Lande, Halle 1782. – Carl Friedrich Bahrdt: Ausführung des Plans und Zwecks Jesu. In Briefen an Wahrheit suchende Leser, Berlin 1784.
28 Johann Georg Wachter: De primordiis Christianae, 1713. – Vgl. Joachim Finger: Jesus – Essener, Guru, Esoteriker? Mainz und Stuttgart 1993. S. 38-39.
29 Bahrdt: Ausführung des Plans und Zwecks Jesu, S. 83-84.
30 Karl Heinrich Venturini: Natürliche Geschichte des großen Propheten von Nazareth, Kopenhagen 1800.
31 Nämlich am 23. April 1792. – Zu den biographischen Angaben vgl. Ernst Walter Zeeden: Artikel „Bahrdt", in: Lexikon für Theologie und Kirche, Bd. I, Herder-Verlag, Freiburg im Breisgau [2. Auflage] 1957. S. 1193.
32 Henry Lincoln / Michael Baigent / Richard Leigh: Der Heilige Gral und seine Erben. Ursprung und Gegenwart eines geheimen Ordens, Bergisch Gladbach 1984. – Henry Lincoln / Michael Baigent / Richard Leigh: Das Vermächtnis des Messias. Auftrag und geheimes Wirken der Bruderschaft vom Heiligen Gral, Bergisch Gladbach 1987.
33 Thiering a. a. O., S. 199-200.
34 Johannes Lehmann: Das Jesus-Geschäft, Profil 15 / 10. April 1992. S. 61.
35 Albert Schweitzer: Geschichte der Leben-Jesu-Forschung, München 1966. S. 372 und S. 359.

V.
DAS NACKTE MÄDCHEN AM KREUZ
„Ah!" und „Oh!" statt Alpha und Omega

Das Thema Jesusfälschung hat ernste und heitere Seiten. Die Aufregung, die es im Zusammenhang mit einer Ausstellung gab, bei welcher gewisse Jesusbilder präsentiert wurden, gehört zu den eher *heiteren* Aspekten des Themas.

Sturm im Wasserglas

Ort der Handlung: Klosterneuburg bei Wien. – Zeit: das Wochenende vor Palmsonntag im April des Jahres 2000 nach Christus. – Und das Corpus delicti: eine Fotoserie mit dem Titel „INRI", die die französische Star-Fotografin Bettina Rheims zusammen mit Serge Bramly kreiert hat.

„Jesus als nacktes Mädchen am Kreuz: Gotteslästerung?" fragte ein Nachrichtenmagazin in riesigen Lettern.[1] Der Veranstalter der Ausstellung, der österreichische Kunstsammler Karlheinz Essl, durchaus kein Kirchenfeind, sondern ein bekennender Christ evangelischer Konfession, konnte nichts Anstößiges an den Bildern finden. Mit dem nackten Mädchen am Kreuz, erklärte er, habe die Künstlerin ausdrücken wollen, daß Jesus, dessen in diesen Tagen in besonderer Weise gedacht werde, „sowohl für den Mann als auch für die Frau am Kreuz gestorben" sei.[2]

Ein katholischer Oberhirte sah das freilich ganz anders. Der Salzburger Weihbischof Andreas Laun sprach von „Provokation in Reinkultur" und von „überaus starker Gotteslästerung". Dabei bezog er sich auf Ausdrücke, die in Frankreich gefallen waren, wo die anstößigen Rheims-Fotos bereits früher publiziert und in Ausstellungen gezeigt wurden. Er selber habe das Bild zwar „noch nicht gesehen", gab Andreas Laun zu – „wenn allerdings die Beschreibungen stimmen", so der Weihbischof wörtlich, „dann kann ich diesen Urteilen nur voll und ganz zustimmen".[3]

Im übrigen meinte der im Fach Moraltheologie habilitierte Kirchenmann, die Kirche müsse nicht auf jede Provokation antworten, und riet, ein jeglicher müsse selber „in sein Herz schauen und seinem Gewissen folgen", um die Frage zu klären, ob er diese Ausstellung besuchen solle oder nicht.[4]

Doch siehe da – drei Tage später widerrief der Bischof. In einer als „Gastkommentar" in der Wiener Tageszeitung „Die Presse" abgedruckten Erklärung mit dem Titel „Irreführung um eine Frau am Kreuz, Richtigstellung und eine Bitte um wechselseitige Ehrfurcht"[5] teilte Andreas Laun der Öffentlichkeit mit, es sei die „falsche Frage" eines Journalisten gewesen, die bei ihm eine „falsche Antwort zur logischen Folge" gehabt hätte. Laun hatte das vermeintlich gotteslästerliche Bild in der Zwischenzeit gesehen und war nunmehr imstande, ein weitaus differenzierteres Urteil abzugeben als zuerst.

Die nackte Frau am Kreuz, konstatierte der Bischof in seiner „Presse"-Erklärung, „stellt nicht *Christus* dar, sondern ist Teil eines Triptychons: Das Kreuz Christi in der Mitte ist leer, links und rechts von ihm hängen ein Mann und eine Frau am Kreuz. Also fällt der Haupt-Vorwurf, nämlich der der Verspottung des Heiligsten, was die Christen besitzen, weg. Auch die Anklage, das Werk sei pornographisch, läßt sich nicht halten: Die Schamteile der Frau (und übrigens auch die des Mannes) sind verhüllt, nur die Brust ist entblößt und die Art ihrer Abbildung ist nicht anstößig. Es ist meines Erachtens eine kühle, ästhetisch schöne Darstellung, ohne eine – an dieser Stelle peinliche – erotische Ausstrahlung. Also ist auch der zweite Vorwurf hinfällig. Natürlich können die Vorwürfe andere, mir unbekannte Bilder von Frau Rheims treffen, man kann an ihrem Kreuz Kritik üben, es ablehnen und man darf darüber diskutieren. Nur eines kann man meines Erachtens nicht sagen: daß diese Kreuzes-Darstellung ‚gotteslästerlich' und ‚obszön' sei. Sie ist es *nicht*". – So weit die aufschlußreichen Worte des Bischofs aus Salzburg.

Was war das nun? Mit Thomas Bernhard möchte man fragen: „War es eine Komödie? War es eine Tragödie?" – Eine Tragödie war es sicherlich *nicht*. Hinterher, so viel steht fest, sehen die Dinge oft anders aus, als sie vorher – im Licht der voreiligen ersten Empörung und unter dem Einfluß eines demzufolge erhöhten Adrenalinspiegels – auszusehen schienen. Die Kirchengeschichte ist der beste Beweis. Auch in den zweitausend Jahren vor dem Jahr 2000 ging es in der organisierten Glaubensgemeinschaft der Jesusnachfolger lebhaft her.

Der Streit um Jesus, das Bemühen, möglichst genau zu erhellen, wer er gewesen ist, ist eine jahrhundertelange Auseinandersetzung, bei der die Fetzen nur so flogen.

Man braucht nur in den Dokumenten der offiziellen kirchlichen Lehrverkündigung zu blättern, um einen Eindruck über das Hickhack zwischen rechtgläubiger Meinung und ketzerischer Gegenmeinung zu gewinnen. Da die amtlichen Definitionen meist nur formuliert wurden, um Häresien zu bannen, haben die Texte den diskreten Charme von doppelt belichteten Fotos: durch das retuschierte Bild schimmert noch das Anstößige des zu retuschierenden Bildes hindurch.

Hickhack im Namen des Glaubens

Unzählige Male wurde – wie im folgenden Beispiel aus dem 6. Jahrhundert, wo es um die „zwei Geburten" Jesu ging – die Formel „anathema sit" verwendet, jener Bannfluch, der besagte, daß derjenige aus der kirchlichen Gemeinschaft auszuschließen sei, der eine bestimmte häretische Meinung vertrat: „Wer nicht zwei Geburten des göttlichen Wortes bekennt, die eine von Ewigkeit aus dem Vater, zeitlos und körperlos, die andere in den letzten Tagen, da er herabkam aus den Himmeln und Fleisch geworden ist aus der heiligen glorreichen Gottesgebärerin und immerwährenden Jungfrau Maria und aus ihr geboren wurde, der sei ausgeschlossen."[6]

Zeter und Mordio schrie ein Papst des 8. Jahrhunderts gegen gewisse Bischöfe auf der iberischen Halbinsel, die dem sogenannten Adoptianismus anhingen – einer aus römischer Sicht irrigen Lehre, derzufolge „das göttliche Wort kraft der ewigen Zeugung aus dem Vater eine natürliche Sohnschaft" besitzt, dem aus Maria geborenen Jesus allerdings nur „eine Sohnschaft durch Kindschaftsannahme" zukommt.

„Zanksüchtige, dem Zorne Gottes verfallene Verleumder" waren die Vertreter dieser Glaubenslehre in den Augen des Stellvertreters Christi auf Erden.

Papst Hadrian I. im Originalton: „Ihr habt euch nicht gescheut, mit gifterfülltem Munde unseren Erlöser einen angenommenen Sohn zu nennen, als wenn er ein bloßer Mensch wäre, der der menschlichen Schwäche unterworfen ist. Ja, man schämt sich, es zu sagen, ihr Ehrfurchtslosen und Undankbaren habt ihn einen Knecht genannt. Scheut ihr zanksüchtigen, dem Zorne Gottes verfallenen Verleumder euch denn nicht, jenen einen Knecht zu heißen, der euch von der Knechtschaft des Teufels befreit hat?"[7] Verglichen mit anderen Wortmeldungen, die im Lauf von fast zwei Jahrtausenden christlicher Glaubensgeschichte über die Lippen gebracht und im Schriftsatz schwarz auf weiß festgehalten wurden, mutet das, was jene adoptianisch gesinnten Bischöfe Jesus nachgesagt haben und wogegen ein Papst so wortgewaltig zu wettern sich bemüßigt fühlte, nachgerade harmlos an.

Jesus – eine „grauenhafte Erscheinung"

Ein Mann wie Bruno Bauer (1809–1882) legte da schon ganz anders los. Die Sache mit Jesus sei eine reine Erfindung, befand er auf Grund seiner kritischen Studien. Das gesamte Neue Testament ist in seinen Augen eine Fälschung aus dem Zweiten Jahrhundert. Wäre der Jesus, den die Evangelien zeigen, eine wirkliche geschichtliche Erscheinung gewesen, sagte der aus Sachsen stammende, in einem protestantischen Elternhaus aufgewachsene Bibelkritiker, dann wäre dieser Jesus „eine Erscheinung, vor welcher der Menschheit grauen müßte, eine Gestalt, die nur Schrecken und Entsetzen einflößen könnte"[8]; alles, was von Jesus gesagt wird, gehört der Welt der christlichen Vorstellung an und hat „mit einem Menschen, der der wirklichen Welt angehört, nichts zu tun".[9]

Einen Bannfluch aus Rom hatte der protestantische Theologe des 19. Jahrhunderts nicht zu befürchten. Diesbezüglich gingen die Uhren längst anders als im Mittelalter. Aber sein „Der sei ausgeschlossen!" erlebte er dennoch. Bei aller Liberalität und prinzipieller Lehrfreiheit: so viel Humor hatten die lutherischen Kirchenoberen denn doch wieder auch nicht, einen Mann, der die These vertrat, daß Jesus gar nie gelebt habe, weiterhin auf die Lehrkanzel steigen zu lassen, auf daß er zukünftigen Predigern und Pfarrern seine Spezialwahrheiten über Jesus verkünde.

Gekreuzte Klingen und Kohlköpfe

Der spanische Regisseur Luis Buñuel läßt in seinem Film „Die Milchstraße"[10] zwei Landstreicher von Paris nach Santiago de Compostela gehen. Auf dem alten Pilgerweg beginnt für die beiden die Geschichte lebendig zu werden. Die Clochards mit den Apostelnamen Pierre und Jean werden unvermutet in eine Fülle von Episoden aus der abendländischen Kirchengeschichte hineingezogen und erleben teils belustigt, teils interessiert, meist aber verwundert und fassungslos mit, wie Anhänger ein und desselben Jesus wegen unterschiedlicher Auffassungen über seine Lehre einander nicht nur mit Worten fertigmachen, sondern sich auch mit gekreuzten Klingen duellieren, und wie schließlich dieselben Leute, die sich eben noch bis aufs Blut befehdet haben, nach einer Art rituellem Palaver dann doch wieder recht prächtig miteinander zu koexistieren vermögen.

Da vorauszusehen war, daß Buñuels „Milchstraße" – nach Einschätzung des „Lexikons des Internationalen Films" eine „Episodenrevue", die einer „kabarettistischen Dramaturgie" folgt[11] – von den Zuschauern als reichlich übertrieben, ja, als boshafte Ausgeburt der Phantasie eines notorisch blasphemischen und auf Obszönitäten fixierten Kirchenkritikers angesehen werden könnte, erhielten die Zuschauer im Nachspann zum Film gleichsam als Übergang die Information: „Alles, was in diesem Film über den katholischen Glauben und über die Häresien, die aus ihm entstanden sind, ausgesagt wird, entspricht genau der dogmatischen Position der Kirche. Die Texte und Zitate sind entweder der Heiligen Schrift entnommen oder stammen aus alten und modernen Werken der Theologie und Kirchengeschichte."[12]

Apropos dogmatische Positionen der Kirche: Insbesondere in den stürmischsten Phasen der Dogmenentwicklung war es keineswegs immer so klar, was nun gerade jeweils rechtgläubige Lehre und was verwerfliche Ketzerei war. Mit den Worten ließ sich – um mit Goethes Mephistopheles zu sprechen – so trefflich streiten, daß die mit ihnen gebildeten Begriffssysteme wie ein Kaleidoskop in alle Richtungen funkelten. Jede dogmatische Formulierung konnte möglicherweise auch eine Häresie sein. Oder wie Kardinal Joseph Ratzinger, der Präfekt der Römischen Glaubenskongregation, seinerzeit als Theologieprofessor in Tübingen geschrieben hat: „Jeder der großen Grundbegriffe der Trinitätslehre ist einmal verurteilt worden; sie sind alle nur durch diese Durchkreuzung einer Verurteilung hindurch angenommen."[13]

Luis Buñuel und sein Drehbuchautor Jean-Claude Carrière haben keineswegs übertrieben; ja, man wird sagen müssen, daß manches in dem dogmatischen Panoptikum der „Milchstraße" sogar noch untertrieben ist. Während sich z. B. in einer Szene des Films der Chefkellner eines Restaurants mit dem Personal über Fragen erhitzt, die so manche Konzilien bewegt haben, haben sich seinerzeit beim Ersten Ökumenischen Konzil von Nikaia im Jahr 325 neben den hochrangigen Kirchenfunktionären auch die Gemüsefrauen auf dem Markt vom Fieber der theologischen Tagespolitik anstecken lassen und die jeweils rechtgläubigen Ansichten über Jesus so eifrig mitdiskutiert, daß sie als flankierende Maßnahme der Argumentation sogar die an und für sich zum Verkauf bestimmten Kohlköpfe als Wurfgeschoße einsetzten und der gegnerischen Seite an den Kopf warfen[14], um sie davon zu überzeugen, daß der Sohn mit dem Vater wesensgleich und Jesus nicht bloß gottähnlich, sondern gottgleich zu nennen ist.

Einen fernen Nachklang dieser auch an der Basis mit großer Ereiferung geführten und ganz gewiß nie von Mißverständnissen freien Auseinandersetzung um das rechte Jesusbild konnte man in einer Livesendung des Österreichischen Rundfunks vernehmen, als sich eine Anruferin in der Debatte um das Jesusbuch von Alfred Worm[15] zu Wort meldete und sich darüber entrüstete, daß der Journalist so unverschämt gewesen sei, Jesus Christus als „Fresser und Weinsäufer" hinzustellen.

Nun kann man freilich so manches an Alfred Worms Ausführungen kritisieren, z. B. wenn er alle differenzierenden Einsichten in den spezifischen Charakter der innerjüdischen Polemik im Neuen Testament ignoriert und sich zu Formulierungen wie diesen versteigt: „Solange schon den Kindern diese Bibel in kleinen Dosen eingeflößt und dieses Neue Testament mit den schrecklichen Antijudaismen unter den Christbaum gelegt wird, darf sich niemand über den braunen Bodensatz unserer Gesellschaft wundern"[16] – und: „Wäre das NT nicht das NT, sondern – im gleichen Wortlaut – ein Produkt der Gegenwart: Die Autoren kämen jedenfalls wegen NS-Wiederbetätigung vor den Strafrichter."[17] An der für fromme Ohren anstößigen Formulierung, Jesus sei ein „Fresser und Säufer" gewesen, ist der Autor allerdings unschuldig.

Die in Alfred Worms Jesusbuch referierte Jesusbezichtigung stammt nicht von Alfred Worm. Sie stammt auch von keinem anderen Autor, der blindwütig darauf versessen wäre, den von der Kirche propagierten Jesus in die Pfanne zu hauen. Sie steht vielmehr im Neuen Testament und wird dort von niemand Geringerem in den Mund genommen als von Jesus selber. Als ihm seine Gegner vorhalten, daß er und seine Jünger in der Frage des Fastens offensichtlich keineswegs einen so strengen Standpunkt einnehmen wie der Asket im Kamelhaarlook, der sich von Heuschrecken und wildem Honig ernährt, antwortet Jesus: „Johannes der Täufer ist gekommen, er ißt kein Brot und trinkt keinen Wein, und ihr sagt: Er ist von einem Dämon besessen. Der Menschensohn ist gekommen, er ißt und trinkt; darauf sagt ihr: Dieser Fresser und Säufer, dieser Freund der Zöllner und Sünder!" [18]

Ein publizistischer Dauerbrenner

Was einem Adolf Hitler, einem Lenin oder einem Mao Tse Tung nur mithilfe diktatorischer Maßnahmen geglückt ist, schafft Jesus mit dem kleinen Finger. Seine Ideen sind in Millionenauflage erhältlich – und werden freiwillig gekauft und ernstgenommen.

Was die publizistische Präsenz betrifft, ist Jesus der Dauerbrenner schlechthin. Der Mann aus Galiläa ist einsame Spitze. Über keine andere Persönlichkeit der Weltgeschichte wurde auch nur annähernd so viel geschrieben wie über ihn. Unzählige dieser Jesusbücher sind Bestseller – nicht erst in unserem Jahrhundert, sondern bereits seit Erfindung des Buchdrucks.

Selbstverständlich sind diese Bücher nicht alle von gleicher Qualität. Die seriösen waren schon immer in der Minderheit. Gute Bücher über Jesus mußte man schon immer mit der Lupe suchen bzw. aus einem Stapel frommer Schinken und süßlichen Kitsches herausfischen. Doch Uropas zwar gut gemeinte, aber nichtsdestoweniger dümmlich bis schwachsinnige Jesusbestseller locken schon lange keinen Hund mehr hinter dem Ofen hervor. Heutzutage führen vor allem solche Jesusbücher die Bestsellerlisten an, die der Kirche vorwerfen, sie habe Jesus und seine Botschaft verfälscht und sei deshalb auch daran interessiert, alle Dokumente, die das Gegenteil beweisen, unter Verschluß zu halten.

Man könnte meinen, in dieser unendlichen Debatte sei sowieso schon längst alles gesagt, was über Jesus zu sagen ist. Die Diskussion um ihn könnte irgendwann zu Ende sein. Tatsache ist allerdings, daß die Diskussion über ihn unermüdlich weitergeht. Immer wieder gibt es dieselben längst bekannten Frontstellungen: Widersprüchliche Deutungen ein und desselben Faktums, Bezichtigungen hier, Verteidigungen dort, leidenschaftliche Behauptungen, leidenschaftliche Leugnungen, Thesen und Gegenthesen. Kann man nicht endlich einmal ein für alle Mal entscheiden, wer Recht hat? Könnte man es nicht zumindest einmal versuchen?

Selbstverständlich könnte man es versuchen. Es wurde unzählige Male versucht. Konzilien haben christologische Wahrheiten definiert und Irrlehren verurteilt – aber der Streit ging weiter. Die Theologie der Neuzeit hat den Unterschied zwischen dem Jesus der Geschichte und dem Jesus der Kirche, zwischen dem „historischen Jesus" und dem „Christus des Glaubens" entdeckt – aber der Streit geht weiter bis zum heutigen Tag.

So gut wie alle kritischen Fragen, die man im Zusammenhang mit Jesus überhaupt stellen kann, wurden bereits seit der Aufklärung gestellt und in einem zähen Ringen, das sich über zwei Jahrhunderte hinzog, in aller Ausführlichkeit erörtert und ausdiskutiert – ohne Rücksicht auf Verluste: ohne Rücksicht auf die Interessen der etablierten Großkirchen und ohne Rücksicht darauf, ob etwa das von den Kirchen propagierte Jesusbild auf der Strecke bleiben würde. Gerade die wachsten und kritischsten Köpfe waren es, die sich auf die Suche machten, mit strengen wissenschaftlichen Methoden den „historischen Jesus" hinter dem „Christus des Glaubens" aufzuspüren.[19]

Die Ergebnisse dieses Bemühens werden keineswegs in irgendwelchen düsteren Verliesen des Vatikans oder sonstwo unter Verschluß gehalten. Sie sind Wort für Wort veröffentlicht und jedem, der lesen kann, zugänglich. Dennoch erscheinen nach wie vor Bücher, die so tun, als ginge es darum, das Rad neu zu erfinden.

Jesus belebt das Geschäft

Da werden mit einem Pathos sondergleichen die urältesten Erkenntnisse der Leben-Jesu-Forschung als neue Entdeckungen gefeiert, da werden die trivialsten Binsenwahrheiten hinausposaunt, als ob es sich um sensationelle Enthüllungen handeln würde – und da werden schließlich und endlich ohne mit der Wimper zu zucken immer wieder auch eindeutig falsche und längst widerlegte Antworten aus der Mottenkiste hervorgeholt und als angeblich neue Forschungsergebnisse angepriesen.

Ist es bloß naive Unkenntnis? Ist es bornierte Ignoranz? Oder ist es gezielte Berechnung, aus der heraus dies geschieht? Tatsache ist jedenfalls: Jesus belebt das Geschäft. Clevere Verleger haben erkannt: Bücher mit dem Zauberwort „Jesus" im Titel gehen weg wie die warmen Semmeln.

Natürlich wird nicht jeder Titel der unermüdlich aus den Verlagshäusern hervorsprudelnden Jesusliteratur ein Verkaufshit. Aber es ist nicht zu übersehen, daß gerade jene Titel den reißendsten Absatz finden, die dem Leser suggerieren, hier würden ihm endlich reiner Wein eingeschenkt, und die ihm versprechen, sie würden ihm enthüllen, was ihm die Kirchen sorgsam verschweigen.

Es ist immer dasselbe Theater. Die Autoren schreiben. Die Verlage produzieren. Die Buchhändler bieten feil. Die Leute kaufen – und die Fachleute ärgern sich. Weil sie schon wieder dasselbe tun müssen wie jedesmal: Rezensionen schreiben, Interviews geben, von Talkshow zu Talkshow hetzen, Vortragssäle und Bildungshäuser abklappern – und das alles nur, um hanebüchene Thesen, die schon längst widerlegt worden sind, aus gegebenem Anlaß abermals zu widerlegen.

Daß die Auseinandersetzung mit derlei „Neuigkeiten" den ernsthaften Bibelwissenschaftlern wertvolle Zeit stiehlt, die sie nutzbringender verwenden könnten, wäre schon Grund genug sich zu ärgern. Mehr noch als darüber ärgern sich die Bibelprofis freilich über die Tatsache, daß sie in dem ganzen Spiel die Rolle des nützlichen Fachidioten übernehmen müssen. Denn je „umstrittener" ein Bestseller ist, desto besser verkauft er sich klarerweise.

Das Publikum will es so

Die Strategie, die dem von gewissen Autoren und Verlagen ganz bewußt inszenierten Spiel zugrundeliegt, ist altbewährt. Ufo-Gläubige, die irgendwelche fliegenden Untertassen gesichtet haben wollen – wenn nicht gar heimlich mit außerplanetarischen Besuchern unheimliche Begegnungen der dritten Art gehabt zu haben behaupten, haben schon immer gewußt, wie man's machen muß – und Phantasiebolde und Scharlatane aller Art haben es ihnen nachgemacht. Das Rezept ist ganz einfach: Man konfrontiere die zuständigen Autoritäten mit seinen angeblichen Forschungsergebnissen und fordere sie zu einer Stellungnahme auf. Sodann lehne man sich getrost zurück und warte ab. Denn wie auch immer die Reaktion der zuständigen Autoritäten ausfallen wird, man wird sie in jedem Fall zu seinen Gunsten verwenden können.

Im Fall von gesichteten Ufos sah das zum Beispiel so aus. Die Ufo-Gläubigen sagten sich: Kommt die Regierung unserem Ersuchen um Untersuchung des Phänomens unbekannter Flugobjekte nach, dann können wir sagen, da seht ihr, wie brisant unsere Beobachtungen sind – sogar die Regierung läßt schon prüfen und untersuchen! Erfolgt jedoch keine Reaktion oder sagt die von der Regierung mit der Prüfung betraute Kommission womöglich, da sei nichts dran, dann können wir sagen, da seht ihr, wie brisant unsere Beobachtungen sein müssen, wenn man uns totzuschweigen versucht – bzw. wenn die politisch Verantwortlichen in unserem Lande, um die Bevölkerung nicht zu beunruhigen, offensichtlich bemüht sind, alles herunterzuspielen, abzustreiten und zu vertuschen.

Tatsächlich laufen die Dinge auch im Fall der Jesusbücher sehr oft nach diesem Muster ab. Da kommen Publikationen mit den abenteuerlichsten und hanebüchensten Behauptungen auf den Markt; und je mehr und je wütender kirchliche oder kirchennahe Stellen dagegen wettern, umso freudiger reiben sich die Autoren und die Verlage die Hände. Verrisse schaden dem Buch keineswegs. Ganz im Gegenteil, sie machen auf das Buch aufmerksam und erhöhen die Nachfrage.

Rabiate Kritik von kirchlicher Seite verwandelt sich in eine ebenso kostenlose wie einträgliche Reklamemaßnahme – erbringt doch jeder, der das Buch in Grund und Boden kritisiert, nur den „Beweis" für das vorher suggerierte Vorurteil, daß die Kirche unliebsame Wahrheiten mit aller Gewalt vertuschen will. Plausibel klingende Schlußfolgerung: Wenn an den im Buch aufgestellten Thesen nichts dran wäre, würde „die Kirche" doch nicht so aufheulen!

Ist das Lesepublikum wirklich bereit, sich jeden erdenklichen Unsinn aufschwatzen zu lassen? Von Kurt Tucholsky (1890–1935) stammen die berühmten Verse: „O hochverehrtes Publikum, / sag mal: bist du wirklich so dumm, / wie uns das an allen Tagen / alle Unternehmer sagen? / Jeder Direktor mit dickem Popo / spricht: Das Publikum will es so! / Jeder Filmfritze sagt: Was soll ich machen? / Das Publikum wünscht diese zuckrigen Sachen! / Jeder Verleger zuckt die Achseln und spricht: / Gute Bücher gehn eben nicht!"[20]

„Surfen auf der Welle des Okkulten" nannte es Jörg Albrecht: „Heutzutage, sagt einer aus der Branche, der es wissen muß, kann man Geld nur noch mit Esoterik verdienen." Unter den Erfolgsrezepten, die einen Titel unfehlbar zum Bestseller machen, finden sich folgende Ingredienzien: „eine Geheimloge, irgendeine überirdische Instanz, ein Schuß spekulative Naturwissenschaft, Mythen in Tüten, Fieberträume, rituelle

Schändungen schöner Frauen sowie das Auffinden alter Palimpseste".[21]

Tucholsky mag recht haben: das Publikum will es wirklich so, zu seiner Zeit und zu unserer Zeit, daran hat sich nichts geändert. Kritikloser Konsum seichtester Unterhaltungsliteratur zur Zeit der Weimarer Republik und kritikloser Konsum irrationaler Beliebigkeit im Zeitalter der Nachaufklärung. Auch der Markt des Geistes funktioniert nach den ehernen Gesetzen von Angebot und Nachfrage. Die Frage aber ist: *Warum* will es das Publikum so?

Daß die Verleger genau jene Bücher verlegen, die das Publikum will, ist weiter nicht verwunderlich. Aber es fragt sich, warum es das Publikum, diese mächtige Instanz, vor der alle Meinungs-, Geschmacks- und Sinnmacher zu eilfertigen Dienern werden, eigentlich „so" will? Warum erzwingt denn dieses Publikum nicht z. B. ein qualifizierteres Angebot von Büchern, indem es gezielt und beharrlich nach wirklich kritischen Büchern verlangt – d. h. nach Büchern, die Wahrheit von Unwahrheit scheiden, Realität von Phantasie und gesicherte Tatsachen von spekulativen Vermutungen? Warum läßt denn das Publikum die durchaus vorhandenen seriösen Jesusbücher links liegen und greift lieber zu Karl-May-gleichen Abenteuergeschichten über einen völlig frei erfundenen Aufenthalt Jesu in Indien oder zu irgendwelchen absurfen Horrorstorys, die sich gewisse Qumranphantasten und sonstige Jesusfälscher aus den Fingern gesogen haben?

Drei Gründe scheinen dafür ausschlaggebend zu sein. Der erste: die zunehmende geistige Orientierungslosigkeit unserer Gesellschaft und das Abhandenkommen allgemein gültiger und als verbindlich akzeptierter Bezugssysteme.

Woher soll man beurteilen können, was richtig und was falsch ist, wenn es keine Bewertungsmaßstäbe mehr gibt, an denen man sich unmißverständlich orientieren kann? Besaß ehedem noch die Kirche das Monopol einer weltanschaulichen Orientierung im Abendland, so war es seit der Aufklärung die

Wissenschaft, die dem sinnsuchenden Menschen zeigte, wo's lang geht. Doch abgesehen davon, daß die säkularen Wissenschaften mit ihren exakten, nachprüfbaren Methoden selber auch nicht mehr alle an einem Strang ziehen, suchen heutzutage immer mehr Menschen ihr Heil ganz woanders. Im pluralistischen Warenhaus von Sinnangeboten, in denen von der Astrologie bis zum Schamanismus, von der Indianerweisheit bis zur Neognostik, von der Wiederbelebung keltischer Rituale bis zum angewandten Tantrismus, von der Kristallkugel der Wahrsagerin bis zu Wünschelrute und Pendel, von der esoterischen Mystik bis zu den tausendundein Psychotrips alles gleich gültig und damit letzten Endes auch gleichgültig geworden ist, ist der kleinste gemeinsame Nenner an geistiger Orientierung in der Tat nur das, was auch der Werbespruch für das Zahlenlotto besagt: „Alles ist möglich."

Alles ist möglich

Neil Postman hat die geistige Lage in einem anschaulichen Beispiel beschrieben. „Zunächst möchte ich von einem Experiment berichten, das ich in den vergangenen Jahren hin und wieder gemacht habe", sagte der amerikanische Kommunikationswissenschafter in einer Rede bei der Frankfurter Buchmesse, in welcher er vor „kulturellem Aids" warnte:[22]

Am besten läßt es sich morgens durchführen, wenn ich einen Kollegen erblicke, der nicht im Besitz einer New York Times zu sein scheint. – „Hast du heute morgen die Times gelesen?" frage ich. Wenn er „Ja" antwortet, findet an diesem Morgen kein Experiment statt. Antwortet er jedoch „Nein", kann das Experiment weitergehen.

„Du mußt dir heute unbedingt den Wissenschaftsteil ansehen", sage ich. „Dort steht ein sehr interessanter Artikel über eine Untersuchung, die an der University of Minnesota durchgeführt wird." – „Tatsächlich? Worüber denn?" ist die übliche Erwiderung.

Die Zahl der Möglichkeiten, die sich mir an diesem Punkt bieten, ist fast unendlich. Hier kommt die Kreativität ins Spiel. Ich sage also beispielsweise folgendes: „Na ja, sie wollen herausfinden, was man essen soll, wenn man abnehmen will, und nun hat sich herausgestellt, daß man die normale Ernährungsweise am besten beibehält und sie nur durch drei Schokoladen-Trüffel am Tag ergänzt. Diese Trüffel enthalten offenbar einen besonderen Nährstoff – enkomisches Dioxin, das die Kalorien mit einer unglaublichen Geschwindigkeit abbaut."

Eine andere Möglichkeit, die mir immer besondere Freude macht, ist diese: „Ich schätze, das wird dich interessieren", sage ich. „Die Neurophysiologen an der John Hopkins University haben einen Zusammenhang zwischen Joggen und Intelligenzschwund aufgedeckt. Sie haben mehr als zwölfhundert Personen fünf Jahre lang getestet und dabei festgestellt, daß ihre Intelligenz in dem Maße abnahm, wie die Zahl der Stunden, in denen sie joggten, zunahm. Warum, weiß man nicht, aber die Sache an sich steht fest."

Sofern ich es nicht schon zwei- oder dreimal bei ihnen versucht habe, glauben die meisten Leute, was ich ihnen erzähle, und sei es noch so lächerlich, sie reagieren jedenfalls nicht mit Ungläubigkeit.

Manchmal zögern sie ihre Reaktion hinaus, indem sie erwidern: „Wo sagtest du, wurde diese Untersuchung durchgeführt?" Aber manche sagen auch: „Weißt du, das habe ich auch schon gehört."

Aus diesen Ergebnissen – fährt Postman fort – ließen sich nun verschiedene Schlüsse ziehen:

„Einen hat Henry Louis Mencken schon vor sechzig Jahren formuliert: Eine Idee kann noch so dumm sein – man findet immer einen Professor, der an sie glaubt. Eine andere mögliche Schlußfolgerung hat George Bernard Shaw ebenfalls vor ungefähr sechzig Jahren gezogen: Der Mensch von heute ist genauso leichtgläubig wie der Mensch des Mittelalters. Im Mittelalter glaubten die Leute standhaft an die Autorität der

Religion. Wir glauben heute standhaft an die Autorität der Wissenschaft."[23]

Aber es gibt – so Postman weiterhin wörtlich – „noch eine andere, wichtigere Schlußfolgerung; sie hängt mit der These von Shaw zusammen, steht aber quer zu ihr. Ich meine die Tatsache, daß wir in einer Welt leben, die für die meisten von uns nahezu unbegreiflich ist. Es gibt kaum ein Faktum, weder in der Wirklichkeit noch in der Vorstellung, das imstande wäre, uns nachhaltig zu irritieren, denn wir verfügen nicht über ein umfassendes, konsistentes Bild der Welt, vor dem sich ein solches Faktum als nicht hinnehmbarer Widerspruch erweisen könnte".[24]

Der zweite Grund, warum Jesusbücher gerade dann bereitwillig konsumiert werden, wenn sie als Enthüllungsstorys aufgemacht sind, ist das Negativ-Image der Institution Kirche in unserer Gesellschaft.

Vorauseilendes Mißtrauen

Presseberichten zufolge sollen ultraorthodoxe Rabbiner in Israel gegen Steven Spielbergs Dinosaurierfilm Sturm gelaufen sein. Denn in dem mit allen Raffinessen der Computergraphik bravourös simulierten „Jurassic Park" lauert ihrer Ansicht nach der Sündenfall. Das Dino-Spektakel sei nämlich dazu angetan, den Glauben der Kinder an die Bibel zu erschüttern, da nach biblischer Zeitrechnung die Welt noch keine sechstausend Jahre alt ist, während es nach der im Film propagierten naturwissenschaftlichen Sicht allerdings bereits 64 Millionen Jahre vor der Erschaffung der Tierwelt Tiere gegeben hätte.[25]

Was wird ein durchschnittlicher Zeitungsleser denken, der eine solche Meldung liest? Er wird denken: Wenn sich sogar schon die Juden über eine Verfälschung der biblischen Botschaft aufregen, um wieviel mehr erst die Kirche, von der man schließlich weiß, daß sie einem Galilei aus ähnlichen Gründen den Prozeß gemacht hat! Wie will man es einem Durchschnittsleser verargen, wenn er dann auch bereitwillig zu glauben bereit ist, die Kirche sei bestrebt, Wahrheiten unter Verschluß zu halten, und würde am liebsten auch heute wieder mit dem immer noch glimmenden Docht der Inquisition Scheiterhaufen entzünden? Schließlich läßt sich ja tatsächlich nicht leugnen, daß es innerhalb der Kirche harte Auseinandersetzungen gibt: daß immer wieder aufmüpfige Theologen gemaßregelt werden und eine reaktionäre Phalanx das Rad der Geschichte zurückdrehen möchte.

Kurz und gut: Der Vertrauensbonus, den die Kirche unter einem Papst Johannes XXIII. noch besaß und der nach dem von der Pillenenzyklika Pauls VI. ausgelösten Schock in der anfänglich noch vielumjubelten Medienpräsenz des reisenden Papstes aus Polen ein gewisses Comeback feiern konnte, ist längst verspielt. Demoskopische Untersuchungen und nüchternes Datenmaterial über Kirchenaustritte sprechen eine eindeutige Sprache. Vorbei sind die Zeiten, da die Kirche noch als Hort der Wahrheit, der Freiheit und der Brüderlichkeit und der Hoffnung auf Veränderung gelten konnte. Mit dem kirchenpolitisch restaurativen Kurs in den römischen Chefetagen sind, wen mag es wundern, die alten Vorurteile wieder zum Vorschein gekommen.

Der Anreiz zum Kauf eines Kritik und Enthüllung versprechenden Buches läuft über die das Vorurteil bestätigende Erwartungshaltung. Egal ob das Buch dann im einzelnen auch hält, was es verspricht, wichtig ist, daß es dem Leser die Genugtuung verschafft, schwarz auf weiß den Beweis nach Hause tragen zu können, daß er recht hat, wenn er meint, daß einer so üblen Firma wie der „Jesus-G.m.b.H."[26] schlicht und einfach alles und jedes zuzutrauen ist.

Feindbild Kirche

Einer Institution, die schon einmal auf die Idee gekommen ist, Bücher, die ihr nicht in den Kram paßten, durch einen

„Index librorum prohibitorum“ zu verbieten; einer Institution, die Ketzer verfolgt und Hexen verurteilt hat und unliebsame Kritiker mundtot zu machen imstande war, traut man sozusagen in vorauseilendem Mißtrauen ohne weiteres auch zu, daß sie imstande sein könnte, irgendwelche peinlichen Wahrheiten über Jesus als Verschlußsache behandeln zu wollen.

Mit anderen Worten: Die als Enthüllungsstorys aufgemachten Jesusbücher versprechen neben der Enthüllung der Wahrheit über Jesus auch noch zu enthüllen, daß zwar Jesus ganz toll ist, aber die Kirche nichts taugt. Wieder einmal dieses sattsam bekannte „Jesus ja, Kirche nein“ – wobei sich das „Jesus ja“ oft genug auch in einer ganz speziellen Art selektiver Jesusnachfolge ausdrückt.

„Jesusnachfolge“ allerdings in ironischen Anführungsstrichen: Die von Jesus gepredigte Umkehr und alle sonstigen auf Lebensänderung abzielenden, bewunderns–, wenn auch nicht nachahmenswerten Maximen des unkonventionellen Typs aus Nazareth bleiben großzügig unbefolgt, aber im Pathos des „Ich-aber-sage-euch“-Sagens erweisen sich auch die hartgesottensten Jesusfälscher als die allergelehrigsten Musterschüler des originalen Jesus.[27]

Daß indes unsere Kenntnis vom galiläischen Bergprediger nur daher rührt, daß es eine Institution wie die Kirche gibt, bleibt in der Optik einer solchen simplifizierenden Kirchenkritik außer Betracht. Auch von seiner radikalen Institutionskritik würde man heute nichts mehr wissen, wenn es nicht eine aus Jesusanhängern gebildete Gemeinschaft gegeben hätte, der daran lag, die Absichten ihres Herrn und Meisters getreu zu bewahren und in gelebte Praxis zu übersetzen. Schließlich bezog und bezieht sich jeder Neuaufbruch und jede Reformation – von der Aussteigerbewegung der Wüstenväter bis zu Martin Luther, vom Armutsideal eines Franz von Assisi bis zu den lateinamerikanischen Basisgemeinden – immer wieder auf die institutionskritische Potenz des unverfälschten Jesus. Tragische Dialektik dabei: Die Bewahrer der wahren Tradition und die Verräter der Tradition sind immer ein und dieselben Personen. Im Lateinischen wird schon vom Wort her deutlich, daß allem Tradieren etwas Zwiespältiges innewohnt. Die „traditores" sind in des Wortes doppelsinniger Bedeutung sowohl die „Überlieferer" als auch gleichzeitig die „Verräter". Abzulesen schon an der Figur des Petrus, dem Jesus beim Letzten Abendmahl den feigen Verrat auf den Kopf zusagt, und der trotzdem dazu ausersehen ist, den Glauben weiterzutragen und die Brüder zu stärken.[28]

Freilich ist eine solche von der Bibel her begründete realistische Sicht der Institution Kirche schon immer ein Stein des Anstoßes gewesen und wird es weiterhin bleiben. Frommen wie bösen Schwarzweißmalern fällt es leichter, die Kirche bloß weiß oder bloß schwarz zu sehen – entweder bloß heilig und unfehlbar oder bloß sündig und korrupt.

Mit dem unübersehbar vorhandenen Negativ-Image der Kirche spekulieren die Verlage und die Autoren, die ganz gerne auch noch den speziellen Genuß auskosten, sich im Glanz virtuellen Märtyrertums sonnen zu können – sich ausmalend, wie schnell man sie vor 500 Jahren für ihr kühnes Buch auf dem Scheiterhaufen verbrannt hätte. Oder aber sie bringen den doppelten Salto zuwege, einerseits den Anspruch zu erheben, „den Weg zu den Quellen und der universalen und zentralen Wahrheit der religiösen Aussage Jesu wiederzufinden, der durch die Machtgier einer anmaßenden Institution schon in den ersten Jahrhunderten fast bis zur Unkenntlichkeit verschüttet wurde"[29], andererseits aber im selben Atemzug dennoch lauthals zu beklagen, daß „selbst zentrale Inhalte der kirchlichen Tradition" heutzutage „bei Theologen und Nichttheologen ‚fragwürdig' geworden" sind[30].

Woraus man sehen kann: Die Kirche kann machen was sie will, sie hat auf jeden Fall ein Feindbild zu bleiben – sowohl wenn sie ewig gestrig an ihren Dogmen festhält als auch dann, wenn sie sich untersteht, womöglich gar einen Paradigmenwechsel vorzunehmen und damit ohnehin nur das zu tun, was sie von Anfang an getan hat: den überlieferten Glauben im Lichte fortschreitender Zeiterfahrung jeweils neu zu interpretieren.

Das altehrwürdige Klischee von der schändlichen Kirche haben die Pforten der Hölle gefälligst nicht zu überwältigen – die Kirche ist schlimm, sie war schon immer schlimm und wird es in Ewigkeit bleiben; und erdreistet sie sich am Ende, sich als vielleicht doch nicht ganz so schlimm erweisen zu wollen – umso schlimmer für die Kirche!

Der Reiz des Enthüllens

Neben schwindender verbindlicher geistiger Orientierung in der postmodernen Beliebigkeit und dem Feindbild von der schlimmen Kirche ist noch ein dritter Grund zu nennen, der sensationell aufgemachte Jesusbücher zu potentiellen Bestsellern macht: Enthüllungen haben nun einmal ihren eigenen Reiz.

Der Appell an den Instinkt, das Angebot eines voyeuristischen Reizes verfehlt fast nie seine Wirkung. Die Verheißung einer Enthüllung weckt eine Neugierde, die befriedigt werden will. Damit spekuliert bekanntlich nicht nur der Buchmarkt und die Medienbranche. Ohne das Mittel der voyeuristischen Reizung wären weder die Krimis noch die Skandalgeschichten, weder das Programm der TV-Sender noch Quizsendungen, geschweige denn Peepshows und Striptease-Darbietungen erfolgreich. Schließlich und endlich leben sogar altehrwürdige religiöse Bräuche – von der Fronleichnamsprozession bis zur alle Jahre wieder hergezeigten Glasampulle mit dem angeblich wunderbarerweise verflüssigten Blut des Patrons von Neapel – von einer ganz bestimmten Indienstnahme der andersrum natürlich wieder streng verpönten Augenlust. Wer schon einmal erlebt hat, was in Tschenstochau los ist, wenn das Bild der Schwarzen Madonna von Zeit zu Zeit verhüllt und dann unter dem Klang von Pauken und Trompeten feierlich wieder enthüllt wird, wird verstehen, daß nicht nur Salome ihre Lektion gelernt hatte, wenn sie vor Herodes den Tanz der sieben Schleier tanzte[31].

Kurz und gut: Neben dem zunehmend größer werdenden gesellschaftlichen Dissens über das, was glaubwürdig und unglaubwürdig ist, und neben der ebenfalls wachsenden Bereitschaft, einer Institution wie der Kirche alle erdenklichen üblen Machenschaften zuzutrauen, macht nicht zuletzt die Verheißung einer „Enthüllung" – jenes halb bewußte, halb unbewußte Versprechen eines Buches, seine Lektüre werde das Bedürfnis dahinterzuschauen und den Durchblick zu haben befriedigen –, den speziellen Erfolg jenes Typs von Jesusbüchern aus, dem wir hier unsere kritische Aufmerksamkeit widmen.

Knochen von Jesus

Die Auseinandersetzung mit unseriöser Jesusliteratur hat – wie ich bereits gesagt habe – ernste und heitere Seiten. Doch ist es vielleicht nicht überflüssig, an dieser Stelle zu betonen, daß als nächstes etwas überaus *Ernstes* zur Debatte steht – nämlich ein Witz, den man sich in den sechziger Jahren in Theologenkreisen erzählte, als noch nicht Leute wie Hans Küng oder Eugen Drewermann, sondern die *holländischen* Theologen die Buhmänner konzilsgeschockter konservativer Katholiken waren.

In Jerusalem buddeln Archäologen das Grab Jesu aus – nicht jenes, über dem die Grabeskirche erbaut ist, sondern das echte. Alles wird genauestens untersucht: kein Zweifel, es handelt sich tatsächlich um den Ort, an den die Leiche des gekreuzigten Jesus gelegt worden ist. Aber das Grab ist nicht leer. Die Archäologen finden ein Skelett im Grab. Auch dieses wird untersucht: kein Zweifel, es handelt sich um die Knochen des Jesus von Nazareth. Die brisante Entdeckung wird streng vertraulich behandelt; schließlich und endlich geht es um Sein oder Nichtsein des christlichen Glaubens – wo doch schon Paulus gesagt hat: Wenn Christus nicht auferstanden ist, sind wir alle betrogene Betrüger![32]

Rom wird informiert, ein Team der besten Theologen wird herbeigeholt – doch die sonst so redefreudigen und um keine Neuinterpretation verlegenen Kirchenmänner schütteln die Köpfe und wissen sich keinen Rat. Schließlich meint einer: „Fragt doch die Holländer; sollen die mal zeigen, was sie können!"

Die Holländer kommen, besehen sich Jesu sterbliche Überreste – aber siehe da: statt auf der Stelle eine neue Theorie über das wahre Verständnis der Auferstehung Jesu abzusondern, stehen auch die Holländer nur verdutzt da, schütteln betroffen die Köpfe und murmeln schließlich kleinlaut: „Das darf doch nicht wahr sein! So etwas hätten wir nie im Leben geglaubt. Also hat Jesus *wirklich* gelebt!"

Mag sein, daß Nichttheologen bzw. Leute, die mit den verschiedenen Positionen in der Debatte über die Auferstehung Jesu nicht so vertraut sind, den Witz gar nicht sonderlich lustig finden. Insider freilich, die ihren Bultmann, ihren Willi Marxsen und wie sie alle heißen, voll draufhaben, finden es umwerfend komisch, wie hier zwei extreme Positionen miteinander kollidieren: die eine, die das historische Fundament des christlichen Glaubens in einer ebenso einfältigen wie ängstlich-kleingläubigen Weise viel zu wichtig nimmt, und die andere Position, die schlechterdings erklärt: „Das Historische interessiert mich nicht!"[33]

Wer Jesus ist

Daß die von der Bibel als Sehen des auferstandenen Herrn beschriebene nachösterliche Erfahrung nichts mit dem Herumspazieren einer reanimierten Leiche zu tun hat, ist die eine Seite; daß jedoch die menschliche Person und das Schicksal des historischen Jesus überhaupt nichts damit zu tun hätten, die andere. Auferstehung als bloße Chiffre für irgendeine Art von grundsätzlich optimistischer Weltsicht wäre zu wenig; ein Auferstehungsglaube, der keinen Bezug hätte zum historischen Jesus – zu seinen Worten und Taten, zu seinem Leben und seinem Tod wäre kein Auferstehungsglaube. Darum darf es durchaus sein, daß einer an die vom Neuen Testament bezeugte Auferstehung glaubt – ohne daß er sich deswegen von etwaigen aufgefundenen oder doch prinzipiell auffindbaren Jesusknochen verunsichern lassen müßte. Andererseits kann ganz bestimmt niemand an diese Auferstehung glauben, wenn er darauf verzichtet, sich von den Ansichten jener Person namens Jesus, die vor 2000 Jahren gelebt hat, zu einer „Umkehr" bewegen zu lassen, zu einem anderen Leben, zu einem anderen Handeln. Denn wer von diesem Jesus – ganz im Sinne der Gnosis – nur etwas „wissen" will, ohne sich von seinem Anspruch betreffen zu lassen und im Entwurf Jesu zu leben, der will von ihm im Grunde gar nichts wissen. Auf deutsch gesagt: es stellt sich das Problem der Nachfolge.

Immer noch gilt, was Albert Schweitzer als den letzten Absatz seiner großen Studie über die Geschichte der Leben-Jesu-Forschung formuliert hat: „Als ein Unbekannter und Namenloser kommt er zu uns, wie er am Gestade des Sees an jene Männer, die nicht wußten, wer er war, herantrat. Er sagt dasselbe Wort: Du aber folge mir nach! und stellt uns vor die Aufgaben, die er in unserer Zeit lösen muß. Er gebietet. Und denjenigen, welche ihm gehorchen, Weisen und Unweisen, wird er sich offenbaren in dem, was sie in seiner Gemeinschaft an Frieden, Wirken, Kämpfen und Leiden erleben dürfen, und als ein unaussprechliches Geheimnis werden sie erfahren, wer er ist."[34]

Wer *ist* Jesus? Aus den Büchern der Jesusfälscher ist vor allem zu erfahren, wie er *nicht* ist und was sich ganz bestimmt *nicht* begab in jener Zeit in Galiläa. Wer aber wissen will, *wie* er war und was *wirklich* geschah, wird nicht darum herumkommen, sich früher oder später mit der Bibel zu beschäftigen, und wird lernen müssen, sie *kritisch* zu lesen.

So gut wie alles, was wir über Jesus wissen, wissen wir aus der Bibel – also aus einem Buch, das von keinen professionell um Objektivität bemühten Historikern geschrieben wurde. Die Berichte, die über Jesus erzählen, wurden von dessen Anhängern zu Pergament und Papyrus gebracht. Von Anhängern, die ihn glühend verehrten und die kein Hehl daraus machten, daß Jesus für sie mehr war als ein bloßer Mensch. Von Anhängern, die leidenschaftlich davon überzeugt waren, daß mit seinem Tod nicht alles aus war, sondern daß er in neuer Weise lebt und als gegenwärtig erfahrbar ist.

Mit anderen Worten: Die Evangelien sind Propagandaschriften. Und Propagandaschriften beweisen für den Historiker zunächst einmal nur, daß zu einem bestimmten historischen Zeitpunkt für irgend etwas Reklame gemacht wurde. Ob der Inhalt der Werbebotschaft sachlich richtig ist, ist eine andere Frage. Etwas theologischer ausgedrückt heißt das: Der historische Jesus ist geschichtlich nicht direkt greifbar. Geschichtlich greifbar ist nur das Glaubenszeugnis derer, die an ihn glaubten.

Die biblischen Bücher des sogenannten Neuen Testaments, insbesondere die Evangelien, sind Urkunde und Ur-Kunde in einem: Dokument und erste Nachricht über jenen Jesus von Nazareth, der im ersten Drittel des 1. Jahrhunderts gelebt hat. Sie beziehen sich zwar auf den „historischen Jesus", der in Nazareth aufgewachsen ist, einen ehrenwerten Handwerkerberuf erlernt hat, sich vom Bußprediger Johannes am Jordan taufen ließ und, erfüllt und getrieben von der unbedingten Hoffnung auf das nahe erwartete Kommen des „Reiches Gottes", Jünger um sich sammelte, zu predigen begann, mit den Mächtigen in Konflikt geriet und schließlich, vom Vertreter der römischen Besatzungsmacht verurteilt, mit dem damals üblichen Hinrichtungsinstrument für gemeine Schwerverbrecher – dem sogenannten Kreuz – vom Leben zum Tod befördert wurde. Aber sie interessieren sich nur deswegen für ihn, weil dieser historische Jesus für sie gleichzeitig auch der „Christus des Glaubens" ist.

Den historischen Jesus noch gekannt zu haben, war schon in der ersten Generation des Urchristentums nicht so wichtig – also in einer Zeit, in der es noch haufenweise Leute gab, die ihren Herrn und Meister mit eigenen Augen beim Gleichniserzählen und Wundertun, beim Pharisäerbeschimpfen und Hierarchieprovozieren erlebt hatten. Berühmtestes Beispiel: Paulus aus Tarsus. Der spätberufene Apostel – ein fanatischer Pharisäer und Christenhasser, der erst nach seinem sogenannten Damaskuserlebnis auf den Geschmack kam – war der erste große Mann des Urchristentums, der den vorösterlichen Jesus nicht gesehen hatte und doch an ihn glaubte. So wie alle anderen Christen nach ihm bis zum heutigen Tag hat er Jesus nur vom Hörensagen gekannt und überlieferte über ihn getreulich weiter, was auch ihm überliefert worden war.

Bibellesen allein genügt nicht

Wer etwas über Jesus erfahren will, ist auf das Zeugnis von Leuten angewiesen, die Jesus gekannt haben. Er muß die Bibel lesen. Aber Bibellesen allein genügt nicht. Man muß auch verstehen können, was das, was da steht, bedeutet. Und das geht nicht ohne eine gewisse Kenntnis der Methoden, die die Bibelwissenschaft erarbeitet hat. Diese Methoden sind keine Geheimlehren. Sie folgen strengen wissenschaftlichen Regeln. Alles ist jederzeit nachprüfbar. Die Ergebnisse der Diskussion werden nicht unter Verschluß gehalten – sie werden unablässig veröffentlicht; jeder, der fähig ist zu lesen, kann sie zur Kenntnis nehmen.

Nun sind zwar, wie demoskopische Untersuchungen gezeigt haben, die Bibelkenntnisse des durchschnittlich gebildeten Normalbürgers im Grunde ungemein dürftig. Aber das liegt nicht daran, daß die Bibelwissenschaft eine Geheimlehre wäre, deren Weisheiten nur Eingeweihte wissen dürften. Ganz im Gegenteil: Bibelwerke und Bibelgesellschaften verschiedenen konfessionellen Couleurs, aber längst eines Herzens und Sinnes, was die Inhalte angeht, tun ihr Bestes, um das Bibelwissen der Bevölkerung anzuheben.

Es bleibt dabei: Wer sich ernsthaft für Jesus interessiert, muß sich auch ernsthaft für die Methoden interessieren, die die Bibelwissenschaft zum Verständnis dieser jahrtausendealten Texte erarbeitet hat. Wer sich davor drückt, wenigstens das kleine Einmaleins der Bibelinterpretation kennenzulernen, hat sich die Folgen selber zuzuschreiben. Wie soll er, wenn er in irgendeinem reißerisch aufgemachten Jesusbestseller etwas liest, was er bisher noch nie gehört hat, beurteilen können, ob die Sache Hand und Fuß hat oder ob hier wieder einmal ein Jesusfälscher am Werk ist!

So viel ist klar: Unter den gegebenen Umständen ist es gar nicht so leicht, sich ein zutreffendes Bild von Jesus zu machen. Dem unverfälschten Jesus auf die Spur zu kommen, ist ein mühseliger und langwieriger Prozeß. Wenn wir irgendwelche archäologisch verwertbaren Überreste von ihm hätten, täten wir uns wesentlich leichter. Gibt es wirklich nichts anderes über ihn als die Zeugnisse derer, die an ihn glaubten?

Die Spuren, die Jesus hinterließ

Zu den spärlichen außerbiblischen Dokumenten, die die Existenz Jesu belegen – den Notizen des jüdischen Geschichtsschreibers Josephus Flavius und den Belegstellen bei den römischen Autoren Plinius dem Jüngeren, Tacitus und Sueton – gehört auch eine Stelle in einem Brief, den ein nichtchristlicher Syrer namens Mara Bar Serapion um das Jahr 73 n. Chr. an seinen in Edessa studierenden Sohn schrieb, wo die Rede davon ist, daß die Juden ihren „weisen König" hingerichtet hätten.[35]

Übrigens haben auch die Archäologen nicht ganz erfolglos gebuddelt. Bei den Ausgrabungen von Giv'at ha-Mivtar hat man im Jahr 1968 zwar nicht die Knochen Jesu, aber doch das Skelett eines Gekreuzigten entdeckt, dessen Zustand bestätigte, daß sich die Evangelisten die Informationen, die sie in den Passionsgeschichten vom Ablauf der Kreuzigung bringen, offensichtlich nicht ausgedacht haben. So waren die Fersenknochen des etwa 25jährigen Mannes von einem siebzehn Zentimeter langen Nagel durchbohrt, die Handgelenke hatten Spuren der Annagelung, und seine Beine waren zertrümmert.

Vom historischen Jesus sind uns keine sterblichen Überreste erhalten. Und auch sonst nichts. Weil er selbst nichts hatte – außer den Kleidern, die er am Leib trug und die bekanntlich den Soldaten des Exekutionskommandos als legitime Beute zufielen.

Auch wenn jede Menge Reliquien von ihm die Runde machten – kein einziger dieser ebenso aus frommen wie geschäftstüchtigen Motiven unter die Leute gebrachten Andachtsgegenstände vermag einer nüchternen Prüfung standzuhalten. Sie sind alle nicht echt.

Weder wurde der Rock Jesu, den man in Trier bewundern kann, jemals von dem Mann getragen, der unter Pontius Pilatus hingerichtet worden ist – noch hat irgendeines der sonstigen Textilien jemals den Körper des historischen Jesus gestreift: angefangen von den angeblichen Windeln des Jesuskindes über die diversen Schweißtücher, in denen Jesus einer Phantasiefigur namens Veronika den Blutabdruck seines Gesichtes hinterlassen haben soll, bis zu den vielen angeblichen Grabtüchern Jesu, die es im Lauf der Geschichte gab und die allesamt jenes Leinenzeug gewesen sein sollten, in die Josef von Arimathäa den Leichnam des Gekreuzigten eingewickelt hat. Das Turiner Grabtuch, mit dem wir uns – ebenso wie mit der sogenannten Kreuzestafel, die in der Basilika Santa Croce de Gerusalemme in Rom aufbewahrt wird – im Kapitel „Fromme Fata Morgana“ noch ausführlicher beschäftigen werden, ist nur das prominenteste und bestvermarktete von allen.[36]

Authentische Stücke aus dem Leben Jesu sind uns keine erhalten. Auch wenn echtes frommes Bedürfnis es nicht wahrhaben will oder taktisches Kalkül und fundamentalistisches

Wunschdenken die Dinge anders sehen möchten, als sie sind – der nüchterne historische Befund ist eindeutig: Es gibt keine materiellen Reliquien von Jesus.

Nichts von all dem Trödelkram, den die Frömmigkeitsgeschichte im Lauf der Zeit als Hinterlassenschaft von Jesus angehäuft hat, ist echt. Weder die Dornen aus Jesu Dornenkrone noch die Kreuzesnägel. Und natürlich auch nicht die Myriaden jener Holzsplitter in aller Welt, die als angebliche Kreuzespartikel verehrt werden. Würden sie wirklich alle von jenem Kreuz stammen, das die Kaisermutter Helena der Legende nach aufgefunden haben soll, dann wäre dieses Kreuz auf wunderbare Weise aus mehr als einem Dutzend Holzarten zusammengesetzt gewesen – und es müßte so groß gewesen sein, daß Simon von Zyrene wohl noch ein halbes Dutzend anderer starker Männer benötigt hätte, um Jesus beim Kreuztragen zu helfen.

Keine Frage, daß das, was im Mittelalter als Tropfen jener Milch hergezeigt wurde, mit der Maria Jesus gestillt haben soll, bestimmt frommer Denkungsart, aber ganz bestimmt nicht jenem Leib, der Jesus getragen, und jener Brust, die ihn genährt hat[37], entquollen ist. Und ebenso wie es sicher ist, daß Jesus als männlicher Jude zweifellos beschnitten worden ist, so versteht es sich von selber, daß das, was man ehedem, hart an der Grenze zur Geschmacklosigkeit, als „Vorhaut Christi" andächtigen Christenaugen zum Anschauen bot, seinen passenden Platz bestenfalls im Kuriositätenkabinett christlicher Abwegigkeiten hat – Seite an Seite mit dem Stein, den die Bauleute verworfen haben, den man im Mittelalter ebenfalls hergezeigt hat. Denn daß mit diesem in der Bibel erwähnten „Stein, den die Bauleute verworfen haben"[38], kein wirklicher Gesteinsbrocken, sondern die Person Jesu gemeint ist, hat die fromme Einfalt nicht weiter gestört.

Der galiläische Wanderprediger Jesus hatte nichts, wohin er sein Haupt legen konnte. Trotzdem hat er eine Art Testament gemacht. Auch wenn die diesbezügliche Passage in den johanneischen Abschiedsreden zu lesen ist, in denen nicht mehr der irdische Jesus, sondern bereits der erhöhte Herr das Sagen hat, paßt es durchaus zum ganz speziellen Humor des historischen Jesus, daß das, was er entsprechend dem Bericht des Johannesevangeliums seinen Jüngern und Jüngerinnen „hinterließ“[39], nichts ist, was man besitzen kann, sondern etwas, was man zu tun hat.

Es bleibt dabei: Vom wirklichen Jesus sind keine anderen Spuren erhalten als die, die er in *Menschen* hinterlassen hat.

ANMERKUNGEN:

1 Jesus als nacktes Mädchen am Kreuz: Gotteslästerung?, Die ganze Woche, Wien 16 / 19. April 2000. S. 14. – Daraus auch die folgenden Zitate.
2 Ebenda S. 14.
3 Ebenda S. 14.
4 Ebenda S. 14.
5 Andreas Laun: Irreführung um eine Frau am Kreuz, Richtigstellung und eine Bitte um wechselseitige Ehrfurcht, Die Presse, 22. April 2000.
6 Josef Neuner / Heinrich Roos: Der Glaube der Kirche in den Urkunden der Lehrverkündigung, Regensburg [7. Auflage] 1965. S. 168.
7 Ebenda S. 185.
8 Bruno Bauer: Kritik der evangelischen Geschichte des Johannes, Bremen 1840. S. 84.
9 Ebenda S. 86.
10 Luis Buñuel: Die Milchstraße („La voie lactée“), Spielfilm 1969.
11 Lexikon des Internationalen Films, Bd. 5, Reinbek bei Hamburg 1987. S. 2585.
12 Text auf dem Schriftinsert der Schlußeinstellung des Films.
13 Joseph Ratzinger: Einführung in das Christentum, München 1968. S. 133.
14 Vgl. Theodor Reik: Dogma und Zwangsidee, Wien 1927.
15 Alfred Worm: Jesus Christus. Die Wahrheit über den „wahren“ Menschen, Wien 1992.
16 Ebenda S. 214.
17 Ebenda S. 187.
18 Lk 7,33-34.
19 Die Ergebnisse dieses Bemühens können auf den 630 eng bedruckten Seiten der zweibändigen „Geschichte der Leben-Jesu-Forschung“ (München 1966) nachgelesen werden, die Albert Schweitzer (1875–1965) zu Anfang des 20. Jahrhunderts vorgelegt hat und die nach wie vor ein Standardwerk zu dieser Thematik ist.
20 Kurt Tucholsky: An das Publikum, in: Gesammelte Werke, Bd. 9, Reinbek bei Hamburg 1975. S. 237.

21 Jörg Albrecht: Sie surfen auf der Welle des Okkulten, Die Zeit Nr. 36 / 3. September 1993. S. 24.
22 Neil Postman: Wir informieren uns zu Tode, Die Zeit Nr. 41 / 2. Oktober 1992. S. 61.
23 Ebenda S. 61.
24 Ebenda S. 61.
25 Profil Nr. 37 / 13. September 1993. S. 98.
26 So lautete einer der Titel des in mehreren Auflagen aktualisierten Jesusbuchs von Johannes Lehmann.
27 Vgl. das Grundmuster der Jesusrede in den sogenannten Antithesen der Bergpredigt: „Ihr habt gehört, daß zu den Alten gesagt worden ist… Ich aber sage euch…" (Mt 5,21; 5,27; 5,31; 5,33; 5,38 usw.)
28 Vgl. Lk 22,31-34.
29 Holger Kersten: Jesus lebte in Indien. Sein geheimes Leben vor und nach der Kreuzigung. [Erweiterte Neufassung], München 1993. S. 10.
30 Ebenda S. 11.
31 Allerdings tanzt Salome nur in der gleichnamigen Oper von Richard Strauss den „Tanz der sieben Schleier", in der Bibel steht bloß, daß die Tochter der Herodias „tanzte" (Mk 6,22; Mt 14,6).
32 Vgl. 1 Kor 15,14-15: „Ist aber Christus nicht auferweckt worden, dann ist unsere Verkündigung leer und euer Glaube sinnlos. Wir werden dann auch als falsche Zeugen Gottes entlarvt."
33 So lautet ein berühmter Ausspruch von Rudolf Bultmann (1884–1976).
34 Albert Schweitzer: Geschichte der Leben-Jesu-Forschung, München 1966. S. 630.
35 Vgl. Winfried Blasig: Der Jesus der Geschichte. Die historischen Texte über sein Leben und seine Lehre, Wasserburg am Inn 1992. S. 43.
36 Die Fragen im Zusammenhang mit der Echtheit des Turiner Grabtuches haben mit der Jesusfälscher-Thematik zu tun, so daß sie hier erörtert werden müssen; sie sind aber so vielschichtig, daß sie in unserem Zusammenhang hier nicht in allen Facetten diskutiert werden können. Wer Genaueres darüber wissen möchte, den muß ich auf das Buch verweisen, das ich zu dieser Thematik veröffentlicht habe. – Josef Dirnbeck: Jesus und das Tuch. Die „Echtheit" einer Fälschung, Klosterneuburg-Wien 1998.
37 Vgl. Lk 11,27.
38 Apg 4,11.
39 Joh 13,34: „Ein neues Gebot gebe ich euch: Liebt einander! Wie ich euch geliebt habe, so sollt auch ihr einander lieben."

VI.
„HOSE RUNTER!" STATT „HOSIANNA!"
Die Enthüller kratzen am Goldgrund

Als der Dramatiker Terrence McNally anläßlich einer Aufführung seines Stückes „Corpus Christi" in London von Muslimen mit dem Tod bedroht wurde[1], war das gewiß alles andere als komisch. Nicht sehr komisch war allerdings auch, *weswegen* eigentlich gegen dieses Stück protestiert wurde.

Schwuler Rabbi

McNally hat Jesus als einen Homosexuellen gezeichnet, der von seinem Liebhaber Judas verraten wird, und da Jesus im Islam bekanntlich als Prophet verehrt wird, war dies Grund genug, muslimische Kreise in Großbritannien auf die Barrikaden zu treiben.

Unruhe als erste Bürgerpflicht war auch angesagt, als McNallys flotte Klamotte vom schwulen Rabbi Jesus auch in Deutschland aufgeführt wurde. Nur waren es diesmal keine Mitglieder der islamischen Religionsgemeinschaft, die wegen eines frechen und provozierenden Unterhaltungstheaters in Harnisch gerieten, sondern gläubige Christen – und zwar Christen im Umkreis von Pfarrer Winfried Pietrek aus Lippstadt, dem geistlichen Berater der „Partei der Christlichen Mitte", einer politischen Gruppierung, bei der es sich nach Ansicht der „Süddeutschen Zeitung" um ein „Sammelbecken für katholische Rechtsausleger, militante Abtreibungsgegner und Glaubensfundamentalisten"[2] handelt.

Wo sind die Grenzen der künstlerischen Freiheit? Wie weit darf Provokation gehen? Welche Art von Verspottung und Verhöhnung darf der Gesellschaft zugemutet werden? Wie viel gute Miene zu schlechtem Geschmack kann von mir erwartet werden, und wo hört sich der Spaß auf? Das sind Fragen, die sich im Zusammenhang mit der Jesusfälscher-Thematik immer wieder stellen – nicht nur, wenn einem Mann wie Jesus eine Vorliebe für Männerliebe angedichtet wird.

Gewiß ist nicht alles Blasphemie, was für Blasphemie gehalten wird, aber wo liegt die Grenze? Wann schlägt es dreizehn? Bis zu welchem Punkt geht es sozusagen nur um Menschen, die sich beleidigt fühlen, weil ihrer Meinung nach über Gott gelästert wird – und ab wann fühlt sich eigentlich Gott selber beleidigt?

Hose runter

„Eine junge Frau, bekleidet mit einer Stewardess-Uniform einer Luftfahrtgesellschaft wischt den Lippenstift von den Lippen des gekreuzigten, toten Knaben und schminkt mit einem neuen, weichen, fetten, leuchtenden kirschroten Lippenstift die Lippen des toten Knaben. Sie entfernt die um das Geschlechtsteil des Knaben befestigte Menstruationsbinde ..."[3] – Der Mann, der mich an einem jener heißen Augusttage anrief, an denen der Wiener Aktionskünstler Hermann Nitsch sein großes Spektakel aufführte, war hochgradig erregt. Ob mir diese und ähnliche, noch schlimmere Stellen bekannt seien, fragte er mich mit vor Zorn bebender Stimme und las mir gleich noch weitere solche Stellen vor.

„Zwei mit Chorhemden bekleidete Knaben heben das Meßgewand des zunächst auf der Bühne liegenden Mannes auf. Die Unterhose wird ausgezogen, das Geschlechtsteil ist mit einem Verband verhüllt. Auf dem Verband sind Blutflecken sichtbar, da blutige Watte mit Heftpflaster an Geschlechtsteil und Hoden geklebt ist. Der Verband und die blutige Watte werden beseitigt. Hoden und Geschlechtsteil werden mit lauem Wasser bespült. Ein weißes Tuch wird unter das Gesäß gebreitet ..."[4]

„Was Sie da zitieren, kommt mir durchaus bekannt vor", erwiderte ich. „Wenn ich nicht irre, stammt dieser Text aus einem der Abreaktionsspiele von Hermann Nitsch. Aber das ist doch nichts Neues. Das Buch mit seinem Orgien-Mysterien-Theater ist schließlich schon vor dreißig Jahren erschienen."

Gegen einen Mann, der sich etwas dermaßen Abstruses und Perverses ausdenke, müsse man doch protestieren, meinte mein Gesprächspartner voller Empörung; und seine Empörung steigerte sich, als er merkte, daß ich ihm nicht sofort beipflichtete, sondern zur Mäßigung riet.

„Ich finde, daß man diese Dinge nicht so furchtbar wichtig und vor allem nicht so tierisch ernst nehmen sollte", sagte ich.

Dies könne wohl nicht mein Ernst sein, befand er. Als guter Christ und als katholischer Publizist könne ich doch nicht stillschweigend hinnehmen, wenn unsere heiligsten Dinge in den Dreck gezogen würden, rief er in den Telefonhörer und hatte wenig Verständnis dafür, daß ich so wenig Verständnis für seine Erregung hatte. Wenn man solche Dinge toleriert, mache man sich mitschuldig, hielt er mir vor.

„Wenn ich gegen eine Sache nicht protestiere, heißt das noch lange nicht, daß ich damit einverstanden bin", erwiderte ich. „Ich muß doch nicht gleich gegen etwas protestieren, nur weil ich anderer Meinung bin. Bedenken Sie, wogegen man alles protestieren müßte, wenn das so wäre! Mit den gleichen Argumenten, mit denen Sie einem Künstler wie Nitsch eine Verhöhnung christlicher Werte vorwerfen, könnten – ja, müßten Sie dann konsequenterweise auch gegen eine Reihe anderer Dinge protestieren. Zum Beispiel gegen die Astrologie, die doch auch gewisse elementare christliche Glaubenslehren verhöhnt und mit Füßen tritt: die Lehre über die Unverfügbarkeit Gottes, über die menschliche Freiheit, über Gnade, Erlösung und so weiter. Oder Sie müßten gegen Einrichtungen wie Casinos, Bordelle und dergleichen protestieren, die doch auch grundlegende christliche *Moral*lehren gröblich mit Füßen treten! Ich meine, als Nachfolger Jesu haben wir anderes zu tun, als uns auf die Stufe von Pornojägern und -sammlern zu begeben."

Auf Jesus solle ich mich lieber nicht berufen, entgegnete der Anrufer. „Unser Herr hat schließlich und endlich auch nicht alles stillschweigend hingenommen, sondern er hat die Geldwechsler mit der Peitsche aus dem Tempel vertrieben!"

„Das heißt aber noch lange nicht, daß ich es gleichsam als christliche Grundhaltung hinstellen darf, zur Peitsche zu greifen", erwiderte ich. „In der Bergpredigt steht eben *nicht*: Wenn dir einer eine runterhaut, hau zurück! Und Jesus hat auch niemals gesagt: Selig seid ihr, wenn euch die Menschen schmähen und verhöhnen, denn dann könnt ihr ihnen endlich zeigen, wo der Bartel den Most holt!"

Die Haltung Jesu – führte ich weiter aus – auf ein primitives Schwarz-Weiß-Schema zu reduzieren, hieße Jesus verfälschen. Natürlich gebe es Dinge, die man als Christ nicht stillschweigend hinnehmen darf und gegen die man im Namen Jesu protestieren darf und soll, zum Beispiel Ungerechtigkeit und Ausbeutung. Schon die Propheten hätten immer leidenschaftlich gegen die Unterdrückung von Witwen und Waisen protestiert, und auch ein Johannes der Täufer oder Jesus selber hätten nicht den Mund gehalten, wenn es galt, politische oder religiöse Bonzen zu kritisieren.

„Das Jesuanische Prinzip", sagte ich, „heißt nicht: entweder alles tolerieren oder gegen alles und jedes Sturm laufen. Es heißt eher: Wenn Peitsche, dann Peitsche, und wenn Gebetsriemen, dann Gebetsriemen! –Aber abgesehen von allen biblischen Argumenten, bedenken Sie doch: Was bringen Proteste? Je mehr Sie protestieren, um so mehr lenken Sie die Aufmerksamkeit der Öffentlichkeit auf das Ganze und beleben das Geschäft – weil sich dadurch, wie Nitsch sogar selber in einem Interview gesagt hat, der Marktwert dieser Art von Kunst steigert. Wollen Sie das?"

„Aber diese Verhöhnung dessen, was uns am heiligsten ist", erwiderte mein Gesprächspartner, „der Gekreuzigte, die Eucharistie und so weiter, der Mißbrauch der Meßgewänder – das stört Sie nicht? Soll man als Christ dazu schweigen, wenn unter dem Deckmantel der Kunst Gott gelästert wird?"

Auch ich hätte ein Problem mit der Kunst von Hermann Nitsch, bekannte ich. „Ich kenne Nitsch' Aktionismus schon seit dreißig Jahren, und seine Kunsttheorie ist mir schon damals einigermaßen antiquiert erschienen. Denn sehen Sie: diese Art von Kunst lebt doch davon, die Gesellschaft – oder wie man früher gesagt hat: den Bürger – zu provozieren. Das Problem ist aber, daß man nicht Ablehnung provozieren wollen und gleichzeitig Anerkennung einheimsen kann. Über diesen Widerspruch kommt Nitsch nicht hinweg: daß er eine Kunst macht, die davon lebt, von der Gesellschaft abgelehnt zu werden, gleichzeitig aber möchte, daß eben diese Gesellschaft seine Kunst als etwas ganz Normales akzeptiert."

Auf dieser Ebene wollte mein Gesprächspartner das Problem allerdings nicht diskutiert sehen, und mein Plädoyer für ein wenig mehr Gelassenheit im Umgang mit Blasphemie, den ich im Anschluß an unser Gespräch als Zeitungskommentar formulierte[5], war auch nicht nach seinem Geschmack.

Umgang mit Blasphemie

Die Proteste gegen das Spektakel von Hermann Nitsch – schrieb ich in diesem Kommentar – haben zwei charakteristische Mißverständnisse bloßgelegt: einerseits ein Mißverständnis dessen, was Kunst ist, was sie kann, darf und soll, und andererseits ein Mißverständnis dessen, was Blasphemie ist.

Genauso wenig wie alles Kunst ist, was manche dafür halten, ist gleich alles blasphemisch, was viele bereits für eine Gotteslästerung halten. Ich frage mich allen Ernstes, ob Gott sich wirklich durch all diese Dinge beleidigt fühlt, über die sich so viele in seinem Namen aufregen. Die Antwort, die mir die Heilige Schrift gibt, ließe zumindest eine größere Gelassenheit angeraten erscheinen.

Nicht daß ich meinte, man dürfe Nitsch nicht kritisieren. Nur sollte man nicht an der falschen Stelle kritisieren. Es wäre z. B. zu fragen, was sein Orgien- und Mysterientheater so seltsam antiquiert macht, daß es im Vergleich zu echten Ritualen lediglich den Charme von Karl-May-Festspielen hat. Oder es wäre der psychoanalytische Ansatz der Abreaktion zu hinterfragen: Ist es wirklich befreiend, in Gedärmen zu wühlen und mit Blut herumzuschütten?

Über Geschmack – und Geschmack*losigkeit* – läßt sich gewiß streiten. Aber nach dem wenig erbaulichen Muster vorgehen zu wollen, das wir an Elijas Umgang mit den Baalspriestern[6] sehen können, hieße, nichts aus der Heilsgeschichte gelernt zu haben. Gerade weil uns Christen die Last von Kreuzzügen, Ketzer- und Hexenverbrennungen im Nacken sitzt, scheint das „paulinische Muster" das angemessenere und hoffnungsvollere zu sein.

Das heißt, selbst im Falle echter Blasphemie und echten Begeifertwerdens wäre es christlicher, eines Jüngers Jesu würdiger und der Bergpredigt gemäßer, nicht zurückzugeifern, sondern mit Paulus zu sagen: „Man flucht uns, wir segnen!"[7]

Mit anderen Worten: Runter mit dem Adrenalinspiegel, und lieber „Empor die Herzen!"

Jesus als Lausbub

Auf einem Bild von Max Ernst (1891–1976) ist eine Szene aus dem Leben der Heiligen Familie in Nazareth zu sehen. Die Gottesmutter hat den Jesusknaben übers Knie gelegt und verhaut ihm den Hintern. Dem gezüchtigten Halbwüchsigen kippt dabei der Heiligenschein vom Kopf. Hiebe statt Liebe – kann das sein? War Jesus in seiner Kindheit ein ganz gewöhnlicher Lausbub, dem von seinen Erziehungsberechtigten mit altväterlichen pädagogischen Maßnahmen der Weg zu gesittetem Betragen gewiesen wurde?

In herkömmlichen Religionsbüchern und in den frommen Hauspostillen des 19. Jahrhunderts wird der jugendliche Jesus ganz anders präsentiert. Dort ist er ein Muster an Bravheit, geradezu überangepaßt an das sozial erwünschte Verhalten. Sein Leben war „vor allem ein Leben des Gehorsams, und zwar des vollkommensten Gehorsams", heißt es zum Beispiel in einem vor hundert Jahren noch vielgelesenen erbaulichen Buch, in welchem der Jesuit Moritz Meschler „Das Leben unseres Herrn Jesu Christi des Sohnes Gottes" beschrieb.

„Er war also den Eltern untertan und vollzog ihre Befehle und Wünsche in allem, äußerlich mit großer Pünktlichkeit, Ausdauer und mit einer solchen Leichtigkeit, Anmut und Freude, daß die Eltern nicht den geringsten Anstand nahmen, ihm zu befehlen; innerlich aber mit völliger Übereinstimmung des Willens und des Verstandes, aus Ehrfurcht gegen Gott, dessen Stellvertreter er in den Eltern sah. Ja, er übte den Gehorsam nicht bloß gelegentlich und so, daß er nie mit ihm in Widerspruch geriet, sondern das Wort der Heiligen Schrift legt uns nahe, daß er in diesem Lebensabschnitte überhaupt nichts anderes wollte und anstrebte als gehorsam und untertan zu sein. Es war der Gehorsam gegen die Eltern nicht bloß das äußere Maß seines Lebens und seiner beiläufigen Beschäftigung, sondern das Streben, das Ziel seiner Gedanken, Wünsche und Pläne, der Kreis, in dem sich sein inneres und äußeres Leben bewegte."[8]

Zwei Bilder von Jesus. Einmal ist er der Bengel, einmal der Musterknabe – was war er wirklich?

Jesus als Vollidiot

Der Science-Fiction-Autor Michael Moorcock hat einen utopischen Roman herausgebracht, der in der deutschen Ausgabe den Titel „I.N.R.I. oder Die Reise mit der Zeitmaschine"[9] hat.

Eine „faszinierende Mischung aus psychologischem Roman, historischer Spekulation und Science-fiction" nannte der Verlag diese Geschichte des Zeitreisenden Karl Glogauer, der mit einer Zeitmaschine im alten Palästina landet.

Glogauer möchte die Kreuzigung Christi miterleben, um so der „Wahrheit" näherzukommen. Allerdings nimmt die Sache eine überraschende Wendung. Zwar kann der Zeitreisende feststellen, daß die historischen Überlieferungen im großen und ganzen stimmen, zu seinem größten Erstaunen stellt sich allerdings heraus, daß Jesus von Nazareth niemandem ein Begriff ist. Johannes der Täufer ist da, Tiberius, Herodes und Pilatus, aber wo ist der Mann, auf den sich die zweitausendjährige Geschichte des Christentums stützt? Wo ist Jesus?

Glogauer geht der Sache nach, kommt nach Nazareth und erkundigt sich nach einem Zimmermann. „Es gibt viele Zimmerleute in Nazareth: Es ist eine Zimmermannsstadt. Ich bin selbst Zimmermann." Der Mann war freundlich, väterlich. „Kann ich dir helfen?" – „Kennst du einen Zimmermann namens Joseph? Ein Nachkomme Davids. Seine Frau heißt Maria, und er hat mehrere Kinder. Ein Sohn heißt Jesus." Der freundliche Mann zog etwas spöttisch die Brauen hoch und sagte: „Ich kenne mehr als einen Joseph. Und ich kenne viele Marias …" Dann wurde sein Blick nachdenklich, und seine Lippen verzogen sich, so als genösse er angenehme Erinnerungen. „Ich glaube, ich kenne den, den du suchst. Dort hinten in der Gasse wohnt ein armer Schlucker." Er wies die Richtung. „Er hat eine Frau, die Maria heißt. Versuch es dort! Du müßtest ihn leicht finden, wenn er nicht gerade eine Arbeit abliefert. Sieh dich nach einem Mann um, der niemals lacht!"[10]

Und dann findet Glogauer den, den er sucht: Jesus von Nazareth … „Er sucht unsern Jesus", sagte Joseph zu der Frau. „Vielleicht ist er gekommen, um uns die Bürde zu erleichtern."

Die Frau legte die Hände unter ihre großen Brüste und schob sie in ihrem groben braunen Gewand zurecht. „Jesus!" rief sie, ohne sich umzudrehen. Die Gestalt in der Ecke stand auf. „Da ist er", sagte die Frau mit einer gewissen Genugtuung.

Der Junge war mißgestaltet. Er hatte einen deutlichen Buckel und schielte mit dem linken Auge. Das Gesicht war das eines Idioten. Ein wenig Speichel lief ihm von den Lippen.[11]

Der wirkliche Jesus, muß der Zeitreisende erkennen, ist ein Kretin, von dem nicht zu erwarten ist, daß er als Prophet und Wundertäter auftreten wird. Glogauer will aber, daß sich die Geschichte bewahrheitet. Und so schlüpft allmählich er selber in die Rolle des Jesus von Nazareth.

„Zuerst zögerte er und weigerte sich, wenn sie ihn baten, einem Kranken die Hand aufzulegen. Aber einmal, in einem Fall von offensichtlicher hysterischer Blindheit, nach allem, was die Verwandten ihm erzählten, legte er doch seine Hände auf die Augen der Frau, und ihre Blindheit verließ sie."[12]

Prophezeien fällt ihm nicht schwer. Selbst als man ihn warnt, vorsichtiger zu sein, hat er keine Angst... „Man wird dich steinigen. Man wird dich töten." – „Man wird mich nicht steinigen." – „So will es das Gesetz." – „Es ist nicht mein Schicksal."[13]

Trotz der aufs erste vielleicht schockierenden Verfälschung der wahren Gestalt Jesu ist Moorcocks Buch *kein* Anti-Jesusroman. Im Grunde kann man das mit den Elementen der technologischen Märchenwelt konstruierte Szenario nicht nur als ein psychologisches Verwirrspiel lesen, sondern auch als eine tiefsinnige Nachfolge-Jesu-Geschichte.

Mit Haß geschrieben

Mit Jesus kann man alles machen – nach diesem Motto wurde die Gestalt Jesu schon immer in alle möglichen Richtungen verfälscht. Die einen fälschten aus frommen Motiven, die anderen aus weniger frommen. Für die meisten Jesusfälscher könnte man als Grundintention angeben: Jesus ja, Kirche nein! Mit anderen Worten: sie lieben Jesus und hassen das, was seine Anhänger aus ihm gemacht haben. Jeder drapiert sich Jesus so, wie er ihn für seine Zwecke braucht.

„Es gibt kein persönlicheres historisches Unternehmen, als ein Leben-Jesu zu schreiben“, sagte schon Albert Schweitzer. „Kein Leben kommt in die Gestalt, es sei denn, daß man ihr den ganzen Haß oder die ganze Liebe, deren man fähig ist, einhaucht. Je stärker die Liebe, je stärker der Haß, desto lebendiger die Gestalt, die ersteht. Denn auch mit Haß kann man ein Leben-Jesu schreiben“, Haß nicht so sehr gegen die Person als „gegen den übernatürlichen Nimbus, mit dem sie sich umgeben ließ und mit der sie umgeben wurde“.[14]

Die richtig bösen und gehässigen Verfälschungen Jesu waren allerdings immer in der Minderheit. Dem „wahren Jesus“ des Dagobert Runes sind wir bereits im Zusammenhang mit Maria Magdalena begegnet. Dieses 1927 im Verlag Rudolf Cerny, Wien-Leipzig, erschienene Jesusbuch ist eindeutig zu den „mit Haß“ geschriebenen Elaboraten zu rechnen, die Albert Schweitzer gemeint hat.

„Jeschu“ ist schon als Heranwachsender von einer „grenzenlosen Schwäche der Geltungssucht“ befallen; er liegt „beständig auf der Lauer, durch Großtaten, von denen er annahm, daß sie sein Ansehen in den Augen der Umwelt steigen lassen würden, sich die begehrte Geltung zu verschaffen“.[15] Sein ganzes Leben erscheint am Ende als ein Konglomerat aus Lüge, Mißverständnissen und Täuschungen.

Jesus stirbt bei Dagobert Runes nicht am Kreuz, sondern wird von den Juden gesteinigt. Nachdem Pontius Pilatus ihn zu Herodes geschickt hat und dieser ihn wieder zu Pontius Pilatus zurückgeschickt hat, weigert sich Pilatus, weiterhin Recht über ihn zu sprechen und übergibt ihn „den Juden“ zum Gericht: „Dies war das Ende des Jeschua aus Nazareth, daß er gesteinigt wurde von der Menge. Auf dem Wege zur Richtstätte wehklagte und jammerte er.“[16]

Als Jesus vom tödlichen Stein getroffen wird, zieht sein Leben noch einmal an ihm vorbei. Er sieht „seine grenzenlose Gier nach Geltung“, muß „nun selber lächeln über die Dummheit des Andreas, des Jaakow [*Jakob*] und Jochanan [*Johannes*], über die Wankelmütigkeit des Schimeon [*(Simon) Petrus*] und die Leichtgläubigkeit des Volkes" und sieht in einer Vision die Kreuzzüge und die in seinem Namen entzündeten Scheiterhaufen, hört das Schluchzen der Bräute, denen „ein fetter Priester" mit den Worten „Die erste Nacht gehört dem Herrn" eine Art geistliches Ius primae noctis einreden will – und sieht schließlich in seiner letzten und schrecklichsten Vision den Papst.

„Er sah einen lüsternen Greis mit einer hohen Krone auf dem Haupt, der nannte sich Statthalter des Meschiach [*Messias*] und neben ihm lagen zwei freche Buhlerinnen, er aber hatte die Brust der einen gefaßt und den Schoß der zweiten. Und sein Mund gröhlte die Worte: Die an mich glauben, will ich erhöhen, spricht der Herr!" Das ist zuviel für Jesus. Er schlägt an seine Brust und stöhnt: „Ich habe gesündigt!"[17]

Die Leiche des Gesteinigten wird bei Dagobert Runes „zur Schmach" auf ein Holz gehängt, über dem ein Querbalken liegt, und drei Tage später gestohlen, sodaß bald der Glaube an die Auferstehung Jesu aufkommt, der „von einem gewissen Saulus aus Tarsus in Kilikien, der sich nach seiner Bekehrung zum Christentume Paulus nannte" ausgebaut und durchgesetzt wird. Es sei „auch nicht unwahrscheinlich", schreibt der Autor des „Wahren Jesus", daß erst von Paulus „das Märchen von einer Kreuzigung Christi aufgebracht worden war".[18]

Dagobert Runes hat sein Buch, das Jesus als einen hochstaplerischen jüdischen Dissidenten zeichnet, aus erklärtem Haß gegen die Kirche geschrieben. Das Christentum, sagt er, „hat stets dem Bösen gedient", war „stets ein Feind der Wissenschaft und Wahrheit" und „dient auch heute noch dem Mammon gegen das arbeitende Volk. Aber schon regen sich die Arme der neuen Menschen und es kommt der Tag, wo die Schande des Christentums aus dieser Welt schwinden wird! Ich höre die Freiheitsglocken klingen und sehe die mündige Menschheit erstehen aus dem Grabe des Christentums zum Lichte der Freiheit und des wachen Geistes, Amen!"[19]

Ein jüdisches Jesuspamphlet

Zu den Quellen, die Dagobert Runes seinem Jesuspamphlet zugrunde gelegt hat, gehört eine jüdische Schrift aus dem frühen Mittelalter mit dem Titel „Toledoth Jeschu" [*„Geschichte Jesu"*][20], die in manchen Überlieferungen auch „Ma'asse Talui" [*„Taten des Gehängten"*] genannt wird.

Die Geschichte Jesu, wie sie hier erzählt wird, ist ein bunt gemixter Cocktail und enthält gewisse Elemente aus den kanonischen und apokryphen Evangelien und der Apostelgeschichte sowie gewisse verzerrte und mißverstandene Informationen über Jesus aus dem Talmud.[21]

Jesus ist der uneheliche Sohn Marias, der von einem gewissen Joseph Pandera gezeugt wurde. Er tritt als Volksverführer auf, bezieht Worte der Propheten auf sich und erlernt die Zauberkunst, so daß er mithilfe des unaussprechlichen Namens Gottes alle möglichen Dinge verfluchen kann. Der Sohn der Maria und des Pandera vollbringt auch spektakuläre Wunder. Sein spektakulärstes: ein „Flug zwischen Himmel und Erde", bei dem offensichtlich die Geschichte von der Himmelfahrt Jesu mit der Geschichte von Simon dem Magier kombiniert wurde.

Dieser in der Apostelgeschichte erwähnte Magier aus Samaria, der als Urvater der nach ihm benannten „Simonie" von den Aposteln die Macht der Handauflegung käuflich erwerben wollte[22], hat nach Berichten von Juvenal und Sueton im römischen Theater unter Nero einen mißglückten Flugversuch unternommen.[23] Jesus fliegt also „zwischen Himmel und Erde", und die Schriftgelehrten lassen ihren Gegenkandidaten starten – nämlich niemand Geringeren als Judas Iskariot, der ebenfalls die magische Formel auf dem Grundstein des Allerheiligsten im Tempel gelesen hat. Und siehe da, Judas schafft es, ein Stück weiter als Jesus zu fliegen. Doch am Ende landen sie beide am Boden. Man ergreift Jesus, verhüllt ihm das Haupt und läßt ihn weissagen, wer ihn geschlagen hat – aber er kann es nicht und ist um einmal mehr als falscher Prophet entlarvt.

Zum Osterfest in Jerusalem wird Jeschu ben Pandera dann als falscher Prophet ans Holz gehängt. Da Jesus, wie man aus dem Neuen Testament weiß, Bäume verfluchen kann[24], will man nicht riskieren, daß die Hinrichtung mißlingt, wenn er eventuell auf die Idee kommt, auch den Baum zu verfluchen, an dem man ihn hängt. Darum hängt man ihn – wie eine Variante der Toledoth Jeschu-Überlieferungen berichtet – an einen Kohlstrunk.[25]

Jesus wird begraben. Aber seine Anhänger beschließen, die Leiche zu stehlen, um sagen zu können, er sei in den Himmel aufgefahren. Der Gärtner Juda bekommt davon Wind, er stiehlt selber die Leiche und begräbt sie in seinem Garten. Die Freude der Apostel ist groß, als sie das Grab ihres Herrn und Meisters leer vorfinden, und viele Leute sind nahe daran, sich zum neuen Glauben zu bekehren. Doch die Apostel haben sich zu früh gefreut. Denn nun kommt der Gärtner Juda, verrät, wie alles gewesen ist, und verkauft den Leichnam Jesu, der sodann am Schwanz eines Pferdes durch die Straßen geschleift wird.

Jesus am Spottkruzifix

Die „Toledoth Jeschu“ sind der Ausdruck einer jüdischen Polemik gegen das Christentum auf dem Hintergrund der im Altertum bekannten Vorwürfe gegen den Kirchenglauben. Kein Wunder, daß diese von Agobard von Lyon (769–840), einem aus Spanien gebürtigen Bischof, erstmals erwähnte und 1681 erstmals gedruckte Schrift in Zeiten der Judenverfolgung den Charakter einer Samisdat-Literatur bekam und von den Juden „in Erbitterung gegen christliche Nachstellungen im Mittelalter heimlich gelesen“ wurde.[26]

„Ärgernis“ und „Torheit“[27] war die Botschaft vom gekreuzigten Messias schon von Anfang an. Darum mußte – wie Pinchas Lapide formuliert – die „Verhimmelung Christi unvermeidlicherweise zu einer Verteufelung Jesu im Sagengut der jüdischen Volksliteratur führen", die „die evangelische Schönschrift in einer üblen Schmähschrift zu karikieren suchte" und das Ziel hatte, „potentielle Konvertiten abzustoßen"[28].

Jesus, nicht wie ihn der christliche Glaube sieht, sondern gesehen mit den Augen von Menschen, die diesem Glauben verständnislos, belustigt, empört oder entrüstet gegenüberstehen. Das gab es immer. Das gab es von Anfang an.

Der frühchristliche Schriftsteller Laktanz, der ein Zeitzeuge der Diokletianischen Christenverfolgung war und als hochbetagter Mann noch den Beginn der Konstantinischen Wende miterlebte, bezeugt, wie sehr man in dieser Zeit noch die Schändlichkeit des Kreuzestodes empfand, wenn er in einer seiner Schriften[29] eine Frage wie die folgende zum Ausgangspunkt einer Meditation macht: „Wenn Christus den Tod auf sich nehmen mußte, warum dann einen so entehrenden und schmachvollen Tod, warum dann nicht einen Tod, der etwas Ehrenvolles an sich gehabt hätte?"

Auch das sogenannte Spottkruzifix vom Palatin gehört in die Galerie der gefälschten Jesus-Portraits. Diese Zeichnung, die bereits um 125 entstanden ist, wurde im Jahr 1856 in Rom entdeckt und befindet sich heute im Thermenmuseum. Sie zeigt einen Gekreuzigten mit einem Eselskopf und erklärt das Bild mit den Worten: „Alexamenos betet seinen Gott an." Aber bereits diese frühe Form einer plakativen „Enthüllung" hatte den gleichen Zweck wie die neuzeitliche unseriöse Jesusliteratur: gegen das Jesusbild der Kirchen anzugehen und am Goldgrund zu kratzen, auf den die gläubige Verehrung Jesus gemalt hatte.

Am Goldgrund kratzen

„Den Mann, der zu Zeiten unserer Großeltern mit seinen Jüngern in bonbonfarbenen Gewändern durch wogende Kornfelder schritt oder als milde segnender Heiland unschuldige Kindlein um sich versammelte und Lämmlein trug, hat es nie gegeben. Auch der Erlöser, der das jüdische Gesetz überwand, eine vollkommen neue Lehre der Liebe brachte und die Menschheit durch seinen Kreuzestod erlöste, hat mit dem historischen Jesus nichts zu tun. Das Jesusbild der Kirchen stimmt nicht mehr, es hat nie gestimmt",[30] sagt Johannes Lehmann, einer der zähesten und ausdauerndsten Burschen in der Riege der Jesusschreiber. Sein „Geheimnis des Rabbi J. – Was die Urchristen versteckten, verfälschten und vertuschten" – ursprünglich das Manuskript einer Radioreihe im Südfunk Stuttgart – wurde im Lauf der letzten zwei Jahrzehnte immer wieder auf den Markt geworfen: einmal als „Jesus-Report", einmal als „Die Jesus G.m.b.H." – und schließlich abermals in einer aktualisierten Neuausgabe mit dem neuen Untertitel „Die Wahrheit über Qumran und was Urchristen und Kirche daraus machten".

Der wahre Jesus ist für Lehmann der Jesus, den die Kirche verschweigt, der „Rabbi J.", der von den Christen – allen voran von Paulus – verfälscht, stilisiert, ideologisiert und verfremdet wurde. Dieser wahre Jesus sei ein Essener gewesen, der für die politische Befreiung seines Landes kämpfte und als Rebell starb. An der Gestalt des wahren Rabbi Jesus sei alles Politische getilgt worden, und aus dem gescheiterten Messias habe man einen Sieger gemacht.

Zwischen dem historischen Jesus und dem Christus des Glaubens bestehe ein unüberbrückbarer Gegensatz:[31] „Der Christus, den die Kirche ‚verkündet', hat bis auf den Namen nichts mehr mit dem historischen Rabbi J. gemein. Wenn Kirche und Theologie wirklich den historischen Rabbi J. meinten, dann müßten sie nüchtern und ohne heidnische Wundergeschichten von einem Mann sprechen, den seine Suche nach Gott zu einer streng orthodoxen und asketischen Wüstensekte führte, der in Erwartung der Wirksamkeit Gottes seine Gesinnung änderte und sich taufen ließ; der dann durch das Land zog und diesen Bußruf an seine Landsleute – und an niemanden sonst – weitergab; dessen Anhänger ihn für den von Gott ausersehenen Befreier von den Römern und den kommenden König von Israel, den Messias, hielten und selbst als Zeloten verfolgt wurden."[32]

Für Lehmann hat der „sonst so seltsam gesichtslose“ Jesus in Qumran seinen geistigen Hintergrund, auch sei er „nicht so friedfertig“ gewesen, „wie ihn die Kirchen gerne hätten“.[33]

Zwar ist der an und für sich gut informierte Lehmann kritisch genug, um – wie bereits erwähnt – die „Verschlußsache Jesus“ der Qumran-Phantasten Michael Baigent und Richard Leigh als den Nonsens zu entlarven, der sie ist, und sarkastisch genug, um angesichts des nicht minder windigen Eisenman-Schmökers „Jesus und die Urchristen – Die Qumran-Rollen entschlüsselt“ zu hoffen, „daß ein deutscher Publikumsverlag nun endlich auch mal die hebräische Ausgabe des Jerusalemer Telefonbuches, möglichst unter dem Slogan ‚Was Jesus wirklich sagte‘, zu Nutz und Frommen der deutschsprachigen Leserschaft als Enthüllungsstory in einer preiswerten Ausgabe unters Volk werfen wird“[34]. Aber wenn es dann um seine eigenen Lieblingsthesen geht, hat er dennoch seinen blinden Fleck.

So ist Johannes Lehmann „fest davon überzeugt, daß Kirche und Theologie, die sich als berechtigte Erben und Nachlaßverwalter des Rabbi J. betrachten, kein einziges Argument anerkennen werden, das ihren Bestand und ihre Überzeugungen in Frage stellen könnte“[35], ist aber nicht imstande, solche Dinge zu sehen und anzuerkennen, die seine Überzeugungen und sein festgezimmertes Feindbild in Frage stellen könnten.

Etwa die simple Tatsache, daß die Kirche – auch und ausdrücklich die römisch-katholische – die Ergebnisse der historisch-kritischen Jesusforschung sehr wohl rezipiert hat und selbstverständlich auch an der weiteren kritischen Jesusforschung beteiligt ist, oder das kirchengeschichtlich wohl noch viel zukunftsweisendere Phänomen, daß die Kirche dort, wo sie derzeit am lebendigsten ist – nämlich in den Christengemeinden Lateinamerikas – gerade in der „Wiederentdeckung des Menschen Jesus“ neue Glaubenserfahrungen macht.

„Was uns hierzulande interessiert, wiedergeboren werden läßt und befreit, ist die Wiederentdeckung, daß dieser Jesus in einem bestimmten Volk und in bestimmten gesellschaftlichen und kulturellen Verhältnissen ein öffentliches und durch und durch historisches Leben geführt hat. In und ausgehend von unserer aktuellen Gemeinschaft mit Christus entdecken wir den historischen Jesus an zwei untrennbar miteinander verbundenen ‚Orten' unseres christlichen Glaubens wieder: Es sind das Volk der Armen mit den vielfältigen Glaubens- und Frömmigkeitsformen seines Volkskatholizismus, aber auch mit seiner befreienden Solidarität, und die kirchliche Gemeinschaft unter eben diesen Armen mit ihrer greifbaren Geschwisterlichkeit, mit ihrer Verkündigung und Feier des Wortes, mit ihren Diensten. Hier also geht uns – mit dem Hintergrund des Glaubens und mit der Absicht, unter unseren geschichtlichen Bedingungen Jesus nachzufolgen – auf, daß es wieder darauf ankommt, das Gedächtnis des Weges zu vollziehen, den Jesus damals gegangen ist: der Haltungen und Optionen, die er unter seinen Bedingungen eingenommen bzw. getroffen hat, der Annahme bzw. Ablehnung, die ihm seitens der Menschen und der gesellschaftlichen Gruppen seiner Umgebung zuteil geworden ist, wie auch der Krise und des Dramas, die er bis zur Neige verkostet hat. Mit anderen Worten: Wir spüren, daß wir die Geschichte in den Evangelien heute mit demselben Glaubenssinn und mit denselben konkreten Sorgen lesen müssen, die die Urkirche hatte, als sie die Evangelien schrieb."[36]

Der „geteilte" Jesus

Vergleichsweise kurios ist der „geteilte Jesus" des britischen Journalisten A. N. Wilson. Der Mann vom „Evening Standard", der sowohl Biographien über Jesus und Paulus als auch Tolstoi and C. S. Lewis sowie mehrere Romane verfaßt hat, wundert sich, daß weltweit Millionen Menschen „noch immer" dem Glauben anhängen, daß Jesus der Erlöser war[37] und „daß sogar bei modernen Christen noch die Auffassung vorherrscht, Jesus habe nach seinem Tod, seiner Auferstehung und Himmelfahrt den Heiligen Geist auf die Erde gesandt, um die Kirche in der ganzen Wahrheit zu unterweisen"[38].

„Geteilt" ist Jesus bei Wilson in den historischen Jesus, den der Autor bejaht, und in den Christus des Glaubens, den er auf das vehementeste ablehnt: „Wenn auch nur die Hälfte der ihm in den Evangelien zugeschriebenen Worte authentisch ist, gibt es für das Andenken Jesu keine größere Beleidigung, als das Glaubensbekenntnis zu sprechen, das in der hellenistischen Welt erfunden wurde, die, bildlich gesprochen, Lichtjahre sowohl von Jesus wie von uns entfernt ist."[39]

Bei Wilson ist Jesus eine Art geistliche Berta von Suttner, der, wenn er bei der Brotvermehrung sagt: „Laßt die *Männer* sich lagern!"[40] eigentlich ein Ruhenlassen der Feindseligkeiten meint und mit den bei der Auferweckung der Tochter des Jairus gesprochenen Worten: „Mädchen, ich sage dir, steh auf" den Aufstand der Frauen predigt. Überhaupt huldigt der Autor, der in Oxford Theologie studiert hat, einer Art Freistilexegese, der die Texte – um aus ihnen jeweils das herausholen zu können, was seine Thesen stützt – das eine Mal symbolisch interpretiert und das andere Mal überraschenderweise wieder ganz wörtlich nimmt.

Das Weinwunder von Kana[42] nimmt Wilson symbolisch; und wenn man seine Auslegung liest, hat man den Eindruck, einer biedersinnig frommen Predigt zu lauschen: „Diese Geschichte wird nicht erzählt, um uns mit irgendwelchen Partytricks Jesu zu unterhalten, sondern weil sie ein Zeichen sein soll: Die jüdischen Wasserkrüge stehen für das alte Israel, sie enthalten etwas, was sowohl erfrischend als auch nährend ist, nämlich Wasser, welches darüber hinaus der Reinigung dient, aber nicht berauscht. Jesus selbst ist der neue Wein, der die Steinkrüge füllt. Gott ist dabei, ein neues Israel zu erschaffen. Was ein bloßes, leeres Ritual gewesen war – die Reinigung mit Wasser vor dem Essen, das Waschen des vorgeschriebenen Kochgeschirrs zur vorgeschriebenen Zeit und in der vorgeschriebenen Art und Weise –, wird zu etwas völlig Neuem: zu einem

Trunkensein vom lebendigen Gott! Die synoptischen Evangelien drücken das gleiche aus – jedoch tun sie es, indem sie Jesus einen seiner sinnreichen Sätze sagen lassen: ‚... man soll neuen Wein in neue Schläuche füllen‘[43]."

Die Auferweckung des Lazarus hingegen hält Wilson für einen Tatsachenbericht. Zwar fällt ihm auf, daß die synoptischen Evangelien überraschenderweise Jesu „spektakulärstes Wunder mit keinem Wort erwähnen"[44], doch hält er es für denkbar, daß Jesus „an den bizarren Riten teilgenommen hat, die Morton Smith beschreibt: Initiationsriten, bei denen der frischgebackene Katechumene in Grabgewänder gehüllt und dann ‚zu neuem Leben‘ im Geiste erweckt wurde"[45].

Qumranphantastin Barbara Thiering läßt grüßen. Bei ihr wird Lazarus auch nicht vom Tod auferweckt, sondern war bloß in Totenlinnen gehüllt – wenn auch aus gegenteiligen Gründen: nicht wie bei Wilson, um den Initiationsritus einer „Taufe im Geist"[46] zu erleben, sondern weil Lazarus aufgrund einer Exkommunikation „in Leichentücher gehüllt und mehrere Tage in sein Grab gesperrt"[47] wurde. Frau Thiering weiß daher auch, wieso Lazarus bereits „stank"; klarerweise deshalb, weil er im Grabgefängnis „nicht mehr die Möglichkeit zu den üblichen rituellen Waschungen hatte"[48].

Wie man sieht, mangelt es just jenen Autoren, die der Kirche vorwerfen, sie hätte Jesus verfälscht und verbreite ein von Phantasien genährtes Bild von ihm, keineswegs an Phantasie. Freilich, wenn die Phantasie einmal das Zepter schwingt, kann die kritische Vernunft leicht einmal ein kleines Nickerchen machen und kritikloser Leichtgläubigkeit Tür und Tor öffnen.

Petrus haut Paulus ein Ohr ab

Wie kritiklos leichtgläubig Wilson irgendwelche Behauptungen ungeprüft übernimmt, kann man dort sehen, wo er mit Bezug auf die Erzählung „Die Pastoral-Symphonie" von André Gide (1869–1951) schreibt: „Wie André Gide festgestellt hat, wird in keinem der Evangelien auch nur an einer Stelle eine Farbe erwähnt."[49] Wenn Wilson schon nicht so bibelfest sein sollte, daß ihm auf der Stelle ein paar Stellen eingefallen wären, in denen von Purpur oder vom grünen Gras die Rede ist – vom Weiß und vom Gold gar nicht zu reden –, hätte ihn ein Blick in eine Bibelkonkordanz belehren können, daß die Rede von einer angeblichen Farblosigkeit der Evangelien nur ein „Grubenhund" sein kann – wie es im Journalistenjargon heißt, also eine unsinnige Meldung, eine auf einem absichtlichen oder echten Mißverständnis beruhende Falschinformation.

Wilsons wohl witzigste Spekulation betrifft Malchus. Jener Knecht, dem Petrus bei der Gefangennahme Jesu das Ohr absäbelte, sei in Wirklichkeit niemand anderer gewesen als der spätere Paulus – damals noch der junge Saulus.[50]

Besondere Aufmerksamkeit widmet Wilson dem Verhältnis Jesu zu seiner Familie, mit der dieser zunächst zerstritten war, die aber nach seinem Tod eine wichtige Rolle in der Kirchenbildung gespielt hat. Wilson wörtlich: „Ich vermute, daß Jesus sich mit seiner Familie überwarf, weil er nicht ihrer Vorstellung von einem großen Propheten entsprach. Möglicherweise haben sie in ihm sogar den Messias gesehen."[51]

Zu einer kuriosen Vermutung versteigt sich A. N. Wilson bezüglich der Osterereignisse. Die Kunde von einer angeblichen Auferstehung Jesu entspringt nach Auffassung des britischen Jesusschreibers einem Mißverständnis. Nach der Kreuzigung Jesu sei einer von Jesu Brüdern in der Öffentlichkeit aufgetreten und man habe ihn wegen seiner täuschenden Ähnlichkeit für Jesus gehalten.[52] Auch so eine Lieblingsidee von Wilson ist es, daß der in der Szene am Grab erwähnte Jüngling im weißen Gewand, in dem die seriöse Exegese das der literarischen Gattung gemäße Stilmittel des „Deuteengels" erblickt, ein real existierender junger Mann gewesen sein könnte, der sich gemeinsam mit seinen Freunden entschlossen hatte, „den Leichnam zur Beisetzung nach Galiläa zu bringen"[53].

Wo eine Vermutung ist, kann eine zweite nicht weit sein; denn das ist eben das Wunderbare an einer Vermutung, daß sie – frei nach Schiller – fortzeugend selbst sich kann gebären. Und gleich läßt Wilson seiner Phantasie freien Lauf.

„Vielleicht ist ihnen das gelungen. Vielleicht liegt der Leichnam Jesu tatsächlich in Nazareth in der Nähe des Hauses seiner Mutter oder in Kapernaum am Ufer des Sees, wo er mit seinen Freunden zum Fischen hinausfuhr. Vielleicht ist es ihnen auch nicht gelungen. Vielleicht wurden sie von den Frauen bei ihrem Vorhaben gestört oder fürchteten um ihr Leben. Immerhin war ein Zusammenstoß mit römischen Soldaten nicht ausgeschlossen. So haben der Jüngling und seine Freunde den Leichnam vielleicht irgendwo in der Nähe liegenlassen. Wir werden es nie erfahren."[54]

Auf solche erleuchteten Argumentationen kann man nur mit der Prägnanz der alten Logiker erwidern: Gratis asseritur, gratis negatur. Auf deutsch: Die Behauptungen dieser Argumentationen sind genauso fruchtlos wie ihre Widerlegungen.

Freistilexegese à la Karl Herbst

Karl Herbst zog aus, den „wirklichen Jesus" zu entdecken. „Jeschua ben Miriam aus Nazaret" ist für Herbst ein beispielhafter Gottsucher. Ihm nachfolgen heißt „am irdischen Jesus sich orientieren statt an einem himmlischen Christus, von dem wir faktisch nur wissen können, was andere über ihn glauben"[55].

Wie andere Jesus-Autoren auch kann Karl Herbst den springenden Punkt des neutestamentlichen Befundes nicht akzeptieren: daß sich die Christen zuallererst und von allem Anfang an ausschließlich deswegen für den Menschen Jesus interessiert haben, weil er für sie der „Kyrios" war, der erhöhte Herr, an den sie glaubten.

„Kyrios Jesous – Jesus ist der Herr" lautet die entsprechende Formel. Die klassische Stelle im Römerbrief zählt zum biblischen Urgestein: „Denn wenn du mit deinem Mund bekennst ‚Jesus ist der Herr' und in deinem Herzen glaubst: ‚Gott hat ihn von den Toten auferweckt', so wirst du gerettet werden."[56] Das ist keine spätere Erfindung von Leuten, die nicht mehr „wußten", daß der „wirkliche Jesus" von den ersten Christen nicht mit den Attributen der Göttlichkeit verehrt worden sei, sondern für sie lediglich „ein bedeutender Mensch" gewesen wäre. Dieses elementare Bekenntnis wurde lange vorher geschrieben, bevor noch die Ostergeschichten vom Leeren Grab erzählt wurden.

Im Herbst'lichen Bestreben, aus den neutestamentlichen Glaubenszeugnissen den „wirklichen" Jesus herauszudestillieren, kommt es zu teilweise recht kuriosen Ergebnissen. Nicht nur, daß bei Karl Herbst der gute alte Rationalismus fröhliche Urständ' feiert und der Autor frischfröhlich naiv die abgestandenen Suppen der ersten Generation der liberalen protestantischen Leben-Jesu-Forscher aufwärmt –, der wirkliche Jesussucher Herbst versündigt sich auf Schritt und Tritt gegen die hermeneutische Grundregel, daß ich mein Vorverständnis nicht zum Kriterium des Verständnisses eines Textes machen darf, sondern es im Gegenteil immer vom Text in Frage stellen und korrigieren lassen muß.

Wie ein Zauberkünstler, der ein Kaninchen aus dem Hut holt, das er vorher darin versteckt hat, liest Herbst aus dem Bibeltext genau das heraus, was er zuvor als sein eigenes Vorverständnis in den Text *hinein*gebracht hat – nur mit dem Unterschied, daß Herbst anders als der professionelle Magier den eigenen Zaubertrick für die Wirklichkeit hält. Es ist wie im Lotto: Alles ist möglich – wenn's nur zur Unterstützung der vorgefaßten Meinung dienlich ist. Wenn es sein muß, wird sogar die Syntax auf den Kopf gestellt, damit eine bestimmte Bibelstelle den Sinn ergibt, den sie nach Herbst haben muß.

Ein typisches Beispiel ist Herbsts Auslegung der Stelle aus der lukanischen Passionsgeschichte[57], wo Jesus mit den Jüngern am Abend vor seiner Verhaftung zu Tisch sitzt und auf die Schwerter zu sprechen kommt.

In der Einheitsübersetzung[58], die den griechischen Urtext korrekt wiedergibt, liest sich die Sache so: „Dann sagte Jesus zu ihnen: Als ich euch ohne Geldbeutel aussandte, ohne Vorratstasche und ohne Schuhe, habt ihr da etwa Not gelitten? Sie antworteten: Nein. Da sagte er: Jetzt aber soll der, der einen Geldbeutel hat, ihn mitnehmen, und ebenso die Tasche. Wer aber kein Geld hat, soll seinen Mantel verkaufen und sich dafür ein Schwert kaufen. Ich sage euch: An mir muß sich das Schriftwort erfüllen: Er wurde zu den Verbrechern gerechnet. Denn alles, was über mich gesagt ist, geht in Erfüllung. Da sagten sie: Herr, hier sind zwei Schwerter. Er erwiderte: Genug davon!"

Für Karl Herbst ist diese Stelle anstößig, weil sie Jesus nicht als einen rundum gewaltlosen Mann zeigt. Um dieses in Gedanken, Worten und Werken strikt gewaltlosen Jesus willen, den die Bibel bezeugt, scheut sich Herbst nicht, den Bibeltext auf den Kopf zu stellen, wenn er nicht ins Bild zu passen scheint.

„Manipulation!", „Fälschung!", „Ideologische Indienstnahme nach dem Muster totalitärer Machtapparate!" würde Herbst und würden andere Kirchenkritiker – mit Recht – rufen, wenn sie einen kirchlichen Exegeten dabei ertappt hätten, wie er in frommer Linientreue der Bibel am Zeug flickt, damit sie den erwünschten Sinn hergibt. Daß er selber so vorgeht, merkt er allerdings nicht.

„Für Jesus war die Liebe des Vaters, der sich um die Menschen noch mehr kümmert als um die Spatzen, der die Getöteten wieder aufweckt, die grundlegende Realität, die er verkünden und darstellen wollte", schreibt Herbst. „Darum hat er seine Boten ohne ängstliche Absicherungen losgeschickt. ‚Und das Experiment hat geklappt', damals in Galiläa. Aber jetzt in Jerusalem, wo es brenzlig wird, soll das nicht mehr gelten? Dann würde die Sache Jesu tatsächlich im Bankrott enden. Dann würde sich sein Vertrauen, daß Gott da ist und gut ist und Gottesherrschaft auf Erden realisierbar ist, doch als Seifenblase erweisen."[59]

Herbsts Argumentation läuft auf das berühmte „Es kann nicht sein, was nicht sein darf" hinaus. Also greift Karl Herbst in den Text ein, indem er a) den die Perikope abschließenden Vers 38 an den Anfang stellt und b) aus Aussagesätzen *Fragesätze* macht.

Herbsts Übersetzung lautet so: „Sie sagten: Herr, schau, hier zwei Dolche! Aber er sagte ihnen: Genug! (Hört auf damit!) / Als ich euch ohne Geldbeutel, ohne Vorratssack und ohne Sandalen aussandte, habt ihr da etwas entbehrt? Sie sagten: Nichts. Da sagte er: Aber jetzt soll einen Geldbeutel mitnehmen, wer einen hat, und ebenso seinen Vorratssack? Und wer keinen Dolch hat, soll lieber seinen Mantel verkaufen und sich einen Dolch kaufen? [...] Und (er sagte): Denn meine Sache hat ein Ende (wenn ihr so handelt, daß ich als Verbrecher dastehe)."

Ganz abgesehen davon, daß Karl Herbst auch in seiner Übersetzung von Vers 37 den Text wider den Strich bürstet, glaubt er „mit literarkritisch-sauberem Gewissen den griechischen Punkt (.) durch ein griechisches Fragezeichen (;) ersetzen" zu dürfen, „denn als Aufforderung: ‚Jetzt aber versetzt eure Mäntel und kauft euch Schwerter!' kommt heilloser Unsinn heraus"[60].

Von einem literarkritisch-sauberen Gewissen kann freilich keine Rede sein. Die von Herbst angeführten Bibelstellen[61], an denen seiner Meinung nach ebenfalls der Punkt durch ein Fragezeichen zu ersetzen wäre, sind entweder Sätze, die durch einen entsprechenden Einleitungssatz sowieso unzweideutig als Fragen kenntlich sind (Mk 14,61: „Da wandte sich der Hohepriester nochmals an ihn und fragte"; Mk 15,2: „Pilatus fragte ihn") bzw. in einem Fragekontext stehen (Mt 11,8: „Oder was habt ihr sehen wollen, als ihr hinausgegangen seid? Einen Mann in feiner Kleidung?") oder es sind Sätze, die eben ganz und gar nicht guten Gewissens, sondern nur völlig willkürlich aufgrund eines interessegeleiteten Vorurteils als Fragesätze gelesen werden können

(Mt 8,7: „Jesus sagte zu ihm: Ich will kommen und ihn gesund machen"; Lk 22,28-30: „In all meinen Prüfungen habt ihr bei mir ausgeharrt").

Kurzum, zu wirklicher Literarkritik verhält sich das, was Herbst tut, wie Gustav zu Gasthof.

Wieder einmal kein Kreuzestod

In der Freistilexegese à la Karl Herbst werden einerseits Dinge in Frage gestellt, die im Konsens der seriösen Bibelforschung als historisch absolut zuverlässig gelten, dafür werden auf der anderen Seite wieder Dinge für real gehalten, die selbst der konservativste Bibelausleger als symbolisch und bildhaft erklären würde. So spricht Herbst etwa im Zusammenhang mit der Versuchungsgeschichte von „wahrscheinlich echten vierzig ‚Exerzitientagen'" Jesu in der Wüste.[62] Auch die Stillung des Seesturms nimmt Herbst – der Existenz von Wundern sonst strikt abhold – für bare Münze. Aber so konsequent ist er dann wieder auch nicht, an der Historizität von Jesu Wandel über den See festzuhalten. Da ihm sein an physikalischen Tatsachen geschulter gesunder Menschenverstand sagt, daß so etwas nicht geht, muß Jesu Spaziergang über das Wasser dann eben ein Traum des Petrus gewesen sein – aber eben „ein wahrer und packender Traum"[63].

Die rationalistischen Erklärungen der Heilungswunder, die Herbst präsentiert, sind Neudrapierungen von alten Geschichten aus dem 19. Jahrhundert. Die Heilung der Schwiegermutter des Petrus war für den Sucher des „wahren" Jesus eine „Aktivierung der psychosomatischen Abwehrkräfte"[64], und die Verwandlung des Wassers in Wein bei der Hochzeit von Kana („Wie Gottesfreude Wasser zu Wein macht"[65]) erklärt Karl Herbst als witzige Etikettierung des vorhandenen, aber keineswegs per Wunder behobenen Weinmangels – so als hätte Jesus quasi gesagt: „Kommt, trinken wir Wasser und tun so, als wäre es Wein!"

Freilich ist diese Auslegung auch schon ein alter Hut. Der Arzt P. A. Desjardin, der 1894 unter dem Pseudonym Paul de Régla einen „Jesus von Nazareth, vom wissenschaftlichen, geschichtlichen und gesellschaftlichen Standpunkt aus dargestellt" zwischen zwei Buchdeckeln präsentierte, war davon überzeugt, daß bei der Hochzeit in Kana folgendes geschah: Jesus ließ Wasser statt Wein servieren und brachte es fertig, einem Teil der Gesellschaft zu suggerieren, daß sie Wein tränken, indem er sagte: „Trinkt, dies ist besserer Wein!"[66]

Aber diese exegetischen Ausführungen sind wahrlich Kinkerlitzchen gegen die von Karl Herbst allen Ernstes vertretene These, Jesus sei gar nicht am Kreuz gestorben.

Daß Jesus von einem Römer namens Pontius Pilatus zum Tod verurteilt wurde und am Kreuz gestorben ist, gehört zu den wenigen allersichersten Tatsachen, die wir über den historischen Jesus wissen. Einem unter Biblikern bisweilen kolportierten Bonmot zufolge ist die Tatsache, daß Jesus in Jerusalem gekreuzigt worden ist, historisch noch viel zuverlässiger, als daß er überhaupt geboren worden ist. Karl Herbst indes entblödet sich nicht, jene abenteuerliche Geschichte zu kolportieren, die im Lauf der Geschichte schon etliche Male phantasiert wurde: Jesus habe das Kreuz überlebt, sei von Josef von Arimathäa gerettet und in Sicherheit gebracht worden und habe sich dann unerkannt davongemacht, da er ja „als verurteilter und durch Kreuzigungsnarben gekennzeichneter Staatsverbrecher im Geltungsbereich der römischen Justiz nicht mehr öffentlich wirken konnte"[67].

Man wundert sich, daß ein Mann wie Karl Herbst so etwas glauben kann. Herbstens hermeneutisches Kriterium zur Wahrheitsfindung war doch, wie erinnerlich: daß nicht sein kann, was nicht sein darf – d. h. nicht zu dem von ihm anvisierten Jesusbild paßt. Und nun kann am Ende *doch* sein, was nicht sein darf – nur damit keine Art von Auferstehung das moderne Weltbild stört?

Seltsam, daß sich Karl Herbst nicht fragt, ob das still und heimliche Abzischen des hurtig gesundgepflegten Gekreuzigten zu einem Jesus paßt, der in der Passionsgeschichte des Markusevangeliums – in Herbstens höchsteigener Übersetzung – sagt: „Täglich war ich bei euch im Tempel und lehrte, da habt ihr mich nicht überwältigt."[68]

Sich in Sicherheit bringen und aus dem Untergrund heraus dirigieren wie ein Mafia-Boß, das war des wahren Jesu Sache nicht. Und *wäre* es seine Sache gewesen, einer lebensgefährlichen Konfrontation mit der Macht auszuweichen, er hätte sich das Kreuz mit der Kreuzigung durchaus ersparen können. Der Gute Hirt hätte Möglichkeiten genug gehabt, seine Schäfchen ins Trockene zu bringen – selbst im Garten Getsemani hätte es noch das Hintertürchen einer Flucht in den Untergrund gegeben.

Der „wirkliche" Jesus, den Herbst finden wollte, erweist sich am Ende als so unwirklich wie nur etwas. Bereits rein logisch-schlußfolgerndes Denken hätte Herbst von der Idee eines das Kreuz überlebenden Jesus, die ihm der Journalist Franz Alt vollinhaltlich nachgebetet hat[69], abbringen müssen. Aber logisches Denken hat bei Herbst keinen sehr hohen Kurswert – nimmt er doch tatsächlich auch an den Leere-Grab-Geschichten der Evangelien wiederum berserkerhaft fundamentalistisch alles für historisch bare Münze und hält sogar das in Turin aufbewahrte Textil für echt. Über dieses Thema hat Karl Herbst sogar ein ganzes Buch geschrieben: „Kriminalfall Golgatha. Der Vatikan, das Turiner Grabtuch und der wirkliche Jesus"[70]. Auf die Rolle, die das Turiner Grabtuch und seine angebliche Echtheit für die Vertreter der These „Jesus starb nicht am Kreuz" spielt, werden wir im Kapitel „Fromme Fata Morgana" noch ausführlicher zu sprechen kommen.

Das Jesus-in-Indien-Märchen

Holger Kersten hat bereits 1983 die hundert Jahre alte Story wieder aufgewärmt, die sich der Russe Nicolai Notowitsch aus den Fingern gesogen hat – eine Story, die den vollinhaltlichen Vergleich mit den Abenteuergeschichten Karl Mays nicht zu scheuen braucht. Demzufolge war Jesus am Karfreitag nur scheintot, überlebte das Kreuz und ging nach seiner vermeintlichen Auferstehung nach Indien, wo er hochbetagt starb – und zwar in Kaschmir, wo sich heute noch sein Grab befinden soll.

Mit Indien hatte Jesus laut dieser romantischen Phantasiegeschichte bereits als Kind zu tun. Die drei Weisen aus dem Morgenland waren Inder, die das jüdische Kind Jesus als hohe Inkarnation erkannten. Im Unterschied zur Meinung aller vernünftigen Exegeten hält der sonst so skeptische, und wenn es um die Kreuzigungs- und Grablegungsgeschichten geht, geradezu überskeptische Holger Kersten interessanterweise an der physischen Existenz der im Matthäusevangelium erwähnten „Sterndeuter aus dem Osten"[71] fest. Damit praktiziert er ebenfalls eine Freistilexegese, die alles bejaht, was ins Konzept paßt, und alles verwirft, was die vorgefaßte Meinung in Frage stellen würde.

Die weisen Inder hätten sich dann auch um die geistige Entwicklung Jesu bemüht und dafür gesorgt, daß er in gewisse geheime Praktiken eingeweiht wurde und buddhistischen Religionsunterricht erhielt. Zu diesem Zweck wanderte der jugendliche Jesus schon als Zwölfjähriger auf den alten Karawanenstraßen nach Indien. Der erste Indienaufenthalt Jesu fand also genau in jenen Jahren statt, über die man nichts Genaues weiß, weil sich die Bibel darüber ausschweigt. Es ist jene Lücke im Leben Jesu, in die Nicolai Notowitsch hineinphantasierte und die seinem 1894 erschienenen Buch den Titel gab: „Die Lücke im Leben Jesu"[72].

Nun wurden zwar die auf diesen Phantasien basierenden Behauptungen bereits ein Jahr nach Erscheinen als historisch völlig unhaltbare Fälschungen entlarvt, doch als das Notowitsch-Machwerk 1926 in New York wieder aufgelegt wurde[73], hielt es ein für gewöhnlich gut uninformiertes Leserpublikum genauso wieder für eine sensationelle neue

Entdeckung wie 1983, als Holger Kersten von neuem damit anfing.

Der exzellente Indienkenner und Leiter der Orientsammlung der Bayerischen Staatsbibliothek in München, Günter Grönbold, hat sich daraufhin die Mühe gemacht, allen von Holger Kersten behaupteten Unsinn klitzeklein zu widerlegen – angefangen von falschen Etymologien bis zu sachlichen Irrtümern wie etwa dem, daß die Weisen aus dem Morgenland als gelernte Inder die hohe Inkarnation Jesus laut Kersten mit jenem Verfahren ermittelt hätten, „nach dem noch heute in Tibet die Wiederverkörperungen von verstorbenen hohen buddhistischen Würdenträgern gefunden" würden; in Wahrheit wurde in Tibet allerdings „diese spezielle Inkarnationsnachfolge erst im 15. Jahrhundert nach Christi Geburt eingeführt!"[74].

Grönbold hat auch nachgewiesen, von welchen Quellen „der einfallsreiche Russe" Notowitsch zu seinem Jesusmärchen à la 1001 Nacht angeregt wurde[75], und hat schließlich auch darauf hingewiesen, wer ein Interesse an der Verbreitung der „Jesus-in-Indien-Legende" hat: nämlich die islamische Ahmadiyya-Sekte, deren Ziel es ist, „im Westen Proselyten zu machen"[76]. Deren Gründer Mirza Ghulam Ahmad (1839–1908) war es auch, der die Ideen über einen Indienaufenthalt des jungen Jesus, die „der Erfindungsgabe des Herrn Notowitsch entsprungen" sind[77], mit der Idee, Jesus habe das Kreuz überlebt, und der These von einem Jesusgrab in Kashmir verbunden hat[78].

Die Ahmadiyya-Sekte wird übrigens vom orthodoxen Islam nicht anerkannt – nicht zuletzt deshalb, weil sich Ahmad als wiedergekehrter Christus und Vollender Mohammeds ausgegeben hat[79], was für orthodoxe Muslime eine arge Zumutung bedeutet.

Eine arge Zumutung für jeden mit einem gesunden Menschenverstand begabten und des logischen Denkens fähigen Leser ist auch die Art und Weise, wie Autoren vom Schlag eines Holger Kersten Spekulationen als Tatsachen verkaufen.

Eine treffende Charakterisierung dieser „Methode" findet sich bei Günter Grönbold.

„Besonders Kersten", schreibt er, „versteht es hervorragend, eine Spekulation aufzustellen (beliebte Wendungen „es wäre denkbar", „wenn wir annehmen"), diese im nächsten Satz bereits als bewiesen vorauszusetzen und darauf dann die nächste Spekulation aufzubauen, die kurz darauf dann auch schon wieder als Wahrheit gilt."[80]

Ein Grab in Kashmir

Zu den vielen Absonderlichkeiten, die Holger Kersten ins Treffen führt, um die Jesus-in-Indien-Story zu erhärten, gehört das sogenannte Jesusgrab in Kashmir, von dem Holger Kersten ein Foto zeigt und behauptet, bei dem „Yuz Asaf", der an dieser Grabstätte begraben liegen soll, handle es sich „aller Wahrscheinlichkeit nach um Jesus".

Kersten im Reiseführer-Sound: „Das Grab des Propheten Yuz Asaf befindet sich heute mitten in der Altstadt von Srinagar, in Anzimar im Stadtteil Khanyar. Das Gebäude, das später um das steinerne Grabmal gebaut wurde, heißt ‚Rozabal' oder ‚Rauza Bal'. Mit ‚Rauza' bezeichnet man das Grabmal einer höhergestellten Persönlichkeit, eines Adeligen, Reichen oder eines Heiligen. Das Gebäude ist rechteckig, eine kleine Eingangshalle ist angebaut. Über dem Durchgang zur eigentlichen Grabkammer befindet sich eine Inschrift, die berichtet, vor vielen Jahrhunderten sei Yuz Asaf in das Tal von Kashmir gekommen und sein Leben sei dazu bestimmt gewesen, die Wahrheit zu verkünden."[81]

„Yuz Asaf" soll „Jesus der Versammler" bedeuten. Was allerdings „philologisch natürlich Unsinn ist"[82], wie Günter Grönbold festgestellt hat. „Yuzasaf" ist der Josaphat der „Barlaam-und-Josaphat"-Legende, einer Legende über zwei Figuren, die in der Kirche früher als Heilige verehrt wurden. Der in vielen Übersetzungen überlieferten Geschichte vom indischen Prinzen Josaphat, dem sein Vater das luxuriöse Leben als Playboy ermöglicht, damit er nicht auf die Idee kommt, sich – wie prophezeit worden ist – zum Christentum zu bekehren, liegt – wie der Sagenforscher Felix Liebrecht nachgewiesen hat – in Wirklichkeit die Legende des Buddha zugrunde.[83] Das Sanskritwort „Bodhisattva" wurde im Arabischen aufgrund eines Schreibfehlers von „Budhasaf" zu „Yudhasaf" und kam als „Ioasaph" ins Griechische, um schließlich im Lateinischen „Josaphat" zu lauten.[84]

Die Kenntnis der Barlaam-und-Josaphat-Legende vermag auch zu erhellen, wieso es zum Grab in Srinagar kam. In den arabischen Versionen der Legende „geht Budhasaf/Yuzasaf nach Kashmir, stirbt dort und wird dort begraben! ‚Kashmir' ist hierin eine irrtümliche Ortsangabe für Kusinagara (Pali: Kusinara), wo nach den indischen Berichten Buddha starb. Die nichtbuddhistischen Autoren der Barlaam-und-Josaphat-Legende verwechselten den Ort, da es Kusinagara um diese Zeit als Ort auch nicht mehr gab"[85].

Das ist also das ganze Geheimnis um das Grab Rauzabal in der Khanyar-Straße in Srinagar. Günter Grönbolds Resümee: „Wer hier Jesus ins Spiel bringen will, ist ein Phantast und Scharlatan."[86]

Geschäft mit der Dummheit

Trotzdem gab es und wird es immer wieder von neuem Leser und Leserinnen geben, denen derlei „Enthüllungen" plausibel erscheinen. Wie heißt es bei Kurt Tucholsky: „O hochverehrtes Publikum, sag mal: bist du wirklich so dumm ...?"

Das Geschäft mit der Dummheit hat sich schon immer gelohnt – schließlich zählt der Spruch „Mundus vult decipi, ergo decipiatur – Die Welt will betrogen werden, also soll sie auch betrogen werden" schon seit uralter Zeit zu den elementaren Lebensweisheiten.

Aber Lügenmärchen werden nicht wahrer, wenn man sie auch noch so oft erzählt. Leider werden sie auch nicht aus der Welt geschafft, wenn sie als Hirngespinst durchschaut und widerlegt werden. Denn es ist ja keineswegs so, daß die Unhaltbarkeit der Geschichte vom angeblichen Indienaufenthalt Jesu erst heutzutage erkannt und erwiesen worden wäre. Der Bestseller von Notowitsch über die „Lücke" in Jesu Leben wurde schon im ersten Jahr nach seinem Erscheinen, in dem er nicht weniger als acht Auflagen erlebte, als das erkannt, was er ist: eine Münchhauseniade.

So schrieb z. B. der „Ostasiatische Lloyd" in seiner Ausgabe vom 13. Juli 1894: „Wer mit den Geistern und Tendenzen des hier in Frage kommenden Gebietes ein wenig vertraut ist, der weiß sehr wohl, daß von Zeit zu Zeit ein schlauer und um seinen Ruf weiter nicht besorgter ‚Erfinder' sich mit einem spekulativen Buchhändler zusammentut, um durch sensationelle ‚Entdeckungen' ein leichtgläubiges Publikum ein wenig zu plündern."[87]

Und Albert Schweitzer, der sich als Erforscher der seriösen wie der unseriösen Jesusliteratur notgedrungen auch mit der Notowitsch'schen Spottgeburt aus Phantasie und Geschäftstüchtigkeit auseinandersetzen mußte, kam ebenfalls zu keinem anderen Ergebnis als Grönbold. Schweitzer hat das, was ein Holger Kersten 1993 immer noch als Wahrheit feilbieten will, bereits 1906 als „unbewiesen, unbeweisbar und undenkbar"[88] durchschaut.

Jesus war ein Araber

Einen weiteren Akzent in der Reihe absurder und abstruser Jesusbücher hat Kamal Salibi mit der These gesetzt, daß Jesus *arabischer* Herkunft gewesen sei und der wahre Schauplatz der Bibel eigentlich Arabien wäre.

Der libanesische Professor glaubt nämlich herausgefunden zu haben, daß das Gelobte Land in Wirklichkeit in Saudi-

Arabien lag. Dort seien in einem bestimmten Gebiet 80% aller biblischen Namen zu finden. Jerusalem z. B. sei das heutige Al Sharim. Und bezüglich Jesus vertritt Salibi die folgende These: „Um 100 v. Chr. lebte auf der arabischen Halbinsel ein Prophet namens Issa, welcher mit seiner liberalen Auslegung der mosaischen Gesetze die Sekte der Nazarener gründete. Rund ein Jahrhundert später habe dann Jeshu der Nazarener eine Revitalisierung dieser Sekte angeführt."[89]

ANMERKUNGEN:

1 Die Presse, 2. November 1999.
2 Süddeutsche Zeitung, 23. Mai 2000.
3 Hermann Nitsch: Orgien Mysterien Theater, Darmstadt 1969. S. 252. – Im Original ist der zitierte Text in radikaler Kleinschrift geschrieben.
4 Ebenda S. 252-253.
5 Josef Dirnbeck: Umgang mit Blasphemie, Kirche Intern 9 / 1998.
6 Vgl. 1 Kön 18,40: „Elija aber befahl ihnen: Ergreift die Propheten des Baal! Keiner von ihnen soll entkommen. Man ergriff sie, und Elija ließ sie zum Bach Kischon hinabführen und dort töten."
7 1 Kor 4,12.
8 Moritz Meschler: Das Leben unseres Herrn Jesu Christi des Sohnes Gottes, Freiburg im Breisgau 1912. S. 170.
9 Michael Moorcock: I.N.R.I. oder Die Reise mit der Zeitmaschine. Science-Fiction-Roman, Hamburg 1972.
10 Ebenda S. 113.
11 Ebenda S. 117-118 (gek.).
12 Ebenda S. 139.
13 Ebenda S. 149.
14 Albert Schweitzer: Geschichte der Leben-Jesu-Forschung, München 1966. S. 48.
15 Dagobert Runes: Der wahre Jesus oder Das fünfte Evangelium, Wien 1927. S. 35.
16 Ebenda S. 167-168.
17 Ebenda S. 171.
18 Ebenda S. 171-172.
19 Ebenda S. 174-175.
20 Dagobert Runes (a. a. O., S. 176) nennt folgende Ausgaben der Toledoth Jeschu: „Wagenseil, Telaignea Satanae, h. e. arcani et horribiles Judaeorum adversus Christum Deum et christianam religionem libri anecdoti" und „J. J. Huldricus, Historia Jeschuae Nazareni a Judaeis blaspheme corrupta".
21 Schweitzer, a. a. O. S. 332-333. – Vgl. auch Samuel Krauß: Das Leben Jesu nach jüdischen Quellen. Berlin 1902.
22 Apg 8,9-25.

23 Vgl. Nikolaus Adler: Artikel „Simon der Magier", in: Lexikon für Theologie und Kirche, Bd. IX, Herder-Verlag, Freiburg im Breisgau [2. Auflage] 1964. S. 769-770.

24 Mt 21,18-19.

25 Vgl. Peter de Rosa: Der Jesus-Mythos. Über die Krise des christlichen Glaubens, München 1991. S. 237.

26 Rudolf Schnackenburg: Artikel „Tol(e)doth Jeschu", in: Lexikon für Theologie und Kirche, Bd. X, Herder-Verlag, Freiburg im Breisgau [2. Auflage] 1965. S. 239.

27 1 Kor 1,23.

28 Pinchas Lapide: Ist das nicht Josephs Sohn? Jesus im heutigen Judentum, Gütersloh [3.Auflage] 1988. S. 86f.

29 Laktanz: Auszug aus den göttlichen Unterweisungen, 40.

30 Johannes Lehmann: Das Jesus-Geschäft, Profil 15/10. April 1992. S. 58.

31 Johannes Lehmann: Jesus-Report. Protokoll einer Verfälschung. Düsseldorf 1970. – Vgl. Heinrich Fries: Zeitgenössische Grundtypen nichtkirchlicher Jesusdeutungen, in: Leo Scheffczyk (Hg.): Grundfragen der Christologie heute, Freiburg im Breisgau 1975. S. 45.

32 Johannes Lehmann: Das Geheimnis des Rabbi J. Was die Urchristen versteckten, verfälschten und vertuschten, Hamburg 1985. S. 291.

33 Johannes Lehmann: Das Jesus-Geschäft, a. a. O., S. 60.

34 Ebenda S. 61.

35 Johannes Lehmann: Das Geheimnis des Rabbi J., a. a. O., S. 293.

36 Ronaldo Muñoz: Der Gott der Christen („El Dios de los cristianos"), Bibliothek Theologie der Befreiung, Düsseldorf 1987. S. 172-173.

37 A. N. Wilson: Der geteilte Jesus. Gotteskind oder Menschensohn, München 1993. S. 9.

38 Ebenda S. 286.

39 Ebenda S. 297.

40 Joh 6,10. – Vgl. Wilson a. a. O., S. 195.

41 Mk 5,41. – Vgl. Wilson a. a. O., S. 184.

42 Joh 2,1-12. – Wilson a. a. O., S. 89-90.

43 Mk 2,22.

44 Wilson a. a. O., S. 217.

45 Ebenda S. 219.

46 Ebenda S. 219.

47 Barbara Thiering: Jesus von Qumran. Sein Leben – neu geschrieben, Gütersloh 1993. S. 123.

48 Ebenda S. 125.

49 Wilson a. a. O., S. 154.

50 Ebenda S. 244.

51 Ebenda S. 203.

52 Ebenda S. 205.

53 Ebenda S. 281.

54 Ebenda S. 281-282.

55 Karl Herbst: Der wirkliche Jesus. Das total andere Gottesbild, Olten 1988. S. 13.

56 Röm 10,9.

57 Lk 22,35-38.
58 Einheitsübersetzung der Heiligen Schrift. Gesamtausgabe. Verlag Katholisches Bibelwerk, Stuttgart 1980.
59 Herbst a. a. O., S. 203.
60 Ebenda S. 203.
61 Mk 14,61; 15,2; Mt 8,7; 11,8; Lk 22,28-30.
62 Herbst a. a. O., S. 23.
63 Ebenda S. 63.
64 Ebenda S. 32.
65 Ebenda S. 39.
66 Paul de Régla: Jesus von Nazareth. Vom wissenschaftlichen, geschichtlichen und gesellschaftlichen Standpunkt aus dargestellt, Leipzig 1894.
67 Herbst a. a. O., S. 253.
68 Mk 14,49. – Herbst a. a. O., S. 210.
69 Vgl. Franz Alt: Jesus – der erste neue Mann, München 1989. S. 55-56: „Eine bis heute wundergläubige Theologie und Verkündigung erklärt Jesus am Kreuz für tot; verwandelt seine Leiche anschließend in ein Gespenst, das sich je nach Bedarf sichtbar oder unsichtbar machen und schließlich in die Wolken aufschweben kann. Eine Zumutung für jeden denkenden Menschen." [...] Jesus hat „die Kreuzigung überlebt. Einflußreiche Juden um den Jesus-Freund Joseph von Arimathäa versorgen den verwundeten und ohnmächtigen Jesus, der dann nach zwei Tagen wieder aufwacht".
70 Karl Herbst: Kriminalfall Golgatha. Der Vatikan, das Turiner Grabtuch und der wirkliche Jesus, Düsseldorf 1992.
71 Mt 2,1.
72 Nicolai Notowitsch: Die Lücke im Leben Jesu („La vie inconnue de Jésus-Christ"), Stuttgart 1894.
73 Vgl. Joachim Finger: Jesus – Essener, Guru, Esoteriker. Mainz und Stuttgart 1993. S. 63 (Anm. 79).
74 Vgl. Günter Grönbold: Jesus in Indien. Das Ende einer Legende, München 1985. S. 103-105.
75 Vgl. ebenda S. 41.
76 Ebenda S. 10.
77 Ebenda S. 139.
78 Vgl. Finger a. a. O., S. 50-51.
79 Ebenda S. 50 (Anm. 65).
80 Grönbold a. a. O., S. 62.
81 Holger Kersten: Jesus lebte in Indien. Sein geheimes Leben vor und nach der Kreuzigung, München 1993. S. 280.
82 Grönbold a. a. O., S. 48.
83 Vgl. ebenda S. 49-50.
84 Ebenda S. 51.
85 Ebenda S. 52.
86 Ebenda S. 53.
87 Der Ostasiatische Lloyd, 13. Juli 1894, zit. bei Grönbold a. a. O., S. 140.
88 Schweitzer a. a. O., S. 333.
89 Kamal Salibi: Wer war Jesus wirklich? Die Verschwörung von Jerusalem, München 1993.

VII.
VEGETARIER, ARIER, PLANETARIER

Der Jolly Joker aus Nazareth

Obwohl in der Bibel ausdrücklich geschrieben steht, daß Jesus beim Letzten Pascha-Mahl, zu dem bekanntlich der Genuß von Lammfleisch gehörte, seinen Aposteln mitteilte: „Ich habe mich sehr danach gesehnt, vor meinem Leiden dieses Paschamahl mit euch zu essen"[1], gibt es überzeugte Vegetarier, die davon überzeugt sind, daß auch Jesus ein überzeugter Vegetarier war.

Jesus der Vegetarier

Wieweit der spanische Fantasy-Autor Juan José Benitez zu ihnen gehört, ist nicht ganz klar, aber jedenfalls zählt zu den „Neuigkeiten", die er seine Zeitreisenden im Galiläa des Jahres 30 in Erfahrung bringen läßt, auch diese: „Ich hatte mich erkundigt, ob Jesus ein reichliches Mahl zu sich genommen habe, und der Jünger erwiderte sichtlich verwundert über die Frage, er habe eher wenig gegessen. Er setzte hinzu, wie es der Gewohnheit des Meisters entspreche, habe er auch nicht den köstlichen Lammbraten probiert."[2]

Klar ist die Sache bei Carl Anders Skriver. Dieser Mann hat nach dem Zweiten Weltkrieg den „Orden" der Nazoräer gegründet und ihn als eine „himmlische Organisation" beschrieben, die „weder weltlich organisiert noch aufgelöst werden" kann: Die Nazoräer sind „ein freier, überkonfessioneller und übernationaler wandernder Orden von christlich, vegetarisch und pazifistisch gesinnten Einzelgängern, Einsiedlern und Familien in weltweiter Zerstreuung"[3]. Für Skriver und seine Anhänger ist Jesus ein Vegetarier, der in einer Familie aufwuchs, „in der die Kinder vom Mutterleibe an bewahrt wurden vor

Fleisch und alkoholischen Getränken"; außerdem habe Jesus „die Nahrung der Frommen Raub und Fraß genannt" und schließlich und endlich stehe doch ausdrücklich in der Bibel, „daß Brot der Proviant des Herrn und seiner Jünger war"[4].

Der Jesus, den die „Nazoräer im Zwanzigsten Jahrhundert" propagieren, ist unter den Kräuterpfarrern der Kräuter*papst*. „Iß jegliche Pflanze", empfiehlt er, „die bittere aber iß nicht."[5] Carl Anders Skriver behauptet auch zu wissen, daß Jesus nach seiner Auferstehung „den Vegetarier Matthias zum Ersatzmann für Judas Ischariot und den Erzvegetarier Jakobus den Gerechten zu seinem würdigen Nachfolger und zum Haupt der Jerusalemer Gemeinde bestimmt und ihn 30 Jahre als solchen im Leben erhalten und damit offenbart hat, wie er sich die Zukunft seiner Gemeinde als die einer vegetarischen Gemeinde gedacht hat." Und er ist fest davon überzeugt, „daß die Urgemeinde vegetarisch und alkoholabstinent gelebt und das Abendmahl ohne Fleisch, Fisch und Wein, mit Brot und Wasser zu sich genommen hat".[6]

Um eines freilich kommt auch Skriver nicht herum: in den Evangelien steht ausdrücklich, daß Jesus nach seiner Auferstehung Fisch gegessen hat. Aber lieber verändert er den Bibeltext, als daß er sich in seinem Glauben, Jesus sei ein Vegetarier gewesen, auch nur eine Sekunde lang beirren ließe: „Wir wissen, daß es nur eine Stelle im ganzen Neuen Testament gibt, nach der Jesus, und zwar erst als Auferstandener, Fisch gegessen haben soll (Luk. 24,41-43). Wir bezweifeln die Echtheit der Stelle. Denn Lukas war kein Augenzeuge. Der Auferstandene äußerte kein Verlangen nach Fisch. Der Gedanke, daß man im Reiche Gottes noch gebratene Fische (und Tauben?) begehrt, ist absurd. Lukas hat selbst kein gutes Gewissen dabei: Er läßt dem Auferstandenen Fisch und Honigseim vorlegen. Und er läßt es wohlweislich offen, was von beidem der Herr genommen hat."[7]

Die von Carl Anders Skriver zur Stützung seiner Lehre herbeizitierte süße Zugabe zum gebratenen Fisch steht freilich textkritisch auf wackeligen Beinen. Der korrekte Bibeltext lautet: „Sie gaben ihm ein Stück gebratenen Fisch; er nahm es und aß es vor ihren Augen." Lediglich in ein paar späteren Handschriften und Bibelübersetzungen – unter ihnen auch die Vulgata („illi obtulerunt ei partem piscis assi, et favum mellis") – gibt es den Zusatz: „und eine Honigscheibe". Aber davon, daß Jesus zwischen den beiden gewählt und nur vom Honig gegessen hätte, steht nichts im Text. Diese Interpretation entstammt lediglich dem Wunschdenken des Vegetarierapostels Carl Anders Skriver.

Skriver erklärt uns auch nicht, wie es kommen mag, daß – angenommen, Jesus wäre wirklich dieser Erzvegetarier gewesen, für den ihn die Anhänger der „Regel der Nazoräer" halten – die Apostel ihren Herrn und Meister damit brüskieren konnten, daß sie ihm einen *Fisch* anzubieten wagten, wo sie doch hätten wissen müssen, daß der – im Unterschied zum asketischen Johannes dem Täufer – als „Fresser und Säufer" verschriene Jesus in Wirklichkeit ein strenger Vegetarier war – wiederum im Unterschied zum real existierenden Johannes dem Täufer, der bekanntlich nicht nur wilden Honig, sondern eben auch tierisches Eiweiß in Form von gegrillten Heuschrecken zu sich nahm.

Auch im theosophischen „Evangelium des vollkommenen Lebens", das Gideon J. R. Ouseley (1835–1906) nicht eigentlich verfaßt, sondern mithilfe medial veranlagter Personen und der Geister von Verstorbenen empfangen haben will, deklariert sich Jesus als Vegetarier. Im Vers 8 des 21. Kapitels dieser – wie wir noch sehen werden – auch heutzutage in manchen Kreisen für eine Offenbarung gehaltenen Schrift sagt Jesus ganz unmißverständlich: „Ich bin gekommen, die Opfer und die Blutfeste abzuschaffen, und wenn ihr nicht aufhören werdet, Fleisch und Blut der Tiere zu opfern und zu verzehren, so wird der Zorn Gottes nicht aufhören, über euch zu kommen, ebenso wie er über eure Vorfahren in der Wüste gekommen ist, die dem Fleischgenusse frönten und von Fäulnis erfüllt und von Seuchen aufgezehrt wurden."[8]

Davon abgesehen, daß eine vegetarische Ernährung durchaus gewisse Vorzüge hat und selbstverständlich auch kein Christ in irgendeiner Weise gezwungen ist, Fleisch zu essen, gilt es festzuhalten, daß hier die Gestalt Jesu einfach zum Sprachrohr einer bestimmten Ideologie gemacht wird. Mit den Auffassungen und Gesinnungen des historischen Jesus hat das Wunschbild eines vegetarischen Jesus nichts zu tun.

Weder der Jesus der *synoptischen* Evangelien, der gesagt hat: „Nichts, was von außen in den Menschen hineinkommt, kann ihn unrein machen, sondern was aus dem Menschen herauskommt, das macht ihn unrein“[9], noch der *johanneische* Jesus, der erklärt: „Wenn ihr das Fleisch des Menschensohnes nicht eßt und sein Blut nicht trinkt, habt ihr das Leben nicht in euch“[10], bieten auch nur im entferntesten einen Anlaß, Jesus zu einem Vegetarier zu machen.

Ebenso wie es auch nicht den geringsten Anlaß gibt, den Juden Jesus in einen „Arier“ umzupinseln.

Jesus der Arier

Der Vorwurf des Jesusfälschens ist – wie wir bereits gesehen haben – ein wechselseitiger. Kirchengläubige werfen diversen Jesusschreibern vor, sie würden Jesus verfälschen, während diese ihrerseits wiederum der Kirche vorwerfen, sie habe Jesus verfälscht. Eine interessante Variante des Vorwurfs, die Kirche habe Jesus verfälscht, ist die Meinung, die wahren Urheber des falschen Jesusbildes seien die *Juden.*

„Ob nun Altes Testament oder Neues – alles ist doch derselbe jüdische Schwindel.“ Diese tiefsinnigen Worte sprach Adolf Hitler im Jahre 1934 zu Hermann Rauschning.[11] Houston Stewart Chamberlain (1855–1927), einer der geistigen Vordenker der Nazis, der in seinem Buch „Die Grundlagen des 19. Jahrhunderts“ die Ansicht vertrat, die Arier seien zur Führung der Menschheit berufen, meinte kurzerhand: „Wer behauptet, Jesus sei ein Jude, ist entweder ignorant oder unehrlich.“[12]

Weitere Highlights aus der Revue der Jesus-Arisierer: Für Wilhelm Hauer war Jesus der Sohn eines „deutschen Soldaten" und einer „persischen Mutter"[13], für Walter Grundmann war die Mutter Jesu keine Jüdin, sondern „eine Heidin" und Jesus somit „rassisch entlastet"[14].

H. Spencer Lewis, der Gründer des AMORC-Ordens – also der modernen Rosenkreuzer-Gemeinschaften (die Abkürzung bedeutet: „Antiquus Mysticus Ordo Rosae Crucis") – brachte in seinem 1929 in Kalifornien und 1975 auf deutsch erschienenen „Bericht über die bekannten und unbekannten Zeitabschnitte aus dem Leben des Großen Meisters" sogar das paradoxe Kunststück zuwege, aus Jesus einen *„ägyptischen* Arier"[15] zu machen.

Bereits 1906 schrieb H. Monnier: „Jesus war nicht eigentlich Jude; er war Galiläer, das ist nicht dasselbe"[16], wobei er sich darauf stützte, daß Galiläa im Alten Testament bisweilen abschätzig als „Land der Heiden" etikettiert wurde[17]. Und dieses Galiläa war – wie A. Müller in phantastievoller Freistiletymologie zu ermitteln sich nicht entblödete – nach den dorthin eingewanderten „Galliern" benannt.[18] Wiederum findet sich bestätigt, worauf Neil Postman hingewiesen hat: ein als „wissenschaftliche Theorie" vorgetragener Blödsinn kann gar nicht groß genug sein – es findet sich immer wieder jemand, der ihn für bare Münze nimmt. Wer weiß, ob nicht irgendwo schon ein Autor am Schreibtisch sitzt und den sensationellen „Nachweis" erbringt, daß der galiläisch-gallische Jesus nicht Andreas und Petrus, sondern *Asterix* und *Obelix* zu Botschaftern seiner Guten Nachricht bestellt habe.

„Das esoterische Leben Jesu und der Ursprung des Christentums im Osten" ist der Titel eines 1902 in Paris erschienenen Buches. Dessen Autor, Ernest Bosc, der sich aus theosophischem Interesse mit Jesus beschäftigte, war davon überzeugt, daß Jesus kein Semit, sondern ein Arier war.[19]

Der Mann, der Hitler die Ideen gab

Den arischsten Jesus aller Zeiten in die Welt gesetzt zu haben, ist allerdings die Leistung von Jörg Lanz von Liebenfels (1874–1954). Dieser in Wien geborene ehemalige Mönch des österreichischen Zisterzienserstiftes Heiligenkreuz war „der Mann, der Hitler die Ideen gab" – wie es der Psychologe Wilfried Daim formulierte, der das Leben und die abstruse Ideenwelt des Adolf Josef Lanz, wie Lanz von Liebenfels mit bürgerlichem Namen hieß, einer eingehenden Analyse unterzogen hat.[20]

Jesus ist für Lanz von Liebensfels ein blond-blauer Arier, der die Rassenreinheit lehrte. Lanz wörtlich: „Jesus ist kein jüdischer, ja er ist sozusagen der Name des arischheroischen Menschen! Er bedeutet – Asing."[21]

Man kann Wilfried Daim nur bedauern und bewundern gleichzeitig, daß er sich durch Tausende von Seiten, voller irrwitzigster Ideen, hindurchgelesen hat, um uns ein Konzentrat von Lanz von Liebenfels' ariosophischem Wahn geben zu können:

Christus „hat die Aufgabe, die Niederrassigen aufzulösen und die gute, höhere Menschenart zu erlösen". Er gab auch seinen Aposteln den Auftrag, die „Menschheit von der Plage der sexualdämonischen Unholde und Schratte zu befreien". Daher war auch der Hauptzweck des ursprünglichen asischen Christentums „Schrattenaustreibung, also Rassenhygiene und Rassenreinigung".

Der Lanz'sche Christus gründet also die Kirche der Rassenreinheit, ein Institut der Reinzucht der arioheroischen Rasse. Die blonde Rasse ist Gott. Er ist in den Mischlingen, in den Äfflingen begraben.

Aber durch Reinzucht, durch Entmischung werden die blonden Zuchtmütter der Zukunft, wie Maria Gottesgebärerinnen, nur noch blau-blonde Kinder, Heldenkinder, haben, die dazu bestimmt sind, die Welt zu beherrschen.

Auch für Kreuzigung und Tod hat Lanz seine rassenmythologische Deutung: Sie „ist im Grunde nichts als eine tiefsinnige Symbolisierung der ewigen Theriomachie, des erbitterten Kampfes des Urariers mit den Drachen-, Unken- und Krötenmenschen der Vorzeit und das Symbol seiner Erniedrigung und Schändung durch Artvermischung. Jesus Christus ist am Kreuz der Unter- und Niedermenschenarten gestorben." Und selbst das „Mysterium der Auferstehung" ist nach Lanz ein vollkommen klarer Sachverhalt: Denn ebenso wie Christus von der „Gesellschaft der Affenmenschen auferstehen mußte, ebenso müssen auch wir von der Gesellschaft der Affenmenschen auferstehen"[22].

Zu den prominenteren Geistern, die neben Hitler von Jörg Lanz von Liebenfels und seinen Wahnideen infiziert waren, gehört auch der österreichische Schriftsteller Fritz von Herzmanovsky-Orlando (1877–1954), und selbst ein Mann wie August Strindberg (1849–1912) war in den letzten Jahren seines Lebens von Lanzens Ideen begeistert. In einem Brief vom 10. Juli 1906 ließ der Dramatiker den antisemitischen Ariosophen wissen, er habe schon lange nicht „so eine Prophetenstimme gehört"[23] wie ihn.

Adolf Hitler als neuer Messias

Hitler selber lernte das Lanz'sche Schrifttum bereits in seinen „Wiener Lehr- und Leidensjahren" kennen, wie er in „Mein Kampf" erzählt: „Ich kaufte mir damals um wenige Heller die ersten antisemitischen Broschüren meines Lebens."[24] Durch Lanzens Ideologie kam er schließlich zur Überzeugung, „im Sinne des allmächtigen Schöpfers zu handeln: Indem ich mich der Juden erwehre, kämpfe ich für das Werk des Herrn"[25]. Diese Überzeugung teilten mit der Zeit auch andere.

Selbst ein ranghoher Nazi wie Reinhard Heydrich (1904–1942) war der Überzeugung, daß Hitler in wenigen Jahrzehnten das sein werde, „was früher Jesus Christus war"[26]. Und nicht zuletzt gab es Pläne, nach dem sogenannten Endsieg Hitler religiös zu verehren.

In einem streng geheimen Sitzungsbericht vom 14. August 1942 über die geplante Religionspolitik ist folgender Vorschlag protokolliert: „Sofortige und bedingungslose Abschaffung sämtlicher Religionsbekenntnisse nach dem Endsieg und zwar nicht nur für das Gebiet des Großdeutschen Reiches, sondern auch für sämtliche befreiten, besetzten und annektierten Länder, Protektorate, Gouvernements, e.t.c. mit gleichzeitiger Proklamierung Adolf Hitlers zum neuen Messias. Aus politischen Erwägungen sind von dieser Maßnahme einstweilen der mohammedanische, buddhistische, sowie der Shintonglaube auszunehmen.

Der Führer ist dabei als ein Mitteldina zwischen Erlöser und Befreier hinzustellen – jedenfalls aber als Gottgesandter, dem göttliche Ehren zustehen. Die vorhandenen Kirchen, Kapellen, Tempel und Kultstätten der verschiedenen Religionsbekenntnisse sind in ‚Adolf Hitler Weihestätten' umzuwandeln.

Ebenso haben sich die theologischen Fakultäten der Universitäten auf den neuen Glauben umzustellen und besonderes Gewicht auf die Ausbildung von Missionären und Wanderpredigern zu legen, die sowohl im Großdeutschen Reich, als auch in der übrigen Welt die Lehre zu verkünden und Glaubensgemeinschaften zu bilden haben, die als Organisationszentren zur weiteren Ausbreitung dienen sollen. (Damit fallen auch die Schwierigkeiten bei der geplanten Aufhebung der Monogamie weg – kann doch die Polygamie ohne weiteres als Glaubenssatz in die neue Lehre eingebaut werden.)

Als Vorbild des Gottgesandten möge die Figur des Gralsritters Lohengrin dienen, die keltisch-germanischer Phantasie entsprungen bereits ein gewisses traditionelles Ansehen genießt. (Ähnlich wie die Sagengestalt des Wilhelm Tell in der Schweiz seit langem zu einem Symbol geworden ist).

Durch entsprechende Propaganda müßte die Herkunft des Führers noch mehr als bisher verschleiert werden, so wie auch sein künftiger Abgang einmal spurlos in vollständiges Dunkel zu erfolgen hätte. (Rückkehr in die Gralsburg)."[27]

Wie sagte man im Dritten Reich? „Wenn das der Führer wüßte..." – Ob Hitler selber von den Plänen zu seiner Vergöttlichung gewußt hat? Er *hat* davon gewußt! Und war er davon angetan? Und ob! Dies sei „der erste brauchbare Entwurf", schrieb er eigenhändig auf das Protokoll, das er „zur Bearbeitung an Dr. Göbbels" weitergab.[28]

Jesus als Führer

Jay Haley, der Leiter des Haley-Madanes-Instituts in Washington D. C., hat ein Buch mit dem Titel „Die Jesus-Strategie" vorgelegt, in dem er Jesus als einen überaus erfolgreichen politischen Psychologen darstellt.

Jesu Fähigkeiten „als Organisator und Menschenführer" seien „beinahe unglaublich". Männer wie Lenin und Trotzki, Hitler und Mussolini, Mao Tse Tung, Ho Chi Minh und Fidel Castro stünden „weit mehr in seiner Schuld, als man vermuten möchte". Dies betreffe in erster Linie seinen Grundgedanken: „mächtig zu werden, indem man die Armen und Machtlosen organisiert"[29]. Jesus war nach Haley „der erste Führer, der versuchte, seine Anhängerschaft aus Armen und Machtlosen zu versammeln. Er ging davon aus, daß die Armen mehr der Macht bedürfen als irgend jemand anderer. Darauf gründete seine Taktik, mit der er versuchte, ihre Unterstützung zu gewinnen"[30].

Daß Jay Haley die Aktionen und Intentionen des historischen Jesus ins Gegenteil verkehrt, ist evident. Jesus strebte nicht nach Macht. Er lehnte es ab, im Sinne eines politischen Messias tätig zu werden. Die politische Befreiung Israels stand nicht auf seinem Programm. Das Reich, das er verkündet hat, war zwar – wie Joachim Gnilka formuliert – „eine Ordnung, die in diese Welt hineingreifen wird, aber er wollte nicht als militärischer Messias auftreten, dem es etwa zugekommen wäre, die Römer aus dem Land zu verjagen. Sein Heil war ein von Gott kommendes und auf das Endgültige des Menschen bezogenes“[31].

Der springende Punkt in Jay Haleys Jesus-Interpretation ist also, was der amerikanische Analytiker eigentlich unter Macht versteht. „Führer aller revolutionären Bewegungen haben gelernt, keinen Zweifel daran aufkommen zu lassen, daß sie in jedem Fall an die Macht kommen werden“, schreibt er. Und wie sieht diese Macht aus? Haleys Antwort: „In dem Sinne, in dem das Konzept der Macht hier gebraucht wird, hat ein Mensch dann ‚Macht‘, wenn er darüber bestimmen kann, was andere zu tun haben. Machttaktiken werden angewandt, um Einfluß und Kontrolle über die soziale Welt zu gewinnen. Kurz gesagt: Ein Mann hat Macht, wenn er jemandem befehlen kann, sich in einer bestimmten Weise zu verhalten, er hat aber auch Macht, wenn er bei jemandem eine bestimmte Verhaltensweise hervorrufen kann. Ein Mensch kann anderen befehlen, ihn hochzuheben und zu tragen, während ein anderer das gleiche erreicht, indem er in Ohnmacht fällt. Beide bestimmen, was in ihrer sozialen Umwelt geschieht, indem sie Taktiken der Macht einsetzen. Vielen Menschen scheint Macht wichtiger zu sein als alles andere. Der Alkoholiker, der zum Händler sagt, ‚wenn du mich draußen haben willst, schmeiß mich raus‘, mag Schmerz und Demütigung erleiden, aber er bestimmt den Ausgang der Interaktion.“[32]

Fragt sich nur, was ein dermaßen schwammiger Begriff von „Macht“ eigentlich begreiflich machen kann. Den Alkoholiker, der sich rausschmeißen läßt, mit dem die linke Backe hin haltenden Jesus zu vergleichen, mag angehen; aber was hat ein in dieser Weise „mächtiger“ Jesus mit einem Hitler oder einem Mussolini gemein? Mit der gleichen müßigen Logik könnte Haley auch Franz von Assisi mit Michael Jackson oder den Apostel Paulus mit Boris Becker vergleichen – eine Reihe von frappanten Parallelen werden sich allemal finden lassen, und trotzdem hat das eine Phänomen mit dem anderen ganz und gar nichts zu tun.

Der ägyptische Freund

Wilhelm Michaelis, dem Kenner und Herausgeber der apokryphen Schriften zum Neuen Testament, ist aufgefallen, daß „für moderne Fälschungen, die das Leben Jesu und sein Evangelium zum Gegenstand haben, oftmals gerade die Form des Briefes gewählt worden ist“[33]. Beliebt sind etwa „Briefe vom Himmel“, die an verschiedenen Orten in Europa und Asien aufgetaucht sind und in rund zwanzig verschiedenen europäischen und orientalischen Sprachen geschrieben sind.[34]

Wenn man die in der Vorgeschichte des Matthäus berichtete Episode von der Flucht nach Ägypten nicht als das nimmt, was sie ist – nämlich eine in eine bestimmte literarische Form gekleidete Glaubensaussage über Jesus und seine Berufung –, dann muß man annehmen, daß sich Jesus als Kleinkind im Land am Nil aufgehalten hat. Was liegt dann näher, als sich auszumalen, daß er dann bestimmt auch einen Jugendfreund gehabt hat, mit dem er im Sand und anderswo spielte. Was aus Jesus geworden ist, weiß man; was aber kann aus dem kleinen Ägypter – geben wir ihm den Namen Benan – geworden sein? Sicherlich ein Mediziner. Und warum sollte dieser ägyptische Arzt namens Benan, der ein Jugendfreund Jesu und somit ein wichtiger Zeitzeuge für eine Epoche in Jesu Leben war, über die man sowieso nichts Genaues weiß, später nicht einmal auch einen Brief geschrieben haben, in dem er seine Memoiren zu Papier gebracht hat? Fehlt nur noch der Text zu der guten Idee – doch seit 1910 gibt es ihn: Der sogenannte „Benanbrief“ – eine, wie Josef Blinzler formuliert hat, „dreiste Leben-Jesu-Fälschung“[35] – ist einem Herrn namens Ernst Edler von der Planitz zu verdanken.

Was steht in diesem Brief? Der altgewordene Benan teilt mit, was er über seinen leider viel zu früh verstorbenen Jugendfreund weiß: Auch in Ägypten hatte man seinerzeit Augen im Kopf, als der Stern von Bethlehem aufging. Ägyptische Priester hätten dafür gesorgt, daß der junge Jesus ein gediegenes Medizinstudium absolvieren und ein tüchtiger Arzt werden konnte. Dann sei Jesus in seine Heimat gekommen, wo er nach nur dreijährigem Wirken verurteilt und hingerichtet wurde. Die Kollegen in Ägypten haben ihn allerdings nicht vergessen, sondern ganz im Gegenteil: Jesu ägyptische Freunde waren die ersten, die zu seinem Grab gepilgert sind, und sie wurden die ersten Zeugen der Auferstehung.[36]

Angesichts dessen, was wir von anderen Jesusfälschern gewöhnt sind, können wir nicht umhin, dem Benanbrief das Prädikat „besonders harmlos" zu verleihen. Der Brief, den Carl Schmidt 1921 nach allen Regeln der Kunst als Fälschung entlarvt hat[37], steht im Grunde in der Tradition der rationalistischen Wunderinterpretationen des 19. Jahrhunderts als „ein weiterer Versuch, die Heilungswunder naturwissenschaftlich zu erklären"[38]. Denken wir nur, was ein John M. Allegro oder eine Barbara Thiering aus dem gleichen Sujet gemacht hätten!

Die Story über die Entdeckung des Briefes, die der preußische Edle seiner sonst ziemlich phantasielosen Fälschung mit auf den Weg gab, ist denn auch weit schöner als der banale Schrieb selbst. Eine Papyrus-Rolle aus dem 5. Jahrhundert soll es gewesen sein, die Herr von der Planitz 1879 von einem Baron von Rabenau geerbt haben will, welcher sie seinerseits 1860 in Ägypten käuflich erworben hätte. Auf der Papyrus-Rolle zu lesen: die koptische Übersetzung des im Jahr 83 n. Chr. in griechischer Sprache geschriebenen Briefes. Absender: ein ägyptischer Doktor namens Benan. Empfänger: ein Herr Straton aus Rhodos.[39]

Und was ist mit Jesus selber? Hat er nicht vielleicht auch einmal einen Brief geschrieben? Da im Neuen Testament erwähnt wird, daß er „mit dem Finger auf die Erde" geschrieben hat[40], wissen wir, daß Jesus kein Analphabet war. Gibt es womöglich irgend eine Korrespondenz von seiner Hand?

Jesus als Briefschreiber

Das im Lorber-Verlag in Bietigheim-Bissingen „in 9. Auflage erstmals als Geschenkausgabe" erschienene Büchlein hat einen fast barock anmutenden Titel: „Ein durch die Geschichtsforschung des Altertums (Eusebius) bekanntgewordenes heilsgeschichtliches Dokument aus der letzten Erdenlebenszeit Jesu, das nicht in den Kanon der Heiligen Schrift (Bibel) aufgenommen und 1845/46 an Jakob Lorber neu geoffenbart wurde: Briefwechsel zwischen Abgarus Ukkama, Fürst von Edessa, und Jesus von Nazareth"[41].

Fürst Abgarus Ukkama eröffnet die Korrespondenz. Er ist erkrankt und hat vom Wundertäter Jesus gehört – und weil er davon überzeugt ist, daß Jesus Gott oder Gottes Sohn ist, bittet er ihn, nach Edessa zu kommen und ihn gesund zu machen.

„Abgarus, Fürst in Edessa, Jesu dem guten Heilande, der in dem Lande um Jerusalem erschienen ist, alles Heil! Ich habe von Dir gehört und von Deinen Gesundmachungen, wie Du sie ohne Arzneimittel und Kräuter verrichtest. Denn die Rede geht, daß Du die Blinden sehen machst, die Lahmen gehen, daß Du die Aussätzigen reinigst und die unreinen Geister austreibst und diejenigen heilst, die mit langwierigen Krankheiten kämpfen, und endlich sogar die Toten auferweckst.

Nachdem ich alle diese Dinge von Dir gehört habe, so habe ich demnach bei mir selbst geschlossen, eines von beiden müsse wahr sein: entweder Du seiest Gott, vom Himmel herabgekommen – oder Du, der diese Dinge tut, seiest doch zum wenigsten ein Sohn des großen Gottes! Ich ersuche Dich daher durch dieses Schreiben, Dich zu mir zu bemühen, um die Krankheit, die ich habe, zu heilen! Ich habe auch gehört, daß die Juden wider Dich murren und Dir Böses zufügen wollen. –

Ich aber habe eine zwar kleine, aber wohlgeordnete Stadt, welche für uns beide hinreichend sein wird. Daher komme Du, mein überaus hochgeachtetster Freund Jesus, zu mir und bleibe bei mir in meiner Stadt und in meinem Lande! Da sollst Du von jedermann auf Händen und im Herzen getragen sein. – Ich erwarte Dich mit der größten Sehnsucht meines Herzens!"[42]

Jesus antwortet mit einer Seligpreisung des Fürsten und verspricht, daß er nach seiner Himmelfahrt einen Jünger zu ihm senden werde, der ihn von seinem Leiden heilen werde.

„Abgarus, du bist selig, weil du Mich nicht gesehen und doch geglaubt hast! Denn siehe, es steht von Mir geschrieben, daß die, welche Mich gesehen haben, nicht an Mich glauben werden, auf daß die, welche Mich nicht gesehen haben, glauben und leben mögen in Ewigkeit! Was aber das betrifft, darum du Mir schriebst, daß Ich solle zu dir kommen, da Ich im Judenlande verfolgt werde, da sage Ich dir: Es ist nötig, daß alles das, um dessentwillen Ich gekommen bin in die Welt, an diesem Orte an Mir erfüllt werde, und daß Ich, nachdem dieses alles in der Kürze an Mir erfüllt sein wird, zu Dem aufsteigen werde, von dem Ich ausgegangen bin von Ewigkeit. Sei aber geduldig in deiner leichten Krankheit! So Ich in den Himmel werde aufgenommen sein, da werde Ich einen Jünger zu dir senden, damit er deine Krankheit heile und dir und allen, die bei dir sind, die wahre Gesundheit gebe!"[43]

Wer war Jakob Lorber?

Für Sektenkundler und Religionspsychopathologen ist Jakob Lorber (1800–1864) kein Unbekannter. Der Mann, der sich als „Gottes Schreibknecht" vorkam, hat in der Mitte des 19. Jahrhunderts in Graz eine Unmenge von religiöser Literatur produziert, die er und seine Anhänger für göttliche Eingebungen hielten.

Nun haben bekanntlich schon viele Personen und Gruppen innerhalb und außerhalb der christlichen Kirchen im Lauf der Geschichte den Anspruch erhoben, göttliche Offenbarungen zu besitzen – Glaubenswahrheiten, die über das in den heiligen Schriften der Bibel Geoffenbarte hinausgehen. Von den apokryphen gnostischen Schriften der ersten Jahrhunderte angefangen bis zu den Manichäern, von den Katharern des Mittelalters bis zu den vielen Gruppierungen der Neuzeit und neuesten Zeit gab und gibt es immer wieder Menschen, die gewissermaßen einen direkten Draht zu Gott zu besitzen meinen. Insofern ist ein Mann wie Jakob Lorber durchaus nichts Ungewöhnliches in der Geschichte – und auch seine angebliche Neuoffenbarung ist für Kenner der Materie in keiner Weise ein originelles oder einzigartig dastehendes Phänomen. Aber während viele andere sektiererische Gruppierungen religiöser Enthusiasten längst nur mehr ein Fall für die Religionsgeschichte sind, hat die obskure Gedankenwelt des steirischen „Neuoffenbarers" auch heute noch ihre Anhänger.

Die „Lorber-Gesellschaft", die in der Zwischenkriegszeit „Neu-Salems-Gesellschaft" hieß und während des Dritten Reiches verboten war, ist heute nach der Wiedergründung im Jahr 1949 in Österreich, Frankreich, Brasilien, Deutschland und in der Schweiz vertreten. In Bietigheim-Bissingen bei Stuttgart existiert ein eigener Verlag, der die Schriften der „Neuoffenbarung durch Jakob Lorber" als eine „christliche Prophetie für unsere Zeit" verbreitet.

Der „Schreibknecht Gottes"

In seinem vierzigsten Lebensjahr – der Musiker Lorber hatte eben eine Stelle als Korrepetitor an der Oper in Triest angeboten bekommen – passierte etwas, was sein Leben nachhaltig verändern sollte. Eines schönen Morgens glaubte er eine Stimme zu hören, die zu ihm sagte: „Steh auf, nimm deinen Griffel und schreibe!" Und Jakob Lorber begann zu schreiben.

„So spricht der Herr für jedermann, und das ist wahr und getreu und gewiß: Wer mit Mir reden will, der komme zu Mir, und Ich werde ihm die Antwort in sein Herz legen. Jedoch die

Reinen nur, deren Herz voll Demut ist, sollen den Ton Meiner Stimme vernehmen.

Und wer Mich aller Welt vorzieht, Mich liebt wie eine zarte Braut ihren Bräutigam, mit dem will Ich Arm in Arm wandeln. Er wird mich allezeit schauen wie ein Bruder den anderen Bruder, und wie Ich ihn schaute schon von Ewigkeit her, ehe er noch war."[44]

Mit der Niederschrift dieser ersten, den Stil der Bibel nachahmenden Passage begann Lorber's Karriere als „Gottes Schreibknecht". In den 24 Jahren bis zu seinem Tod schrieb er seine 25 Bände umfassenden gesammelten Werke: „Die Haushaltung Gottes", „Pathiel", „Der Mond", „Der Saturn", „Die Fliege", „Der Großglockner", „Die natürliche Sonne", „Die geistige Sonne", „Schrifttexterklärungen", „Die Jugend Jesu", „Der Laodizenerbrief des Apostels Paulus", „Der Briefwechsel Jesu mit König Abgarus", „Die Erde", „Jenseits der Schwelle", „Bischof Martin", „Von der Hölle bis zum Himmel", „Die drei Tage im Tempel" und schließlich das zehnbändige „Große Evangelium Johannis".[45]

Die sogenannte Abgar-Legende

Den „Briefwechsel zwischen Abgarus Ukkama, Fürst von Edessa, und Jesus von Nazareth" brachte Lorber in den Jahren 1845 und 1846 zu Papier. Die Legende von einem Briefwechsel zwischen Jesus und einem Fürst namens Abgar ist freilich schon ein alter Hut. Bei dieser Korrespondenz, in der es unter anderem um das angebliche Originalbild Christi in Edessa geht, handelt es sich, wie die wissenschaftliche Forschung längst zweifelsfrei bewiesen hat, keineswegs um einen authentischen Briefwechsel zwischen Jesus und einem Fürsten von Edessa. Vielmehr ist der Text eine Dichtung aus dem 4. Jahrhundert, die ein ehrgeiziger Bischof verfassen ließ – und zwar gar nicht einmal aus erbaulichen Gründen, sondern einzig aus einem machtpolitischen Interesse heraus.[46]

Zweck der Fälschung war es, ein Dokument in Händen zu halten, das beweisen konnte, daß in Edessa bereits zu apostolischer Zeit eine Kirchengemeinde existiert habe. Der Kirchenvater Eusebius, dem man das angebliche Originalmanuskript der Briefe zuspielte, ist darauf hereingefallen. Aber andere – wie z. B. Augustinus oder Hieronymus – ließen sich nicht für dumm verkaufen. Nichtsdestotrotz wurde die Legende dann noch weiter ausgebaut und als „Doctrina Addaei (Lehre des Apostels Addäus)"[47] weiterverbreitet. In dieser Form war die spätantike Legende auch Jakob Lorber bekannt, der sie, um ein paar Briefe erweitert, als „Neuoffenbarung" niederschrieb. Mit anderen Worten: es handelt sich um eine poetische Weiterdichtung der spätantiken Legende durch Jakob Lorber.

Jakob Lorber's poetische Weiterdichtung

Es gibt eine Reihe von Gründen, die beweisen, daß die Geschichte mit dem Briefwechsel nicht stimmen kann. Hier soll – gleichsam nach dem Motto von Bert Brecht „Das Volk will viele Beweise, dem Einsichtigen genügt ein einziger" – ein Grund aufgezeigt werden, für den keine historischen oder theologischen Spezialkenntnisse vonnöten sind, sondern der jedem einleuchtet, der imstande ist, seinen gesunden Hausverstand zu gebrauchen.

Im zweiten der Briefe, die Jesus an Abgar schickt, heißt es: „Darum betrübe dich nicht, da du nun weißt, wer Der ist, der dir nun solches veroffenbart hat! Schweige jedoch davon, bis dahin, da Ich werde am Pfahl erhöht werden von den Juden, davon dir sobald Kunde wird, als es geschehen wird."[48]

Mit anderen Worten: Jesus prophezeit hier dem König Abgar seinen Kreuzestod. Im siebenten Brief des Abgar an Jesus teilt der legendäre Fürst von Edessa Jesus aber dann mit, daß er in Jerusalem Spione hat, die herausgefunden hätten, daß die Juden beabsichtigen, Jesus zu kreuzigen: „Diese meine Beobachter haben mir genau berichtet, was diese stolzen, übermütigen Priester und Pharisäer mit dir vorhaben. Sie wollen dich nicht nur nach ihrer Art steinigen oder verbrennen; nein, das ist ihnen viel zu wenig, sondern sie wollen an dir ein Exempel der allerunmenschlichsten Grausamkeit statuieren! – Höre, o Herr! Diese Bestien in Menschengestalt wollen dich ans Kreuz mit scharfen Nägeln heften lassen und dich so lange daran hängen lassen, bis du langsam vor den ungeheuerlichsten Schmerzen stürbest am Schandpfahle!"[49]

Ganz abgesehen von all den anderen Unstimmigkeiten, von denen dieses stümperhaft zusammengeschusterte Stück trivialster Erbauungsliteratur nur so strotzt, stellt sich die simple Frage: Was ist von einem Briefschreiber zu halten, der seinem Briefpartner etwas als große Neuigkeit mitteilt, was ihm dieser schon längst *selber* mitgeteilt hat?

Jesus und sein Sprachrohr „Uriella"

Für die Anhänger von Jakob Lorber sind seine oft reichlich obskur anmutenden Lehren[50] als Offenbarungen mindestens so ernst zu nehmen wie die Offenbarungen der Heiligen Schrift. Entsprechend den Abschiedsreden Jesu im Johannesevangelium, wo Jesus den Geist als Beistand und Lehrer verheißt, der die Gläubigen „in die ganze Wahrheit führen" wird[51], erscheinen sie ihnen als „Neuoffenbarung" – als zusätzliche Offenbarung zu der Offenbarung, die in den biblischen Schriften vorliegt.

Auch heutzutage fehlt es nicht an selbsternannten Propheten bzw. Prophetinnen. So gibt es etwa eine Dame namens Uriella, für die und deren Orden „Fiat Lux" sich nicht nur religiös suchende Zeitgenossen, sondern immer wieder auch die Staatsanwälte und die Wirtschaftspolizei interessieren. Frau Erika Bertschinger, wie sie mit bürgerlichem Namen heißt, versteht sich als „Sprachrohr Jesu" und hat auch schon vor laufenden Fernsehkameras vorgeführt, wie es ist, wenn sie in Trance gerät und Jesus aus ihr „spricht"[52].

Der Jesus der Gabriele Wittek

„Die großen kosmischen Lehren des Jesus von Nazareth an Seine Apostel und Jünger, die es fassen konnten, mit Erläuterungen von Gabriele in der großen Lehrkirche des Geistes Gottes" ist der Titel einer Schrift, herausgegeben vom „Universellen Leben" in Würzburg. Mittelpunkt dieser esoterischen Gruppierung, die sich früher als „Heimholungswerk Jesu Christi" bezeichnet hat, ist Gabriele Wittek. Die 1933 in Augsburg geborene Dame begann im Alter von 41 Jahren, die ihr zuteil gewordenen Offenbarungen zu veröffentlichen.

Eine der „großen kosmischen Lehren des Jesus von Nazareth", die er seiner Prophetin zu Silvester des Jahres 1991 zuteil werden ließ, lautet folgendermaßen: „Ihr lebt in einer herrlichen Zeit. Es ist die höchste kosmische Zeit; denn der Geist des Lebens, Gott in Mir und Ich in Ihm, gießt das Höchste aus: das Absolute Gesetz. O sehet: Es ist eine Zeit für die Menschen, die nie wieder kommen wird. Das Absolute Gesetz, gegeben und gelehrt aus der unmittelbaren Quelle, Gott, zeigt euch euer wahres Sein auf, euer geistiges Erbe, auf daß ihr ganz allmählich wißt und erkennt, daß ihr wahrlich Kinder des Allerhöchsten seid. Erkennet darin, daß das Absolute Gesetz, gegeben in allen Details, schon das Ende der materialistischen Zeit symbolisiert. Denn absolut ist nun mal absolut. Darüber hinaus gibt es nichts mehr."[53]

Von Anfang an war es für die Glaubensgemeinschaft der Christen selbstverständlich, daß der vorösterliche Jesus derselbe ist wie der erhöhte Herr. Die Frauen und Männer, die ihn als Auferstandenen erfahren, erkennen ihn gerade an jenen Wundmalen wieder, die ihm in einem ganz bestimmten historischen Moment aus ganz bestimmten religionspolitischen Gründen zugefügt worden sind[54], und auch der Hebräerbrief legt Wert auf die Feststellung: „Jesus Christus ist derselbe gestern, heute und in Ewigkeit."[55] Bei Gabriele Wittek und ihrem „Universellen Leben" meldet sich allerdings ein „Christus-Gottesgeist" zu Wort, der in deutlicher Distanz zum historischen Mann aus Nazareth steht.

„Mein Weg als Jesus von Nazareth war ein rein mystischer Weg. Dieser Lebensweg, den Ich allen Menschen und Seelen vorausging, ist der unmittelbare und vollkommene Weg nach Innen. Ich sprach: ‚Folget Mir nach!' Deshalb muß jede Seele diesen Inneren Weg erkennen und ihn auch beschreiten. Wohl der Seele, die schon im Erdenkleid – in dem von Zeit und Raum begrenzten Leben – diesen Läuterungspfad beschreitet und weitgehend vollendet! Es gibt nur einen Weg zu Gott, unserem ewigen Vater, den Weg nach Innen."[56]

Der Jesus der Gabriele Wittek hat das Bedürfnis, die im Evangelium niedergelegte Botschaft pausenlos zu korrigieren und zu ergänzen. Das vom „Universellen Leben" verbreitete „mächtige Offenbarungswerk Christi" hat den Titel: „Das ist Mein Wort. Alpha und Omega. Das Evangelium Jesu. Die Christus-Offenbarung, welche die Welt nicht kennt" und den Untertitel: „Christus, der Sohn Gottes, der Mitregent der Himmel, der Erlöser aller Menschen und Seelen, der Erbauer und Herrscher des Reiches Gottes auf Erden, offenbart sich über Sein Leben, Denken und Wirken als Jesus von Nazareth".

Der Werbetext zum 1114 Seiten dicken Sammelband verspricht, daß diese „in der Welt einzigartige" Offenbarung „weit über den Inhalt der Bibel hinaus" gehe und „authentisch das Leben, Denken und Wirken des Jesus von Nazareth" enthalte: „Aus dem Inhalt: Eine Fülle bisher unbekannter Aspekte aus dem Leben Jesu – Die Bergpredigt, von Christus jetzt weiter ausgelegt und vertieft – Grundlegendes über das Leben nach dem Tod – Das Gesetz von Saat und Ernte als Hilfe zur täglichen Selbsterkenntnis – Es gibt keine ewige Verdammnis – Die Voraussetzungen für eine Heilung aus dem Geiste Gottes – Wer sind die reißenden Wölfe im Schafspelz? – Hinweise auf Mißbrauch des Namens Christi für unchristliche Zwecke – Das Friedensreich Jesu Christi entsteht durch die Menschen, die Gottes Willen tun – u. v. m."[57].

Dem Buch ist ein „Vorwort von Bruder Emanuel, dem Cherub der göttlichen Weisheit" (S. 39–46) und ein „Zeugnis" von Alfred Schulte (S. 47–52) vorangestellt. Außerdem enthält es eine Einleitung mit dem Titel „Ich Bin" (S. 53–54), die mit folgenden Worten beginnt:

„Meine Reden als Jesus von Nazareth waren nicht das Gesäusel der Pharisäer und Schriftgelehrten, die dem Volk zu Munde sprachen, um Anerkennung, Lob und Lohn zu erhalten. Meine Reden als Jesus von Nazareth waren klar und eindeutig – so, wie auch Meine Reden als Christus durch Mein Instrument, durch Meine Prophetin, den Strahl der göttlichen Weisheit, fließen."[58]

Die stereotype Formel, mit welcher der durch die „Prophetin und Botschafterin Gottes" Gabriele Wittek sprechende Jesus seine umfangreichen Anmerkungen zum Evangelium einleitet, lautet: „Ich, Christus, erkläre, berichtige und vertiefe das Wort..."[59]

Freilich ist das Evangelium, das hier erklärt, berichtigt und vertieft wird, nicht das Matthäus-, Markus-, Lukas- oder Johannesevangelium, sondern das von Gideon J. R. Ouseley (1835–1906) verfaßte „Evangelium Jesu". Ihm sind wir schon im Zusammenhang mit dem Vegetarier-Jesus begegnet. In den Würzburger Offenbarungen ist der komplette Text des Ouseley-Evangeliums Abschnitt für Abschnitt abgedruckt, jeweils unterbrochen durch die Korrekturen und vertiefenden Erklärungen, die Jesus nunmehr seine Prophetin Gabriele wissen ließ.

Versuchen wir einen Moment lang anzunehmen, es wäre tatsächlich im Sinne Jesu, seine Anhänger nach zweitausend Jahren über das, was er damals in Galiläa sagte und tat, eines Besseren zu belehren – dann muß es erlaubt sein zu fragen, weshalb dieser Jesus dann seine neuen Einsichten nicht gleich Herrn Ouseley in die Feder diktiert hat, sondern diesen wackeren Mann erst einmal Dinge zu Papier bringen ließ, die er nun – nur ein paar Jahrzehnte später – über den Würzburger Umweg schon wieder zurechtzurücken Ursache hatte.

Jesus in der Arche Noah

Zu den eher kuriosen Dingen in dieser „Christus-Offenbarung, welche die Welt nicht kennt", gehört die Offenbarung, daß neben der Krippe in einer „Felsenhöhle" bei Bethlehem auch eine Katze mit ihren Jungen lag und sich außer einem Ochs und Esel auch noch ein Pferd, ein Schaf und Tauben rund um den neugeborenen Jesus befanden. Mit anderen Worten: im Ouseley-Evangelium tummelt sich gleich eine ganze Arche Noah um das neugeborene Jesuskind: „Und es waren in der Höhle ein Ochse, ein Pferd, ein Esel und ein Schaf, und neben der Krippe lag eine Katze mit ihren Jungen; und es waren auch Tauben über ihnen, und jedes Tier hatte seinen Gefährten, ein Männchen oder Weibchen. Solches geschah, daß Er geboren wurde inmitten der Tiere. Denn Er kam, um auch sie von ihren Leiden zu befreien. Er war gekommen, die Menschen von ihrer Unwissenheit und Selbstsucht frei zu machen und ihnen zu offenbaren, sie seien Söhne und Töchter Gottes."[60]

Es gibt aber auch weniger kuriose Dinge. Zum Beispiel scheint jener Würzburger Jesus vom Dialog zwischen Christen und Juden, der nicht zuletzt auch in der berühmten Erklärung des Zweiten Vatikanischen Konzils über das Verhältnis der Kirche zu den nichtchristlichen Religionen mündete, noch nichts gehört zu haben.

Ein esoterischer Jesus bezichtigt die Juden

Im Dokument „Nostra aetate", das am 28. Oktober 1965 verabschiedet und feierlich verkündet worden ist, heißt es klipp und klar: „Obgleich die jüdischen Obrigkeiten mit ihren Anhängern auf den Tod Christi gedrungen haben, kann man dennoch die Ereignisse seines Leidens weder allen damals lebenden Juden ohne Unterschied noch den heutigen Juden zur Last legen. Gewiß ist die Kirche das neue Volk Gottes, trotzdem darf man die Juden nicht als von Gott verworfen oder verflucht darstellen, als wäre dies aus der Heiligen Schrift zu folgern. Darum sollen alle dafür Sorge tragen, daß niemand in der Katechese oder bei der Predigt des Gotteswortes etwas lehre, das mit der evangelischen Wahrheit und dem Geiste Christi nicht in Einklang steht. Im Bewußtsein des Erbes, das sie mit den Juden gemeinsam hat, beklagt die Kirche, die alle Verfolgungen gegen irgendwelche Menschen verwirft, nicht aus politischen Gründen, sondern auf Antrieb der religiösen Liebe des Evangeliums alle Haßausbrüche, Verfolgungen und Manifestationen des Antisemitismus, die sich zu irgendeiner Zeit und von irgend jemandem gegen die Juden gerichtet haben."[61]

Der nur mehr nach „Innen" blickende Jesus der Gabriele Wittek indes scheint vergessen zu haben, daß er selber Jude war und in seiner letzten Stunde für die, die ihn ans Kreuz schlugen, gebetet hat: „Vater, vergib ihnen, denn sie wissen nicht, was sie tun."[62] Vielmehr erklärt uns dieser esoterisch-neognostische „Christus-Gottesgeist" mehr oder weniger unumwunden, daß die Juden daran schuld sind, daß er so viel leiden mußte.

„Wäre das Geschlecht David nicht in der Sünde verblieben, so hätte Ich wohl den Erlöserfunken allen Seelen und Menschen gebracht; jedoch die Leiden und den physischen Tod am Kreuz hätte Ich dann nicht erdulden müssen. So litt Ich für die Söhne und Töchter der Menschen, weil sie nicht bewußt Söhne und Töchter Gottes wurden, indem sie Gottes Willen erfüllten. Hätte das Geschlecht David zu Mir gestanden, so hätte das ganze Geschehen einen anderen Verlauf genommen. Und hätte das gesamte jüdische Volk – einschließlich seiner Schriftgelehrten und Pharisäer – den Sohn Gottes an- und aufgenommen, indem sie das Gesetz Gottes erfüllt hätten, dann wäre die Teilkraft in der Urkraft geblieben. Denn wer das ewige Gesetz erfüllt, bedarf keiner Stütze."[63]

Mit anderen Worten: Auch in dieser „Neuoffenbarung" von einem Jesus, der den „Weg nach Innen" predigt, haust einmal mehr der Geist des Antisemitismus als heimlicher Untermieter. Und wenn dieser neuoffenbarende Jesus immer wieder gegen die Kirche und gegen „sogenannte christliche Konfessionen" polemisiert, so hat er doch auf der anderen Seite nicht die geringsten Hemmungen, für ein ganz bestimmtes Kursprogramm Reklame zu machen.

„Ein großes Geschenk aus den höchsten Himmeln ist die von Mir erweckte christliche Mysterienschule für all jene, die den Läuterungspfad beschreiten wollen. In dieser Schule des Geistes wird dem Schüler, gemäß seinem Bewußtseinsstand, der individuelle Pfad nach Innen gelehrt. Bevor der Willige diesen individuellen Weg beschreiten kann, sind zwei aufbereitende Meditationskurse zu absolvieren ..."[64]

Jesus und seine Amerika-Trips

Aus Jesus kann man alles machen – einen Arier und einen Vegetarier, warum nicht auch ein Mitglied der verborgenen „Großen Weißen Bruderschaft"[65], wie Helene Petrowna Blavatzky (1831–1891) gemeint hat, die 1875 in New York die „Theosophischen Gesellschaft" gegründet hat. Der deutsche Ableger ihrer Gesellschaft hatte übrigens in Würzburg seinen Sitz, und sein Sekretär wurde niemand Geringerer als ein gewisser Rudolf Steiner (1861–1925), später auch hervorgetreten als Begründer der Anthroposophie.

Wir haben gesehen, wo Jesus schon überall war: in Rom und in Frankreich, in Indien und in Japan. Würde es nicht auch ganz gut zu ihm passen, wenn er auch in Amerika gewesen wäre?

Für die Mormonen ist klar, daß Jesus auch den von der abendländischen Welt offiziell erst 1492 entdeckten amerikanischen Kontinent nicht unbeachtet ließ. Die auf Joseph Smith (1805–1844) zurückgehende „Kirche Jesu Christi der Heiligen der Letzten Tage" ist davon überzeugt, daß Jesus den in Nordamerika seßhaften Abkömmlingen der versprengten Stämme

Israels gleich mehrfach Besuch abstattete. In den Kapiteln 11–26 der im „Buch Mormon“ enthaltenen Schrift „3. Nephi“ wird berichtet: „Jesus Christus zeigte sich dem Volke Nephi, als die Menge im Lande des Überflusses versammelt war, und belehrte sie, und auf diese Weise zeigte er sich ihnen.“[66]

Amerika hat es offensichtlich besser: Denn während die anderen Völker der Erde oft jahrhundertelang darauf warten mußten, bis irgendwelche Nachfolger der Apostel zu ihnen kamen und, recht und schlecht in einer fremden Sprache radebrechend, von der Frohen Botschaft Jesu Kunde brachten, besorgt der Herr und Meister die Evangelisierungsarbeit in der Neuen Welt höchstpersönlich. In 3. Nephi 11,8-14 lesen wir zum Beispiel:

„Und als sie verstanden, erhoben sie ihre Augen wieder gen Himmel; und sehet, sie sahen einen Mann vom Himmel herniedersteigen, der war mit einem weißen Kleide angetan. Er kam herab und stand mitten unter ihnen; und die Augen des ganzen Volkes waren auf ihn gerichtet, und sie wagten nicht, ihren Mund aufzutun und miteinander zu reden und verstanden nicht, was es bedeutete, denn sie dachten, daß ihnen ein Engel erscheine.

Und er streckte seine Hand aus und sagte zum Volk: Sehet, ich bin Jesus Christus, von dem die Propheten bezeugten, daß er in die Welt kommen werde. Und sehet, ich bin das Licht und das Leben in der Welt, und ich habe aus dem bitteren Kelch getrunken, den mir der Vater gegeben hat, und ich habe den Vater verherrlicht, indem ich die Sünden der Welt auf mich nahm, worin ich mich dem Willen des Vaters in allen Dingen von Anbeginn unterwarf.

Nachdem Jesus diese Worte gesprochen, fiel alles Volk zur Erde nieder; denn sie erinnerten sich, daß ihnen prophezeit worden war, Christus werde sich ihnen nach seiner Himmelfahrt zeigen.

Und der Herr redete zu ihnen und sprach: Steht auf und kommt zu mir und legt eure Hände in meine Seite und fühlt die Nägelmale an meinen Händen und Füßen und wißt, daß ich der Gott Israels und der Gott der ganzen Erde bin und für die Sünden der Welt getötet wurde."[67]

Für seine Freunde in Amerika macht Jesus auch sonst manche Ausnahmen. Er setzt Sakramente ein, wiederholt die Bergpredigt, beruft zwölf Jünger, lehrt das Vaterunser, heilt Kranke, segnet Kinder und setzt das Abendmahl noch einmal ein, um schließlich wieder gen Hirnmel zu fahren – aber bei Bedarf von dort wieder zurückzukehren, zum Beispiel um den Heiligen Geist zu bringen und eine wunderbare Brotvermehrung vorzunehmen, bei der neben den Broten nicht etwa wie im Evangelium auch Fisch, sondern – wie 3. Nephi 20,7 ausdrücklich festhält – *Wein* mitvermehrt wird. – Amerika, du hast es offensichtlich wirklich besser!

Jesus kommt von den Plejaden

Angesichts der schier atemberaubenden Entdeckungen, die wir machen können, wenn wir die Enthüllungen der Jesusfälscher Revue passieren lassen, wundert uns rein gar nichts mehr. Auch nicht, wenn wir erfahren, daß Jesus als Außerplanetarier zu uns kam.

„Die Hypothese eines ‚Marsmenschen' Jesus vertreten keineswegs nur Wahnsinnige oder Visionäre", berichtet der italienische Journalist Vittorio Messori in seinem 1976 unter dem Titel „Ipotesi su Gesù" in Turin erschienenen Jesusbuch, „sie wird z. B. auch von Professor Wjatscheslaw Saitsew von der Akademie der Wissenschaften in Minsk (UdSSR) geteilt. Sie wird mit großer Überzeugungskraft in zahlreichen antichristlichen Pamphleten der Volksrepublik China dargelegt. Sie wird mit besonderer Hartnäckigkeit von Gruppen in Südamerika propagiert, wo man behauptet, daß die frühkolumbianische Gottheit Quetzal Coatl (‚Die Schlange mit den grünen Federn') mit demselben Raumschiff gelandet sei, mit dem auch Jesus gekommen wäre."[68]

Messoris Kommentar: „Das alles sind Hypothesen an der Grenze des Irrsinns, die jedoch aus der ehrlichen Feststellung entstehen, daß die Evangelien und ihr Protagonist Jesus schwierige Probleme aufgeben für jeden Erklärungsversuch, der allein auf der Hilfsquelle der historischen Forschung basiert."[69]

Der Schweizer Eduard Albert Meier – Inspirator einer in Hinterschmidrüti angesiedelten „Freien Interessengemeinschaft für Grenz- und Geisteswissenschaften und Ufologiestudien" – ist sogar davon überzeugt, daß Jesus von noch viel weiter als vom Mars herkommt. Ihm zufolge stammt Jesus von Außerirdischen ab, die in der Sterngruppe der Plejaden im Sternbild Stier zu Hause sind.[70] Niedergeschrieben ist diese sensationelle Information in einem „Talmud Immanuel", welchen Herr Meier 1963 in Form von in Harz gegossenen Schriftrollen bei Jerusalem aufgefunden haben will. Nach dem Urteil von Joachim Finger handelt es sich bei diesem Text, der auch „Evangelium des Judas Ischarioth" genannt wird, um eine Schrift mit „unverhüllt rassistischen und antisemitischen Aussagen", in welcher „die weiße Rasse als auserwählt und intelligent dargestellt" wird, weil sie „von den Himmelssöhnen gezeugt" wurde, und andererseits den Juden eine jahrtausendelange Verfolgung und schließlich sogar der Holocaust nach zweitausend Jahren als Strafe dafür vorausgesagt wird, daß sie „so hartnäckig an ihrem Glauben, ihrer Besonderheit und ihrer diebischen Praxis festhalten"[71].

ANMERKUNGEN:

1 Lk 22,15.
2 Juan José Benitez: Operation Jesus. Der Augenzeugenbericht eines Zeitreisenden von den letzten elf Tagen des Jesus von Nazareth, Bern 1993. S. 244.
3 Carl Anders Skriver: Die Regel der Nazoräer im Zwanzigsten Jahrhundert, Berlin-Dahlem 1960. S. 174.
4 Ebenda S. 174. – Skriver verweist auf die Bibelstellen Mt 16,5 und Mk 8,14.
5 Ebenda S. 55.
6 Ebenda S. 174-175.

7 Ebenda S. 174.
8 Gideon J. R. Ouseley, zitiert bei Joachim Finger: Jesus – Essener, Guru, Esoteriker? Mainz und Stuttgart 1993. S. 25.
9 Mk 7,15.
10 Joh 6,53.
11 Pinchas Lapide: Ist das nicht Josephs Sohn? Jesus im heutigen Judentum, Gütersloh [3.Auflage] 1988. S. 146.
12 Ebenda S. 131.
13 Wilhelm Hauer: Ein arischer Christus, Karlsruhe 1939.
14 Vgl. Lapide a. a. O., S. 131.
15 Vgl. Finger a. a. O., S. 70.
16 H. Monnier: Die historische Mission Jesu. 1906.
17 Vgl. Jes 8,23; 1 Makk 5,15.
18 A. Müller: Jesus ein Arier. Leipzig 1904.
19 Ernest Bosc: Das esoterische Leben Jesu und der Ursprung des Christentums im Osten („La vie ésotérique de Jésus Christ et les origines orientales du christianisme"), Paris 1902.
20 Wilfried Daim: Der Mann, der Hitler die Ideen gab. Die sektiererischen Grundlagen des Nationalsozialismus. [Zweite, erweiterte und verbesserte Auflage], Wien 1985.
21 Lanz von Liebenfels, zit. bei Daim a. a. O., S. 69.
22 Daim a. a. O., S. 195-196.
23 Ebenda S. 106.
24 Adolf Hitler: Mein Kampf. Eine Abrechnung, München 1925. S. 65.
25 Ebenda S. 73.
26 Heydrich in einem Gespräch mit Hans Berndt Gisevius, zitiert bei Daim a. a. O., S. 221.
27 Daim a. a. O., S. 216-218.
28 In Daims Buch ist das Original des Sitzungsberichts mit dem handschriftlichen Aktenvermerk und der Unterschrift Adolf Hitlers auf S. 217 faksimiliert abgedruckt.
29 Jay Haley: Die Jesus-Strategie, Psychologie heute 2 / 1990. S. 54.
30 Ebenda S. 57.
31 Joachim Gnilka: Jesus von Nazareth. Botschaft und Geschichte, Freiburg im Breisgau 1993. S. 326-327.
32 Haley a. a. O., S. 58.
33 Wilhelm Michaelis: Die Apokryphen Schriften zum Neuen Testament, Bremen 1956. S. 445.
34 Vgl. Finger a. a. O., S. 16 (Anm. 10).
35 Josef Blinzler: Artikel „Benanbrief", in: Lexikon für Theologie und Kirche, Bd. II, Herder-Verlag, Freiburg im Breisgau [2. Auflage] 1958. S. 168.
36 Vgl. ebenda S. 168.
37 Finger a. a. O., S. 108.
38 Carl Schmidt: Der Benanbrief. Leipzig 1921. – Vgl. Michaelis a. a. O., S. 445.
39 Vgl. Finger a. a. O., S. 107.
40 Joh 8,6.
41 Jakob Lorber: Briefwechsel zwischen Abgarus Ukkama, Fürst von Edessa, und Jesus von Nazareth. Bietigheim-Bissingen [9. Auflage] 1992.

42 Ebenda S. 5-6.
43 Ebenda S. 7-8.
44 Ein Mann hört eine Stimme. Christliche Prophetie für unsere Zeit, Bietigheim-Bissingen o. J. S. 2.
45 Ebenda S. 3.
46 Vgl. Edgar Hennecke / Wilhelm Schneemelcher: Neutestamentliche Apokryphen in deutscher Übersetzung. Bd. I, Tübingen [4.Auflage] 1968. S. 325-327.
47 Vgl. Julius Aßfalg: Doctrina Addaei, Kindlers Literaturlexikon, Bd. 7, München 1974. S. 2780-2781.
48 Lorber a. a. O., S. 11.
49 Ebenda S. 33.
50 Vgl. Reinhard Rinnerthaler / Friedrike Valentin: Jakob Lorber und seine „Neuoffenbarung" [Skriptum], hgg. vom Referat für Weltanschauungsfragen, Sekten und religiöse Gemeinschaften, Wien 1980.
51 Joh 16,12-14.
52 Joachim Finger (a. a. O., S. 23) schreibt über den Jesus der Prophetin Uriella: „Jener Jesus hat noch kein eigentliches Evangelium schreiben lassen, lehrt aber […] Dinge wie Reinkarnation, Karma, Vegetarismus, Verderbtheit der Kirchen und menschliche Vorleistungen als Bedingung für Gottes Gnade."
53 Christusstaat weltweit. Das Wort der Bundgemeinde Neues Jerusalem im Universellen Leben. Sonderausgabe „Innerer Weg", Würzburg 6 / 1993. S. 8.
54 Lk 24,39; Joh 20,20; 20,27.
55 Hebr 13,8.
56 Christusstaat weltweit a. a. O., S. 1-2.
57 „Christus der Schlüssel zum Tor des Lebens". Universelles Leben – Bücher und Cassetten 1993/1994.
58 Das ist Mein Wort. Alpha und Omega – Das Evangelium Jesu. Die Christus-Offenbarung, welche die Welt nicht kennt, Würzburg 1991. Ab S. 60 passim.
59 Ebenda S. 53.
60 Das ist Mein Wort a. a. O., S. 75-76.
61 Nostra aetate Nr. 4, zitiert nach Karl Rahner / Herbert Vorgrimler: Kleines Konzilskompendium. Freiburg im Breisgau 1966. S. 358-359.
62 Lk 23,34.
63 Das ist Mein Wort a. a. O., S. 94-95.
64 Christusstaat weltweit a. a. O., S. 2.
65 Vgl. Finger a. a. O., S. 68.
66 Das Buch Mormon. Hgg. von der Kirche Jesu Christi der Heiligen der letzten Tage, Deutschsprachige Ausgabe [19. Auflage] o. J. S. 397.
67 Ebenda S. 397-398.
68 Vittorio Messori: Mensch geworden. Wer war Jesus? Graz 1978. S. 247.
69 Ebenda S. 247.
70 Vgl. Finger a. a. O., S. 55.
71 Ebenda S. 57.

VIII.
POSTMODERNES GLASPERLENSPIEL

„Gut gemeint" heißt noch nicht „gut gemacht"

Seinerzeit war an den Wänden vieler Studentenwohnungen ein Poster mit seinem Bild zu sehen. Obwohl er weder politisch noch militärisch erfolgreich war, wurde er nach seinem Tod zum Idol der sogenannten 68er-Generation: Ernesto Guevara Serna, genannt „Ché" Guevara.

Jesus und Ché Guevara

Der am 14. Juni 1928 geborene lateinamerikanische Sozialrevolutionär, von Beruf Arzt, beteiligte sich als Guerillaführer am Aufstand von Fidel Castro gegen den kubanischen Diktator Batista y Zaldívar und hatte nach dem Sieg der Revolution in Kuba wichtige Staatsämter inne. 1965 verließ er die Insel, um in Bolivien eine revolutionäre Bewegung aufzubauen. Ché Guevara starb einen gewaltsamen Tod. Er wurde von bolivianischen Regierungstruppen gefangen genommen und am 9. Oktober 1967 ohne Gerichtsurteil erschossen.

„Sacrificio – Wer verriet Ché Guevara?" ist der Titel einer knapp sechzigminütigen TV-Dokumentation, die zwei junge Leute aus Schweden – Erik Gandini und Tarik Saleh – produziert haben. In diesem Film meldete sich zum ersten Mal Ciro Bustos zu Wort – jener Mann, von dem es heißt, daß er Ché Guevara verraten hat; das heißt, daß er es war, der den bolivianischen Militärs den entscheidenden Hinweis gab, als Ché Guevara zusammen mit mehr als einem Dutzend Guerilleros im September 1967 im Dschungel Boliviens festgenommen wurde.

Über Ché Guevara gibt es Bücher, Bild- und Tondokumente in Hülle und Fülle. Wie kann es sein, daß diese Fernsehdokumentation so großes Aufsehen erregte, als sie bei der „Input" in Kapstadt gezeigt wurde – bei einer alljährlich im Frühling stattfindenden Konferenz, an der mehr als tausend Filmemacher, Fernsehredakteure und Programmverantwortliche aus rund vierzig Ländern – vor allem aus den Hochburgen des öffentlich-rechtlichen Fernsehens in Europa und Nordamerika – teilzunehmen pflegen, um fünf Tage lang eine repräsentative Auswahl der international besten TV-Programme zu sehen und auszutauschen.

Was hat die beiden jungen Filmemacher aus Stockholm so sehr fasziniert, daß sie jahrelang zu recherchieren begannen, Zeugen in drei Kontinenten befragten und eine Internet-Seite mit Originaldokumenten veröffentlicht haben? – Auf diese Frage gibt der Journalist Kraft Wetzel in einem für die angesehene Hamburger Wochenzeitung „Die Zeit“ verfaßten Bericht die folgende Antwort: „Wer einen Judas braucht, will einen Christus installieren. Ohne Judas wäre die Geschichte Jesu nur halb so attraktiv. Sie wäre auch die Geschichte eines politischen Selbstmörders. Daß dieser Wunderheiler und Prediger aus der Provinz keine Chance hatte, wie er da auf einem Esel nach Jerusalem einritt, mitten in die Machtzentrale seiner Gegner, war von Anfang an klar.“[1]

Die Parallele zwischen Jesus und Ché Guevara sieht Kraft Wetzel darin, daß Fidel Castro den am 9. Oktober 1967 von einem bolivianischen Sergeanten im Auftrag eines CIA-Agenten erschossenen „Ché“ ganz bewußt zu einem Märtyrer stilisierte. „Kein Christus ohne Judas: Fidel Castro wußte Bescheid“, sagt der Autor. Ché Guevara und seine Mitkämpfer seien damals mehr oder weniger sinnlos durch den Dschungel geirrt, ohne den geringsten revolutionären Nutzen. „Mit Jesus unterlegt“, sagt Kraft Wetzel, „funktionierte Ché dennoch als Mythos. Ausgerechnet der asthmageplagte Anführer der kläglichsten Freischärlertruppe der lateinamerikanischen Revolutionsgeschichte brachte es binnen weniger Jahre zur Ikone der 68er Generation.“[2]

Daß ich hier so ausführlich auf Ché Guevara und die zwischen ihm und Jesus gezogenen Parallelen zu sprechen gekommen bin, geschieht nicht ohne Grund. Ich möchte demonstrieren, daß das, was Paulus Anfang der fünfziger Jahre des 1. Jahrhunderts an die Christengemeinde von Korinth geschrieben hat, immer noch stimmt: „Die Juden fordern Zeichen, die Griechen suchen Weisheit. Wir dagegen verkündigen Christus als den Gekreuzigten: für Juden ein empörendes Ärgernis, für Heiden eine Torheit."[3]

Die Torheit des Kreuzes

Deutlicher als es im erwähnten Zeitungsartikel geschehen ist, kann man kaum ausdrücken, was es heißt, im Kreuz – also im Leiden und Sterben des Jesus von Nazareth – eine „Torheit" zu sehen. Und dabei hat der Autor eines renommierten deutschen Wochenblattes keineswegs etwas Außergewöhnliches oder Ungewöhnliches gesagt, sondern nur etwas formuliert, das viele andere *auch* so empfinden. In den Augen vieler Zeitgenossen ist es einfach unvernünftig und dumm, wenn einer so weit geht, daß er sich für seine Überzeugungen umbringen läßt.

Im Bemühen, den „psychischen Urgrund des Christus-Spiels" aufzudecken, erklärt Kraft Wetzel, es sei „eine typische Männerphantasie" zu meinen, „man könne die Richtigkeit einer Idee beweisen, indem man für sie stirbt". Seiner Ansicht nach könne „der massenpsychologischen Wirksamkeit des Christus-Spiels nur die Einsicht entgegenwirken, daß jeder Mythos ein gedankliches Konstrukt zu ganz bestimmten, benennbaren Zwecken ist – und daß keine ‚Idee', keine Folge von Worten es wert ist, für sie zu sterben"[4].

Keine Idee – noch verächtlicher ausgedrückt: keine *„Folge von Worten"* – sei es wert, daß man für sie stirbt, sagt der sich in den Gedankengängen dieses Zeitungsartikels widerspiegelnde Zeitgeist. Mit anderen Worten: Jesus hat etwas getan, was man nicht tut. Für eine Idee in den Tod zu gehen, ist dumm – in biblischer Sprache ausgedrückt: eine „Torheit". Es war unvernünftig, verrückt, eben schlicht und einfach *idiotisch* von Jesus, sich ans Kreuz schlagen zu lassen.

Als vernünftig denkender Mensch hätte er anders reagieren müssen. Er hätte erkannt, daß er mit den von ihm vertretenen Ideen keine Chance hatte gegen die Mächtigen – gegen den Mainstream derer, die in Gesellschaft und Politik das Sagen hatten. Als die Schergen der Hohenpriester mit Schlagstöcken und Schwertern anrückten, um ihn festzunehmen, hätte er sich nicht willig abführen lassen wie ein unvernünftiges Stück Vieh, das zur Fleischbank geführt wird, sondern er hätte seine Bergpredigt und seine Lehre vom Reich Gottes – alles ohnehin nur eine geschickt arrangierte Aneinanderreihung von Buchstaben, eine raffinierte *„Folge von Worten"* – auf der Stelle widerrufen.

Wäre Jesus vernünftig gewesen, hätte er gesagt: „Kein Problem, Leute, regt euch doch nicht auf; das alles war doch nicht so ernst gemeint. Selbstverständlich weiß ich, daß ihr die Stärkeren seid, und ihr könnt sicher sein, daß ich nie wieder so unüberlegt und voreilig meinen Mund aufmachen werde. Es lebe der Kaiser in Rom, und es lebe Pontius Pilatus, sein Statthalter hier in Jerusalem und die mit ihm kooperierenden Priester und Hohepriester!"

Statt dessen aber hat Jesus – wie dem Neuen Testament, der Urkunde und *Ur*-Kunde des christlichen Glaubens, zu entnehmen ist – etwas ganz anderes gesagt. Den Schergen der Tempelwache hält er vor: „Wie gegen einen Räuber seid ihr mit Schwertern und Knüppeln ausgezogen, um mich festzunehmen. Tag für Tag saß ich im Tempel und lehrte, und ihr habt mich nicht verhaftet."[5] Später im nächtlichen Verhör beim Hohepriester schon wieder dasselbe. Statt endlich einzulenken und einen rettenden Rückzieher zu versuchen, redet dieser Mann provozierenden Klartext: „Ich habe offen vor aller Welt gesprochen. Ich habe immer in der Synagoge und im Tempel gelehrt, wo alle Juden zusammenkommen. Nichts habe ich im geheimen gesprochen. Warum fragst du mich? Frag doch die, die mich gehört haben, was ich zu ihnen gesagt habe; sie wissen, was ich geredet habe."[6]

Kein Wunder, daß solches Reden nicht folgenlos bleibt. Die verbale Aggression des verhafteten Sprüchemachers erzeugt eine Gegenaggression. „Auf diese Antwort hin schlug" – wie das Johannesevangelium notiert – „einer von den Knechten, der dabeistand, Jesus ins Gesicht und sagte: Redest du so mit dem Hohenpriester? Jesus entgegnete ihm: Wenn es nicht recht war, was ich gesagt habe, dann weise es nach; wenn es aber recht war, warum schlägst du mich?"[7]

Starker Tobak

Es läßt sich nicht leugnen. Jesus *war* nicht vernünftig. Er war nicht „klug und weise" wie der selbstgefällige Bürgermeister in Lortzings Oper „Zar und Zimmermann". Ganz im Gegenteil. Die Entscheidung des Nazareners, das Kreuz auf sich zu nehmen, war ausgesprochen dumm: „für Juden ein Ärgernis, für Heiden eine Torheit", wie Paulus im Ersten Brief an die Korinther völlig richtig sagt, „für die Berufenen aber, Juden wie Griechen, Christus, Gottes Kraft und Gottes Weisheit. Denn das Törichte an Gott ist weiser als die Menschen, und das Schwache an Gott ist stärker als die Menschen"[8]. Das aber muß erst einmal akzeptiert werden, um Jesus folgen zu können – zunächst einmal im Sinne des gedanklichen Nachvollzugs, und erst recht, wenn es gilt, Jesus auch in der Gestaltung des Lebens nachzufolgen.

Der erste große Meisterdenker des Christentums hat sich keinerlei Illusionen gemacht. Er wußte, daß die Botschaft, die die Jesusanhänger verkünden, auf Ablehnung und Unverständnis stößt, daß diese umwertende Sicht der Dinge aber trotzdem so und nicht anders verkündigt zu werden hat, ohne Abstriche und Kompromisse.

Der Befund ist sonnenklar. Daß einer wie Jesus bereit ist, für seine Botschaft in den Tod zu gehen, und sogar bereit ist, ein so schändliches Ende wie den Verbrechertod am Kreuz freiwillig auf sich zu nehmen, ist nach den Maßstäben vernünftigen Denkens starker Tobak – damals wie heute: in der Zeit der Spätantike ebenso wie in Zeiten der Postmoderne. Die Frage ist nur, welche Konsequenzen aus diesem Befund zu ziehen sind; Konsequenzen in zweierlei Richtung: erstens für den Bereich christlicher Verkündigung und zweitens Konsequenzen hinsichtlich der Thematik der Jesusverfälschung.

Was die christliche Verkündigung betrifft, so wäre die leitende Frage: Wie muß ich, wenn ich den authentischen Jesus verkündigen will, von Jesus reden? Wie muß ich dem Menschen von heute diese Botschaft sagen, damit er sie richtig versteht – sich keine falschen Vorstellungen macht, sich nicht einfach ablehnend ans Hirn greift, wenn er so etwas hört, sondern überhaupt in der Lage ist zu *begreifen*, worum es geht.

Mit „christlicher Verkündigung" ist hier natürlich nicht bloß die Predigt im Sinne eines den Gottesdienst begleitenden Kanzelwortes gemeint. Unter Verkündigung soll hier im weiteren Sinn alles Reden über Jesus verstanden werden, das mit der Absicht geschieht, eben kein *falsches* Zeugnis von Jesus zu geben, sondern ihn und seine Botschaft unverfälscht weiterzugeben. Zu dieser Art von Verkündigung zählen auch alle populären Darstellungen der Person Jesu – von Romanen, Erzählungen, Hörspielen und Theaterstücken bis hin zu Musicals, Passionsspielen und Jesusfilmen.

Die zweite Konsequenz, die sich aus dem oben genannten Befund im Hinblick auf das Thema verfälschender Darstellungen Jesu ergibt, bestünde im Versuch, aus einer genauen Analyse dieses Befundes einen kritischen Maßstab zu gewinnen, um beurteilen zu können, wann und wo, aus welchen Gründen und zu welchem Zweck denn eigentlich der wahre Jesus verfälscht wird: welchen Bedürfnissen entsprechend ein bestimmtes maßgeschneidertes Jesusbild angefertigt wird.

Maßgeschneiderte Jesusbilder

Im Jahr 1968, als die Protestbewegung der damaligen jungen Generation auf dem Höhepunkt war, erschien in einer amerikanischen Underground-Zeitung ein Plakat, das Jesus im Stil polizeilicher Verbrecherfahndung beschrieb und vor seiner Gefährlichkeit warnte. Der Text dieses Plakates, in dem die Generation der Hippies, der Blumenkinder und der gegen das Establishment protestierenden aufmüpfigen Studenten Jesus als einen der ihren wiedererkannte, fand große Resonanz. Er wurde binnen kürzester Zeit in sämtliche Weltsprachen übersetzt und in fast allen Kontinenten verbreitet.

„*Gesucht wird*: Jesus Christus, alias der Messias, Sohn Gottes, König der Könige, Herr der Herren, Fürst des Friedens usw. Berüchtigter Führer einer Untergrundbefreiungsbewegung. *Er hat sich folgender Vergehen schuldig gemacht*: Er praktiziert ohne Lizenz als Arzt, Weinhersteller und Essensverteiler; legt sich mit Geschäftsleuten im Tempel an. Er verkehrt mit bekannten Kriminellen, Radikalen, Subversiven, Prostituierten und Leuten von der Straße. Er behauptet, die Autorität zu haben, Menschen in Gottes Kinder zu verwandeln.

Äußere Erscheinung: typischer Hippie – langes Haar, Bart, Robe, Sandalen. Er treibt sich gern in Slums herum, hat einige reiche Freunde, verkriecht sich oft in der Wüste. *Achtung*: Dieser Mann ist extrem gefährlich. Für seine zündende Botschaft sind besonders jene jungen Leute anfällig, denen man noch nicht beigebracht hat, ihn zu ignorieren. Er verändert Menschen und behauptet, sie frei zu machen. *Warnung*: Er läuft immer noch frei herum.“[9]

Die Grundaussage dieses Fahndungsplakates heißt: Jesus ist anders; anders als das herkömmliche Bild, das Erzieher und Lehrer, Pfarrer und Kirchen von ihm vermittelt haben. Der Zeitbezug des Porträts ist unverkennbar. Die sogenannte 68er Generation hat all das an Jesus beschrieben und unterstrichen, was für sie faszinierend und imponierend war: sein unkonventionelles Auftreten, seine Aufmüpfigkeit, sein gesellschaftliches Außenseitertum sowie den „Zug nach unten“, den der marxistische Philosoph Ernst Bloch an Jesus feststellte[10] und den auch Adolf Holl, das Stichwort von Bloch aufgreifend, in seinem 1971 erschienenen „Jesus in schlechter Gesellschaft“[11] ausgiebig beschrieben hat.

Die Protestgeneration aus der Zeit des Vietnamkriegs, des Prager Frühlings und der Chinesischen Kulturrevolution hat Jesus genauso als Bild und Gleichnis ihrer eigenen Ideale und Wertvorstellungen, Ängste und Sehnsüchte wiedererkannt, wie dies bereits die erste Generation der Urkirche und später die zuerst verfolgten, dann zur staatstragenden Macht gewordenen Christen des römischen Reiches, noch später das Mittelalter, die Reformation, die Barockzeit, die Aufklärung und die Romantik getan haben und wie dies auch unsere Zeit immer noch tut – nur daß zu Beginn des 21. Jahrhunderts eben andere Jesusbilder in Mode sind als zur Zeit der Studentenrevolte.

Der antiautoritäre Jesus ist „out“, dafür ist der therapeutische, archetypische, universelle, esoterische Jesus „in“. Jedenfalls ist Jesus nach wie vor ein „Symbol, das wie eine große Projektionswand unerschöpfliche Phantasien anzieht“[12].

Sich mit Jesus auseinanderzusetzen heißt vor allem: sich mit *Bildern* auseinanderzusetzen. Es ist ein Bilderstreit zwischen Bilderstürmern und Bilderverehrern. Was wir von Jesus zu fassen bekommen, sind immer nur die Bilder von ihm. Schon in den Evangelien ist das Originalbild von Jesus nirgendwo unmittelbar greifbar, sondern immer nur hinter den Bildern des „synoptischen Jesus“, des „johanneischen Jesus“ usw. erkennbar und erahnbar.

Auf unserer Spurensuche sind wir bereits einer Fülle von Verfälschungen des authentischen Jesusbildes begegnet – jenes Jesusbildes, das die ernsthafte Wissenschaft mit den strengen Methoden der modernen historisch-kritischen Forschung in einem offenen und öffentlich geführten Diskussionsprozeß aus dem, was in den ältesten Urkunden des Christentums glaubhaft bezeugt wird, als historisch hieb- und stichfeste Wahrheit über Jesus ermittelt hat.

Die Zusammenschau der unterschiedlichen Jesusbilder hat gezeigt, daß es Verfälschungen des authentischen Jesusbildes gibt, die eindeutig Ausgeburten blühender Phantasie sind – Jesusfälschungen, die das Original bis zur Unkenntlichkeit entstellen. Zum Beispiel wenn der Jude Jesus mit ideologischem Hokuspokus in einen „Arier" verzaubert wird oder wenn ausgerechnet das in Frage gestellt wird, was wir von Jesus am allerzuverlässigsten wissen: nämlich daß er den Tod am Kreuz gestorben ist.

Andere Verfälschungen des authentischen Jesusbildes wiederum bleiben auf dem Boden sinnvoller Spekulation. Sie versuchen Züge an Jesus und Hintergründe seines Lebens zu erhellen, über die wir aus den Quellen keine zuverlässigen Informationen haben. Sie zeigen Jesus aber immerhin so, wie er möglicherweise gewesen sein könnte – mit einem größeren oder kleineren Grad an Wahrscheinlichkeit oder Unwahrscheinlichkeit.

Das Nachdenken über Gedanken eines Journalisten zu einem Fernsehfilm über Ché Guevara hat uns für die Frage sensibilisiert: Wie muß einer von Jesus reden, wenn er den Menschen von heute nahebringen möchte, wer dieser Jesus war und was ihn eigentlich bewegte? Machen wir die Probe aufs Exempel und sehen wir nach, ob man dies so tun soll, wie es Jack Miles in seinem Buch „Jesus. Der Selbstmord des Gottessohns"[13] getan hat.

„Ich war Ötzi ..."

Beginnen wir ganz von vorne. Begleiten wir einen Leser, der im Schaufenster einer Buchhandlung ein interessantes Buch entdeckt. Oder sehen wir ihm über die Schulter, wie er in einer Zeitung ein Inserat für ein Buch entdeckt, das seine Aufmerksamkeit auf sich zieht. Was muß geschehen, damit er sich entschließt, dieses Buch zu kaufen?

Wichtig für den Entschluß, ein bestimmtes Buch zu erwerben, ist die Vermutung, daß dieses Buch imstande sein wird, ihm etwas mitzuteilen, was er bisher nicht gewußt hat, oder daß es ihm eine Perspektive zeigen wird, die er bisher noch nicht gesehen hat. Diese Vermutung wird wesentlich geprägt vom *Titel*, den das Buch hat, und vom *Werbetext*, mit dem für die Neuerscheinung Reklame gemacht wird.

Eine „Reinkarnation von bislang unbekannten Ausmaßen" verspricht zum Beispiel der Werbetext für ein im Münchner Herbig Verlag erschienenes Buch mit dem Titel „Ich war Ötzi. Die Botschaft aus dem Eis"[14]. Die Gletscherleiche, die seit der Bronzezeit im Grenzgebiet zwischen Österreich und Italien unter Eis lag, ehe sie Anfang der neunziger Jahre des letzten Jahrhunderts von deutschen Urlaubern entdeckt wurde, war ein Mann. Aber dieser Mann, so ist hier zu erfahren, ist *wiedergeboren* worden. Er ist in einer Frau gegenwärtig, die heute unter uns lebt, und erfreulicherweise kann sich die Dame sogar noch an ihr damaliges früheres Leben erinnern: „Renate Spieckermann erinnert sich an ein früheres Leben: an das von ‚Ötzi', dem ‚Mann aus dem Eis', der die Weltöffentlichkeit bereits als archäologische Sensation überrascht hat"[15].

Spätestens an dieser Stelle wird sich dem Leser eine Art Gretchenfrage stellen: Nun sag, wie hast du's mit der Vernunft? Hast du den Mut, dein kritisches Urteilsvermögen hintanzustellen, um beim Lesen eines solchen Buches zum Abenteurer zu werden, der ins Unbekannte aufbricht und auf Schritt und Tritt die erstaunlichsten Dinge entdeckt? Oder bist du *nicht* bereit, auf den Gebrauch deines gesunden Hausverstandes zu verzichten?

Ein Stück Bauernbrot, sagt die Vernunft, wird immer nur wie Bauernbrot schmecken, auch wenn es ein findiger Haubenkoch als „Roggen-Weizen-Backwerk à la paysan in eigener Kruste, mit Salz, Kümmel, Anis und Koriander gewürzt" anpreist.

Doch zurück zum Jesusbuch von Jack Miles. Unserem Leser, der beim Besuch einer Buchhandlung oder beim Durchblättern einer Zeitung neugierig geworden ist zu erfahren, was es mit dem „Selbstmord des Gottessohns" auf sich hat, werden eine Menge Fragen in den Kopf schießen.

Der Selbstmord des Gottessohns

Stimmt es also doch, was schon oft vermutet wurde: daß gar nicht der Meister selber, sondern ein anderer an seiner Stelle ans Kreuz geschlagen wurde? Starb er nicht am Kreuz, sondern hat sich erhängt wie der Apostel, der ihn verraten hat? War in Wirklichkeit nicht Jesus, sondern *Judas* jener Sohn Gottes, der Knechtsgestalt annahm und zum verachtetsten Menschen von allen wurde?

Hatte Gott seinem vielgeliebten Sohn eine heimtückische Krankheit geschickt, gegen die seine Wunderkraft machtlos blieb und die im Endstadium mit so schlimmen Schmerzen verbunden gewesen wäre, daß Jesus ein Ende mit Schrecken einem Schrecken ohne Ende vorzog?

Oder war es ein ganz profaner Liebeskummer, der den Galiläer in den Freitod trieb? Griff Jesus zum Strick, weil eine Frau, die er heimlich vergötterte, vom Gottessohn nichts wissen wollte?

Wer Selbstmord begeht, befindet sich meistens in einem ausweglosen Konflikt. Könnte es sein, daß der Nazarener eher deswegen Hand an sich legte, weil sich sein Herz für *Jünglinge* erwärmte und er loyal genug war, nicht gegen die von seinem himmlischen Vater beschlossene „Schöpfungsordnung" verstoßen zu wollen?

„Selbstmord des Gottessohns" könnte vieles heißen, denkt unser Leser. Aber was heißt es bei Miles? Vielleicht gibt der Werbetext Aufschluß: „Jack Miles, der sich den Evangelien zwar mit der Kompetenz eines Theologen, aber mit dem Interesse eines Lesers nähert, entdeckt in der Figur Jesu einen Charakterzug des alttestamentarischen Gottes, der nur in der Person seines Sohnes wirklich sichtbar werden konnte: seine

Schwäche, die im Tod am Kreuz bis in die grausamste Form gesteigert wird. In der Geschichte von der Auferstehung kann er seine Allmacht auch denen glaubhaft machen, die sich selbst zu den Schwachen und Erniedrigten zählen müssen“[16].

Und siehe da, unserem Leser ergeht es wie dem gelehrten Doktor Faust: er ist so so klug wie zuvor. Nach der Lektüre dieses Textes weiß er immer noch nicht, ob es sich wirklich lohnt, Zeit und Energie aufzuwenden, um ein Buch über den angeblichen Selbstmord Jesu zu lesen. Abgesehen von der Information, daß Jack Miles – wie man es von einem ehemaligen Jesuiten wohl mit Recht erwarten darf! – theologisch beschlagen ist, daß er sich aber in diesem Fall mit der Bibel nicht als Theologe, sondern als „Leser“ beschäftigt, ist aus diesem Werbetext nichts Konkretes zu erfahren. Alles, was da gesagt wird, könnte auch in Werbetexten für ganz biedere und stockkonservative Jesusbücher stehen. Im Grunde würde eine Beschreibung wie diese sogar auf ein Buch wie „Cur Deus homo“ passen – jene bereits im Mittelalter geschriebene theologische Abhandlung von Anselm von Canterbury (1033–1109), in welcher der Autor tiefschürfende Überlegungen darüber anstellt, was für Beweggründe Gott wohl veranlaßt haben könnten, in der Person Jesu von Nazareth Mensch zu werden – Überlegungen, die als sogenannte „Satisfaktionstheorie“[17] überaus folgenreich waren und geschichtsmächtig wurden.

Natürlich wird die Vermutung des Lesers, ob ein bestimmtes Buch eine wertvolle Lektüre darstellt oder ob es eher belanglos für ihn ist, auch wesentlich von dem mitgeprägt, was er sonst noch alles über den Autor weiß oder von ihm schon gehört und gelesen hat. Nehmen wir an, unser für religiöse Fragen interessierter Zeitgenosse ist schon früher auf den Autor Jack Miles aufmerksam geworden. Wird er ihn auf Grund dieser Erfahrungen zu jenen Autoren rechnen, von denen er sich wirklich Erhellendes über Jesus erwartet – zumindest nicht etwas, das nicht in hunderttausend anderen Büchern genau so oder eben noch viel besser zu lesen wäre?

Ich kann nicht verschweigen, wie es mir selber ergangen ist, als ich zum ersten Mal auf Jack Miles aufmerksam wurde. Die spontane Assoziation, die ich zu seinem 1996 erschienenen Buch „Gott. Eine Biographie“[18] hatte, war der Titel eines Nestroy-Stücks: Einen Jux will er sich machen.

Es schien mir keine sehr ernsthafte Idee zu sein, wenn sich einer vornimmt, von Gott eine Biographie zu schreiben, indem er einfach alles, was in der Bibel über Gott steht, so nimmt, wie es dasteht, und daraus eine Art Lebensgeschichte destilliert. Abgesehen davon, daß ich mich nur wundern könnte über das einem solchen Vorsatz zugrundeliegende Gottesbild – was für Vorstellungen muß einer von Gott haben, wenn er meint, man könne von Gott eine „Biographie“ schreiben! –, müßte ich mich fragen: Wie soll dies geschehen, da ich nirgendwo ein Quellenmaterial erkenne, das für eine solche Biographie auszuwerten wäre?

Was für Vorstellungen von verblüffender Schlichtheit muß einer über die Bibel haben, um im Ernst meinen zu können, es genüge, einfach die Bibel zu lesen – ohne Rücksicht darauf, daß es sich bei der Bibel nicht um ein Buch aus einem Guß handelt, sondern um eine Sammlung höchst unterschiedlicher Texte, die über einen Zeitraum von Jahrtausenden hinweg in jeweils verschiedenen Situationen entstanden sind, von Menschen mit ganz unterschiedlichem Temperament, geistigem Niveau, Bildungsgrad, Frömmigkeit usw. verfaßt, redigiert und ehrfürchtig tradiert wurden. Dabei kann doch nur das herauskommen, was ich ein typisch postmodernes *Glasperlenspiel* nenne.

Oder sollte es womöglich so sein: Da hat die historisch-kritische Methode jahrhundertelang akribisch gearbeitet, um den Bibeltext in all seine Schichten zu zerlegen und den Sinn jedes einzelnen Überlieferungsstücks zu ermitteln und zu erhellen, und nun kommt irgendeiner dahergelaufen, zertrümmert mit einem Handstreich ein ganzes Räderwerk und wähnt, er habe das Rad erfunden?

„Gott. Eine Biographie" also nichts weiter als ein theologisches Kabarettprogramm für fortgeschrittene Semester? Aber wem es nur darum ginge, sich auf hohem Niveau zu amüsieren, der kann ja gleich zum guten alten Anselm von Canterbury greifen – und wird bei ihm jede Menge unfreiwillig komischer Pointen finden.

Gottes Biographie war der erste Streich von Jack Miles, Jesu Selbstmord der zweite. Im Ernst gefragt: Um wie viele Ecken muß ich eigentlich denken, um dem Ausdruck „Selbstmord" im Zusammenhang mit dem Lebensschicksal eines Jesus von Nazareth einen einigermaßen brauchbaren Sinn abgewinnen zu können? – Diese Frage ist durchaus nicht rhetorisch. Ich weiß es wirklich nicht. Aber vielleicht weiß es wenigstens Jack Miles selber.

„Das Wort Suizid", sagte er in einem Radio-Interview, „erweckt natürlich den Eindruck, daß es hier um etwas Krankhaftes geht. Gesunde Menschen reden in unserer Gesellschaft nicht von Selbstmord, nur geistig Kranke. Natürlich sage ich nicht, daß Gott geistig behindert ist. Ich wollte diesen Titel ÇSelbstmord des Gottessohnes, zuerst verwenden, um die Gewalttätigkeit des Themas, die Dimension des Dramas wiederherzustellen, die durch die moderne Exegese verloren gegangen ist. Zweitens habe ich gedacht: wenn man die Verantwortung für den Tod Gottes Gott selbst zuschreibt, dann schneidet man die ganze Kontroverse, wer für den Tod Jesu verantwortlich war – die Römer oder die Juden –, einfach durch. Die Römer und die Juden sind einfach Werkzeuge in den Händen Gottes, und wenn man die Geschichte auf diese Weise betrachtet, dann wird sie zwar noch gewalttätiger, aber die Gewalt ist völlig in Gott und im Leben Gottes selbst verortet. Menschliche Wesen werden nicht wegen irgend eines Verbrechens angeklagt"[19].

Ich kann es nicht fassen. Ist wirklich so viel raffinierter verbaler Aufwand nötig, um ein verhältnismäßig banales Ziel zu erreichen – nämlich dem möglichen Mißverständnis den

Wind aus den Segeln zu nehmen, die Juden – oder die Römer – seien schuld am Tod Jesu? Ich kann Heinz Zahrnt zustimmen, wenn er über den „Selbstmord des Gottessohns" sagt: „Was Miles bietet, kann man den Entwurf der ‚Theodizee' nennen; sie bildet den theologischen Kern des Buches"[20]. Allerdings möchte ich nicht versäumen hinzuzufügen: Das ist aber auch schon das Höflichste und Freundlichste, was man über dieses Buch sagen kann. Man kann das Ganze auch anders nennen.

Was Miles bietet, ist etwas für Liebhaber postmoderner Glasperlenspiele. Wem es Vergnügen und Labsal bereitet, sich in diesen – nicht einmal falschen, nur eben absolut folgenlosen – Gedankengängen zu ergehen und auf der Müllhalde der Geistesgeschichte lauter gleich gültige und letztlich *gleichgültige* Trümmer aufzustöbern und mit ihnen nach Herzenslust herumzuspielen, der soll dies ruhig tun. Wem Jesu Selbstmord nicht genügt, der kann z. B. auch zum Thema „Abels Selbstmord" tiefsinnige Glasperlen hin und her schieben.

Mit ein bißchen Phantasie wird er spielend alle möglichen Gründe finden können, warum Abel – den schon die Kirchenväter als typologisches Vorausbild für den leidenden Christus entdeckten – letztlich selber daran schuld war, daß er erschlagen wurde, und daß Kain demnach gar keinen Brudermord beging, sondern lediglich das Werkzeug von Abels selbstmörderischer Absicht war. Es gibt ja auch Glasperlenspieler, die so blauäugig waren, den vom Holocaust betroffenen sechs Millionen Juden zu unterstellen, sie wären an ihrer Vernichtung selber schuld, denn sie hätten eben ein schlechtes Karma gehabt und dergleichen …

Doch halt! Sollte die Diagnose, Jack Miles' Gerede vom „Selbstmord des Gottessohns" sei nur ein harmloses Herumspielen mit letztlich gleichgültigen Gedankengängen, womöglich *ebenfalls* etwas zu blauäuig und zu vorschnell gewesen sein?

Vielleicht hat Heinz Zahrnt, der Jack Miles den Entwurf einer „Theodizee" bescheinigte, doch nicht so recht, wie ich dachte. Vielleicht geht es doch eher um eine *Anthropodizee*, um eine Rechtfertigung des *Menschen* angesichts bestimmter Übel.

Zumindest bliebe als Hausaufgabe die Frage zu klären: Ist die seltsame Story von einer „Krise im Leben Gottes" wirklich nur in postmoderner Beliebigkeit einfach so dahingequatscht, aber ansonsten völlig unverbindlich –, oder müßte man sich nicht Gedanken darüber machen, *was* für Menschen Jack Miles denn eigentlich von *welcher* Schuld entlastet, wenn ihm so sehr daran liegt zu sagen, Gott selber war der Mörder. Was meint er wirklich, wenn er sagt: „Menschliche Wesen werden nicht wegen irgend eines Verbrechens angeklagt"? Vielleicht enthalten die Gedanken seines Buches mehr Sprengkraft, als dem Autor bewußt ist.

Wie ein Sagenerzähler Jesus verwurstet

Zur gleichen Kategorie wie das Jesusbuch von Jack Miles gehören für mich auch die Ausführungen, die Michael Köhlmeier über Jesus zu bieten hat, auch wenn das Ganze bei ihm viel banaler und humorloser und auf weit niedrigerem Niveau stattfindet als bei Jack Miles. – Wer ist Michael Köhlmeier?

Der in Hohenems in Vorarlberg lebende Autor ist einer der bekanntesten österreichischen Schriftsteller der mittleren Generation. Köhlmeier ist nicht nur als Verfasser grotesk-surrealer Phantasien hervorgetreten, sondern hat sich in den letzten Jahren vor allem als *Erzähler* einen Namen gemacht.

So „erzählte" er die Sagen des klassischen Altertums – d. h. er brachte in freier mündlicher Rede die Mythen der Griechen und Römer zu Gehör, von den Irrfahrten des Odysseus bis zur Verwandlung Daphnes; und zwar mit so großem Erfolg, sprich: so großem Hörerecho und so vielen verkauften CDs, daß man beschloß, die Reihe fortzusetzen, und Köhlmeier nach dem gleichen Erfolgsrezept auch die Geschichten der Nibelungen verwursten durfte. Kein Wunder, daß zu guter Letzt sogar noch die Bibel als Stofflieferant herhalten mußte.

Doch mit dem Etikett beginnt schon der Schwindel. Die *„Biblischen Geschichten*, erzählt von Michael Köhlmeier" haben zwar viel mit dem Erzählen und dem Erzähler, jedoch herzlich wenig mit der Bibel zu tun.

Es stimmt mich nachdenklich, wenn ich im Klappentext zu seinem 2001 erschienenen Buch „Der Menschensohn. Die Geschichte vom Leiden Jesu" folgendes lese: „Die Passion, die Geschichte vom Leiden Jesu und seiner Auferstehung, ist nicht nur das eindrucksvollste Glaubenszeugnis der Urkirche, sondern auch ein Mythos, eine Sage, die Michael Köhlmeier herausforderte, sie auf seine eigene Art frei zu erzählen. Nicht die theologische Deutung oder die historische Beweisführung interessieren ihn, sondern die zeitlose Gegenwart, die in den überlieferten Geschichten liegt."[21]

Dies ist – mit Verlaub gesagt – keine Werbung für ein Buch, sondern ein Vernichtungsurteil, eine totale Bankrotterklärung für dieses literarische Unternehmen. Im Grund wird mir hier nämlich gesagt: Es ist völlig egal, ob das Buch, das du hier in Händen hältst, einen Sinn hat oder nicht, ob es in dieser oder jener Weise mit der Wahrheit über Jesus zu tun hat oder nicht; Hauptsache ist nur, daß einer hier die Möglichkeit wahrnimmt, „frei" und „auf seine eigene Art" zu erzählen.

Das – sagen wir's höflich – grundlegende Mißverständnis Köhlmeiers besteht darin, die Erzählungen der Bibel für beliebig formbare Inhalte zu halten, ohne zu begreifen, daß im Buch der Bücher nicht um des Erzählens willen erzählt wird, sondern einzig und allein darum, um bestimmte Erfahrungen auszudrücken – nämlich *Glaubens*erfahrungen, die, wenn die Erzählungen verändert werden, naturgemäß *mit*verändert werden bzw. auf der Strecke bleiben.

Köhlmeiers „Biblische Geschichten" sind – weniger höflich gesagt – ein Akt kultureller Barbarei, eine Verballhornung und Banalisierung der Bibel, wobei altehrwürdige religiöse Texte in typisch postmoderner Beliebigkeit lediglich als amüsantes Spielmaterial mißbraucht werden. Mit Selma Lagerlöfs oder Johann Peter Hebels sehr wohl auf die Intentionen biblischen Erzählens zielenden Texten oder auch mit der grandiosen „Legenda Aurea" des Jacobus de Voragine hat Köhlmeiers schicke Suada nichts gemein, wie ich mir anläßlich der Ausstrahlung der am *Alten Testament* orientierten Köhlmeier-Geschichten in einem für die Zeitschrift „Kirche Intern" verfaßten Kommentar[22] zu bemerken erlaubte.

Nach dem Alten Testament kam das Neue Testament an die Reihe. Und so bekamen die Radiohörer am Karsamstag des Jahres 2000 – passend zum Heiligen Jahr – Geschichten von *Jesus* erzählt, und zwar, passend zur Karwoche, die *Leidensgeschichte*. Am 22. April 2000 war im Österreichischen Rundfunk „Die Passion des Jesus Christus, nacherzählt von Michael Köhlmeier"[23] zu hören.

Köhlmeiers Haupt- und Identifikationsperson, um sich Jesus anzunähern, ist der Apostel Thomas. Der Erzähler beschreibt ihn als skeptischen Sinnsucher, welcher durch seinen Freund Judas Iskariot auf Jesus aufmerksam wird. Gleichzeitig ist Thomas als eine Art Tiefbauingenieur bei Pontius Pilatus angestellt und entdeckt beim Bau eines Brunnens ein Stück Holz, dessen Anblick ihn erschaudern läßt. Aus diesem Holz – wir ahnen es schon – wird eines Tages das Kreuz gezimmert werden, an dem Jesus stirbt.

Der eloquente Vorarlberger verwendet also als Quelle für seine Erzählfassung der Passionsgeschichte Jesu nicht nur die Bibel, nicht nur kanonische und außerkanonische Evangelien, sondern auch so manche obskure Legende – in diesem Fall Legenden, die im Umkreis der sogenannten Kreuzesauffindung durch Kaiserin Helena erfunden wurden.

Daß Legenden nicht unbedingt zur Erhellung der historischen Wahrheit taugen, versteht sich von selbst. Aber um historische Wahrheit geht es Michael Köhlmeier ohnedies nicht. Sonst hätte er Nikodemus und Josef von Arimathäa wohl kaum ohne mit der Wimper zu zucken zu „Hohenpriestern" ernennen dürfen. Aber worum geht es denn diesem Erzähler?

Auf der einen Seite findet er nichts dabei, die phantastischsten Legenden, vollgepfercht mit allen erdenklichen Geschmacklosigkeiten und Absurditäten, Unglaublichkeiten und Unmöglichkeiten, zu referieren, auf der anderen Seite aber fühlt er sich bemüßigt, der Bibel am Zeug zu flicken und deren Bildsprache zu hinterfragen – und gebärdet sich dabei als Entmythologisierer der biedersinnigsten Sorte.

So teilt uns der Dichter z. B. ganz treuherzig mit, er habe eigentlich nie verstanden, was denn dieses „Blutschwitzen" Jesu eigentlich sein solle, von dem das Lukasevangelium erzählt; er für seinen Teil könne es sich nur so erklären: Jesus hat sich beim Gebet auf dem Ölberg „das Gesicht zerkratzt".

Bedenklicher freilich als derlei hanebüchene „Enthüllungs"-Exegese ist, daß an keiner Stelle deutlich wird, was der Autor mit seinen Erzählungen eigentlich bezweckt – außer eben zu erzählen und sich als Erzähler in Szene zu setzen.

Keine Botschaft ist **auch** *eine Botschaft*

Legenden nehmen es mit der Wahrheit, mit der Tatsächlichkeit des von ihnen berichteten Geschehens nicht so genau; aber nicht jede Legende, die historische Tatsachen mißachtet, verdreht oder verfälscht, tut dies in frommer und erbaulicher Absicht. Die Legendenerzähler verfolgten oft genug höchst eigennützige Ziele – z. B. um der Kirche ihres Ortes eine ältere Tradition anzudichten, als sie wirklich hatte, und ihr so einen höheren Status zu verleihen; so geschehen z. B. in Edessa durch die ominöse Legende von König Abgar! –; und nur allzu oft waren es höchst düstere und finstere Ideologien, die ihr Unwesen trieben – antisemitische Legenden etwa, einzig und allein zu dem Zweck erfunden und weitererzählt, um konkrete Akte von Judenfeindschaft zu legitimieren und zu rechtfertigen.

Selbst im Fall der Oberammergauer Passionsspiele bedurfte es mehrerer energischer Anläufe, um die Texte von Antisemitismen freizubekommen und im Sinne der Judenerklärung des Zweiten Vatikanischen Konzils gleichsam stubenrein zu machen. Und wiewohl in der revidierten Fassung der Oberammergauer Leidensgeschichte Jesu die als antisemitisch verstandene Textpassage „Sein Blut komme über uns und unsere Kinder"[24] gestrichen wurde; wiewohl in der Abendmahl-Szene ein siebenarmiger Leuchter auf dem Tisch steht und der Segensspruch hebräisch gesprochen wird, ging die von den bayerischen Passionsspielern ohnedies *bereitwillig* vollzogene Reform dieses auf ein Pestgelübde von 1633 zurückgehenden und alle zehn Jahre aufgeführten Laienspiels manchen Vertretern jüdischer Organisationen nicht weit genug.

Aber nach diesem Exkurs über das Oberammergauer Spiel der Passion Jesu wieder zurück zu Köhlmeiers Spiel *mit* der Passion Jesu.

Legenden mögen edel und hehr oder berechnend und heimtückisch sein – aber sie haben stets eine Botschaft, sie vertreten immer ein ganz bestimmtes *Anliegen*. Köhlmeiers Bibel-Erzählungen hingegen haben *keinerlei* „Message" außer der Selbstgefälligkeit des Erzählens; und das macht diese Erzählungen so gespenstisch.

Köhlmeiers Bibel-Erzählungen sind reinstes l'art pour l'art. Das Erzählen ist in ihnen reiner Selbstzweck. Es gibt weder so etwas wie eine „Moral aus der Geschichte" noch bietet der Autor dem Zuhörer irgendeinen Zuwachs an Erkenntnis, geschweige denn, daß er eine neue Perspektive, einen anderen, bisher unbekannten Blickwinkel auf Jesus eröffnen würde, der dem Zuhörer helfen könnte, Jesus neu und besser zu verstehen. Im Gegenteil: Köhlmeiers passioniertes Passions-Parlando ist eher dazu angetan, das Bild von Jesus zu verunklaren, statt es zu klären. Nicht nur, daß dem Zuhörer dieser Geschichten zu keinem Zeitpunkt plausibel gemacht wird, was gläubige Israeliten damals eigentlich antrieb und innerlich bewegte –

einen Mann wie Jesus z. B. oder einen Mann wie Johannes den Täufer, den Köhlmeier gleichsam als spirituellen Gegenpol zum politischen Barabbas sieht –, man weiß am Ende nicht so recht, was dieser Jesus eigentlich will. Er wirkt seltsam bizarr und scheint reichlich schizophren zu sein. Ein Befund übrigens, der sich an literarischen und sonstigen künstlerischen Hervorbringungen sehr oft feststellen läßt – z. B. auch am „Jesus"-Film aus der Serie der von Leo Kirch initiierten Bibelfilme.

„Gut gemeint" heißt noch lange nicht „gut gemacht"

Die Schriftstellerin Marie Luise Kaschnitz (1901–1974) hat einmal in einem Aufsatz über Jesus geschrieben, bei Jesus habe es „Unverständliches und Schockierendes auf Schritt und Tritt" gegeben. Als Leserin der Evangelien fiel ihr auf, daß Jesus sich oft merkwürdig „paradox" verhalten habe. Als ein „hochmütiger und demütiger Herr" habe er sich gezeigt. Einerseits habe er seinen Jüngern beim Letzten Abendmahl so viele friedliche und tröstende Worte gesagt – „die Abschiedsreden waren versöhnlich", sagt Kaschnitz –, andererseits sei er „am Ende nur noch traurig" gewesen.[25]

Die Dichterin hat ausgezeichnet beobachtet, nur hat sie eines nicht bedacht – oder nicht gewußt: daß die Evangelien nicht alle die gleiche Sprache sprechen. Das Johannesevangelium hat bekanntlich eine ganz andere Perspektive als die Synoptiker. Bei Johannes wird Jesus als der erhöhte Herr dargestellt, der selbst auf dem Ölberg noch, als die Häscher kommen und ihn verhaften, die Situation in der Hand hat. Als er sagt: „Ich bin es", weichen sie zurück und fallen wie tot zu Boden[26]; bei den realitätsnäher erzählenden Synoptikern liegt er selber am Boden[27]. Wer naiv beide Ebenen durcheinandermischt, muß zwangsläufig den Eindruck haben, dieser Jesus sei psychisch labil oder womöglich nicht ganz richtig im Kopf.

Naiv durcheinandergemischt werden die beiden Ebenen leider auch in dem von Roger Young gedrehten, 20 Millionen

Dollar an Produktionskosten verschlingenden Zweiteiler „Jesus“ aus der Serie „Die Bibel“[28]. Darum muß ich, auf Jesusverfälschungen achtend, diesem – wie im begleitenden Pressetext stolz hinausposaunt wurde – „aufwendigsten und ambitioniertesten TV-Projekt, das jemals verwirklicht wurde“, das Prädikat „Mit Vorsicht zu genießen“ verleihen.

Man mag vielleicht fragen, was ich denn an einem Film auszusetzen habe, der gerade *nicht* ein anderes Jesusbild propagieren möchte als die Kirche, sondern den Anspruch erhebt, die Bibel so zu verfilmen, wie sie ist; – mehr noch: wieso ich mich erdreisten kann, an einem Film herumzunörgeln, der sogar im Vatikan Gefallen fand und dessen Hauptdarsteller von Papst Johannes Paul II. in Sonderaudienz empfangen wurden. Darauf kann ich nur antworten: weil „gut gemeint“ noch lange nicht auch „gut gemacht“ heißt.

Es gibt leider auch so etwas wie *innerkirchliche Jesusfälschung*. Sie geschieht in bester und lauterster Absicht; und wo sie geschieht, wird meist gar nicht bemerkt, daß hier etwas nicht stimmt.

An dieser Stelle kann es nicht schaden, wieder in Erinnerung zu rufen, was wir mit „Jesusfälschung“ überhaupt meinen. Es geht nicht um Glaubensfragen, die sind ein ganz anderes Thema. Es geht um den *historischen* Jesus, nicht um den Christus des *Glaubens*. Jesusfälschern auf den Zahn fühlen heißt nicht nachprüfen, ob das Richtige über Jesus geglaubt wird oder ob womöglich irgendwelche Häresien vertreten werden; was dabei einzig und allein interessiert, ist die Frage, ob ein Buch, ein Film oder ein Stück Literatur den Jesus der Geschichte korrekt darstellt – oder ob sich ein Autor, aus welchen Gründen auch immer, an der historischen Wahrheit über Jesus versündigt.

Eine solche Versündigung an der historischen Wahrheit ist nicht nur der Fall, wenn ein Autor z. B. behauptet, daß Jesus nicht am Kreuz starb oder daß er kein Jude war. Man kann auch ein falsches Bild von Jesus erzeugen, wenn man lauter richtige Einzelstücke benutzt, sie aber nicht richtig zusammensetzt – und genau dies geschieht im Jesus-Streifen der „Leo-Kirch-Bibel" an einigen Stellen.

Kritiker haben süffisant kommentiert, daß der Satan in diesem Film mal „im dunklen Designeranzug", mal als hübsche „Lady in Red" erscheint. Daß der Versucher Jesu in zweierlei Gestalt auftritt, wäre an und für sich nichts Verkehrtes und die Botschaft der Bibel Verfälschendes. Die Evangelien beschreiben ja nicht, wie dieser Versucher aussah und an welchen Erkennungsmerkmalen ihn Jesus identifizierte. Wichtig ist nur, daß Jesus dem Widersacher widersagte und ihn sozusagen „zum Teufel schickte"; und dies vermittelt der Film, und darin ist er auch korrekt. Bedenklicher ist eher, daß der Satan in diesem Film *überhaupt* auftritt und im Bild zu sehen ist, und wenn ich „bedenklich" sage, dann meine ich das wörtlich: dies ist etwas, was zu bedenken wäre und worüber *sehr genau* nachgedacht werden müßte.

Der Film „Die Bibel – Jesus" zeigt mir, daß offenbar *nicht* genügend nachgedacht wurde. In diesem durchaus nicht schlechtesten Exemplar einer langen Reihe von Jesus-Filmen liegen symbolische Szenen und Realszenen auf der gleichen Ebene; von der *Bildsprache* her wird keinerlei Unterschied zwischen ihnen gemacht.

Mißachtung der Bildsprache

Selbst im simpelsten Krimi ist das ganz anders. Wenn ein Film z. B. zeigt, daß jemand träumt, dann wird durch die Bildsprache klar und für jeden erkennbar sein, wo der Traum endet und wo die Wirklichkeit anfängt; erst recht, wenn es sich um Alpträume und Fieberphantasien handelt. Selbst Kleinkinder, die von früh bis spät vor der Glotze hocken, sind imstande, mühelos zu begreifen, daß die Maus, die sie in einem dokumentarischen Tierfilm sehen, eine andere Art von Maus ist als die Micky-Maus im Zeichentrickfilm, die sprechen kann und lustige Dinge treibt. Ebenso klar müßte ein Bibelfilm von der Bildsprache her einen Unterschied machen zwischen *deutenden* Bildern, die die Wirklichkeit aufschließen, und Bildern, die sich sozusagen auf der fotodokumentarischen Ebene bewegen. Unser Jesus-Film tut das leider nicht.

Wenn bei der Taufe Jesu Wunderbares geschieht und sogar Gottes Stimme zu hören ist, dann wird dies in diesem Film gezeigt, als würde es sich um ein reales, fotografierbares Geschehen handeln. Und wenn der neben Jesus befindliche Johannes der Täufer bei dieser Gelegenheit dann auch noch in großer Ergriffenheit – zu wem eigentlich? – „Seht, das Lamm Gottes!" flüstert, wird das Ganze zum unfreiwillig komischen optischen Kalauer.

Mit anderen Worten: Der Film nimmt die Semantik der filmischen Bildsprache nicht ernst – oder, noch schlimmer, er *kennt* sie gar nicht, und es ist ihm überhaupt nicht bewußt, was er anrichtet, wenn er ihre Gesetzmäßigkeiten außer Acht läßt und sie unreflektiert einsetzt, ohne mögliche Wirkungen und möglicherweise unerwünschte Nebenwirkungen zu bedenken.

So ist es zweifellos eine gute Idee, Jesus in diesem Film als heiter-fröhlichen und unbeschwerten, als einen im Sinne der Forderung Nietzsches „erlöst aussehenden" Menschen zu zeigen und ihn lachen zu lassen, sooft es nur geht. Wenn Jesus aber auch lacht und sein frohes Gesicht aufsetzt in Situationen, wo es gar nichts zu lachen gibt, dann wird die frohe Botschaft der Fröhlichkeit zur *peinlichen* Botschaft – und Marie Luise Kaschnitz würde wieder einmal „Unverständliches und Schockierendes" feststellen müssen.

Ein besonders krasser Fall ist das Wunder vom reichen Fischfang. Eine Szene wie diese so fotorealistisch zu zeigen, wie es in diesem Film geschieht, heißt sie verfälschen, und dies geschieht in der Tat. Das Eigentliche kommt in keiner Weise über die Leinwand. Die genuine Jesuserfahrung der Apostel, die in dieser kerygmatischen Wundergeschichte vom wunderbaren Fischfang transportiert wird – das unerschütterliche Vertrauen der Jünger auf ihren Herrn auch in Zeiten, wo alles vergeblich erscheint –, bleibt auf der Strecke. Was wir sehen, ist ein plumpes Überwältigungswunder.

Dieser Zimmermann aus Nazareth, der so tut, als würde er mehr von Fischfang verstehen als alle Fischer dieser Welt, zieht eine regelrechte Zauber-Show ab, um seine Anhänger für sich einzunehmen, besonders einen so nüchternen und skeptischen Mann wie Petrus. Jesus gebärdet sich gleichsam als ein supermega-powervoller Wundertäter, der alles daransetzt, seiner Mannschaft zu beweisen, daß er kein Kleinkaliber ist. Mit einer geschickt eingefädelten, dramaturgisch gut vorbereiteten und die Zuschauer umso mehr verblüffenden „Action" zieht Jesus seine Jünger gleichsam innerlich über den Tisch. Aber damit tut er genau das, was er vorher bei der Versuchung durch den Satan dezidiert abgelehnt hat: das heißt, er wirkt exakt jenes Wunder, das ihm der Versucher vorgeschlagen hat, als er sagte: „Wenn du Gottes Sohn bist, so befiehl, daß aus diesen Steinen Brot wird"[29] – nur mit dem Unterschied, daß es nicht um Brote, sondern um Fische geht.

Hier lügt das Bild

Mit anderen Worten: Hier *lügt* das Bild. Oder noch deutlicher gesagt: Hier lügt das *Bild*. Denn es wird zwar alles so gezeigt und gesagt, wie es in der Bibel steht, aber die optische Präsentation widerspricht der Intention der biblischen Texte, und damit wird das Ganze unwahr. Das, was ich sehe, erzählt mir nicht die Wahrheit über Jesus. Er wird verfälscht.

Ich will es ausdrücklich betonen: auf *dieser* Ebene und *nur* auf dieser Ebene finde ich den auf weite Strecken sonst durchaus tadellosen Film schlicht und einfach mißglückt – und die, die ihn uneingeschränkt loben, sollten einfach sensibler werden für die mit der Bildsprache verbundene Problematik.

Mein Urteil über diesen Film ist ein differenzierendes Urteil. Deshalb habe ich auch gesagt: „Mit Vorsicht zu genießen" und nicht: „Abzulehnen". Was ich allerdings als besonders unerfreulich und höchst betrüblich empfinde: der Film hatte einen theologischen Berater, und man merkt nichts davon!

Wenn im Abspann zu lesen ist: „Redaktion: Heinrich Krauss", dann ist dieser Hinweis an und für sich dazu da, dem Zuschauer zu signalisieren, daß an dem ganzen Projekt auch ein Experte beteiligt war, dessen Aufgabe es war, auf die Qualität des Drehbuchs zu achten und dem Regisseur als eine Art geistiger Bodyguard zur Seite zu stehen, um zu verhindern, daß in einem solchen ambitionierten Unternehmen irgendwelche unverantwortliche Schnitzer passieren. Wenn ich aber das fertige Produkt mit all diesen Schnitzern sehe, muß ich erkennen, daß der theologische Berater offenbar nichts zu reden hatte – oder daß er eben nicht imstande war, mit seinen Vorschlägen durchzudringen. Denn daß ein bibel- und medienkundiger Fachmann wie Heinrich Krauss so naiv sein könnte, sich der vorhin ausgebreiteten Problematik nicht bewußt zu sein und die von mir monierten Schnitzer nicht als Schnitzer zu erkennen, darf ausgeschlossen werden.

Fazit: Wir haben es mit einem Etikettenschwindel zu tun. Der Film brüstet sich mit einem Gütesiegel, das er nicht verdient. Die Nennung eines Redakteurs ist lediglich eine Alibihandlung; und – was nicht minder ärgerlich ist: ein Redakteur ließ es sich gefallen, daß man ihn als Feigenblatt benutzte.

ANMERKUNGEN:

1 Kraft Wetzel: Welchen Judas hätten Sie denn gern? Die Zeit 21 / 17. Mai 2001. S. 41
2 Ebenda S. 41.
3 1 Kor 1,22-23.
4 Wetzel a. a. O., S. 41.
5 Mt 26,55.
6 Joh 18,20-21.
7 Joh 18,22-23.
8 1 Kor 1,23-25.
9 Zitiert in: Alfred Läpple: Jesus von Nazareth. Kritische Reflexionen, München 1972. S. 23.

10 Ernst Bloch: Das Prinzip Hoffnung, Frankfurt am Main 1968.
11 Adolf Holl: Jesus in schlechter Gesellschaft, Stuttgart 1971.
12 Johannes Thiele (Hg.): Jesus. Auf der Suche nach einem neuen Gottesbild, Düsseldorf 1993. S. 11.
13 Jack Miles: Jesus. Der Selbstmord des Gottessohns. Aus dem Englischen von Friedrich Griese, München 2001.
14 Burkhard Hickisch / Renate Spieckermann: Ich war Ötzi. Die Botschaft aus dem Eis, München 1995.
15 Aus einem Werbeprospekt des Münchener Herbig-Verlages.
16 Aus einem Werbeprospekt des Münchener Hanser-Verlages.
17 Der Grundgedanke der „Satisfaktionstheorie" besteht in der – vom mittelalterlichen Welt- und Menschenbild keineswegs unbeeinflußten – Annahme, daß dem unendlichen Gott durch den Sündenfall des Menschen eine Majestätsbeleidigung angetan worden sei, für die ihm nur dann in rechter Weise Genugtuung geleistet werden könne, wenn die Genugtuung durch einen gleichwertigen Partner erfolgt, also nicht durch einen leider bloß *endlichen* Menschen, sondern durch den der Unendlichkeit teilhaftigen Gottmenschen Jesus. – Womit, was zu beweisen war, bewiesen wurde: Gott selber mußte Mensch werden, um den Menschen erlösen zu können.
18 Jack Miles: Gott. Eine Biographie, München 1996.
19 Statement von Jack Miles, in: Ursula Baatz: Eine Krise im Leben Gottes. Der Autor Jack Miles und das Leben Jesu, ORF 30. Dezember 2001.
20 Heinz Zahrnt: Irgend jemand muß dafür büßen. Jack Miles liest die Bibel wie ein literarisches Kunstwerk, Süddeutsche Zeitung, 27. November 2001.
21 Michael Köhlmeier. Der Menschensohn. Die Geschichte vom Leiden Jesu, München 2001.
22 Josef Dirnbeck: Offen gesagt, Kirche Intern 9 / 1999.
23 Michael Köhlmeier: Die Passion des Jesus Christus, nacherzählt von Michael Köhlmeier, ORF 22. April 2000. – Die Zitate, auf die ich mich in meiner Analyse beziehe, stammen alle aus dieser Radiosendung.
24 Mt 27,25.
25 Marie Luise Kaschnitz: Das Ärgernis; in: Zwischen Immer und Nie. Gestalten und Themen der Dichtung, Insel-Verlag, Frankfurt am Main 1993. S. 35-36.
26 Joh 18,6: „Als er zu ihnen sagte: Ich bin es!, wichen sie zurück und stürzten zu Boden."
27 Mt 26,39: „Und er ging ein Stück weiter, warf sich zu Boden und betete: Mein Vater, wenn es möglich ist, gehe dieser Kelch an mir vorüber. Aber nicht wie ich will, sondern wie du willst."
28 Roger Young: Die Bibel – Jesus. Spielfilm 1999. Drehbuch: Suzette Couture. Mit Jeremy Sisto (Jesus), Jacqueline Bisset (Maria), Luca Zingaretti (Petrus), Debra Messing (Maria Magdalena), Armin Mueller-Stahl (Josef), Peter Gevissen (Lazarus), Jeroen Krabbé (Satan) u. a. Redaktion: Heinrich Krauss. Musik: Patrick Williams. Regie: Roger Young. – Die Zitate, auf die ich mich in meiner Analyse beziehe, stammen alle aus diesem Film.
29 Mt 4,3.

IX.
FROMME FATA MORGANA
Ein Tuch, eine Tafel, ein paar Papyri

Es gehört zu den menschlichen Grundbedürfnissen, anderen Menschen seinen Dank, seine Wünsche oder seine Gefühle auszudrücken. Wem es zu schwer ist, selber die rechten Worte zu finden, der hat die Möglichkeit, sich an die Worte anderer anzulehnen – oder gleich den fertigen passenden Glückwunsch, Gruß oder Trostspruch aus dem reichhaltigen Angebot in den Papier- und Schreibwarenabteilungen der Kaufhäuser auszuwählen.

Auch im Internet kann man fündig werden. Selbst wer nur einen originellen Ansagetext für seinen Anrufbeantworter sucht, wird im weltweiten Web reich bedient.

Tönendes Erz und echtes Gefühl

Ein inniger Vers auf dem Lebkuchenherz, ein flottes Wort auf der Urlaubskarte, ein passendes Gedicht zur passenden Gelegenheit – nur die Moden und die Medien haben sich geändert, aber nicht die *Bedürfnisse* der Menschen. Insofern ist es kein Zufall, daß das „Museum komischer Vorträge" – eine vom Hofschauspieler Johann Ferdinand Rüthling (1793–1849) zusammengestellte Sammlung heiterer Gedichte, nach der heute kein Hahn mehr kräht – seinerzeit der große Renner war. Elf Auflagen davon hat der Berliner Verlag, in dem es erschienen ist, verkauft. Wer ein Büchlein wie dieses besaß, kam nicht so leicht in Verlegenheit, wenn er gebeten wurde, den nächsten geselligen Abend durch den Vortrag eines heiteren Gedichts zu bereichern.

„Mir und mich" heißt eines der humoristischen Gedichte von Johann Ferdinand Rüthling, das ich ganz besonders liebe. Nicht so sehr, weil hier die Eigenheit des Berliners, im Gebrauch von Dativ und Akkusativ nicht ganz sattelfest zu sein, in satirischer Weise aufs Korn genommen wird, sondern weil dieses Gedicht in witziger Weise die Einsicht vermittelt, daß ein *echtes* Gefühl auch dann echt und stark bleibt, wenn es in unbeholfener oder gar *falscher* Weise ausgedrückt wird:

„Ich liebe *dir*, ich liebe *dich*! / Wie's richtig is, ich weeß es nich; / ich lieb' nich uf den dritten Fall, / ich lieb' nich uf den vierten Fall, / ich lieb' uf alle Fälle!"[1]

Keiner wird an der Lauterkeit der kindlichen Liebe zweifeln, nur weil die Zeichnung, die der kleine Knirps gemalt hat, vielleicht ein wenig bizarr ist oder weil im selbstverfaßten Muttertagsgedicht des Töchterchens alles verkehrt ist, was nur verkehrt sein kann.

Wenn ein Liebesbrief von Fehlern strotzt, macht das die im Brief zum Ausdruck gebrachte Liebe nicht unwahr oder unecht. Die Begründungen, die ein Verliebter vorbringt, um zu beweisen, wie toll und unvergleichlich seine Geliebte ist, mögen unzutreffend und falsch, ja sogar absolut lächerlich sein; sie vermögen dennoch nicht, die echten Gefühle des Herzens zu entwerten. Die Liebe ist die Liebe – unabhängig davon, wie gut oder wie schlecht es dem Liebenden gelingt, seiner Liebe Ausdruck zu verleihen.

Wie bei der Liebe, so beim Glauben. Der Glaube – und damit bin ich längst schon beim Thema Jesusfälschung! –, der Glaube eines Menschen kann untadelig und echt, richtig und wahr, tief und stark sein, und der Gläubige kann diesem Glauben trotzdem in höchst anfechtbarer Art und Weise Ausdruck verleihen, kann ihn mit hanebüchenen, völlig untauglichen, ja absolut lächerlichen Argumenten zu begründen versuchen.

So wie Liebe nicht vor Torheit schützt, schützt auch Glaube nicht vor Torheit. Mein Reden über den Glauben kann ausgesprochen dumm sein, aber daraus folgt noch lange nicht, daß auch mein Glaube dumm ist. Ich habe ihn nur unzulänglich ausgedrückt.

Freilich gilt auch das Umgekehrte – nämlich das, worauf der Apostel Paulus in seinem berühmten hohen Lied der Liebe hingewiesen hat: Meine Rede über den Glauben kann ausgesprochen gescheit, hochgestochen, elegant, tiefsinnig und dogmatisch ganz und gar unanfechtbar sein; wenn aber hinter meinen Worten keine Lebensrealität zu finden ist, nützt alles nichts. Dann sind die schönen Worte nur schöne Worte. Das ergreifende, an Engelszungen gemahnende Gerede wäre dann nur seelenloses Geschwätz, bloß „tönendes Erz" und „klingende Schellen"[2].

Was ich damit sagen will? Auch das Reden über Jesus kann fromm und ehrlich gemeint und dennoch falsch sein. Es kann einer den wahren Jesus auch verfehlen, wenn er wirklich den wahren Jesus meint.

Ein Jesussucher wird zum Dissidenten

„Ich bin nicht unfehlbar" ist der Titel des Interviews, in dem der ungarische Pfarrer Andreas Gromon zu seinem Fall Stellung nahm, nachdem er von seinem kirchlichen Oberen des Amtes enthoben worden war, weil er abweichende Ansichten über die Auferstehung Jesu und die Gottessohnschaft Christi geäußert hatte. Gromon war ehedem Mitglied der von Pater György Bulányi gegründeten „Bokor"-Bewegung – einer ebenso kritischen wie charismatischen Initiative, die sowohl dem kommunistischen Regime als auch der kirchlichen Obrigkeit ein Dorn im Auge war.

Auf die Frage, was ihn an der offiziellen Lehre der Kirche störe und was er selber eigentlich unter Auferstehung verstehe, antwortete der amtsenthobene Priester: „Ich bin dankbar, daß ich das erklären kann. Ich verneine nicht nur nicht, daß es eine Auferstehung und ein ewiges Leben gibt, sondern ich glaube ausdrücklich daran."[3]

Was ihm Schwierigkeiten bereite, sei das Sterben Jesu Christi am Karfreitag und die Auferstehung am Ostermorgen. „Ich bin derzeit der Ansicht", so Gromon wörtlich, „daß Jesus am Kreuz nicht gestorben ist, daß seine Verletzungen nicht zum Tod geführt haben, sondern daß er lediglich in ein Koma fiel, aus dem er am Ostermorgen erwachte. Natürlich hätte man ihn sofort wieder verfolgt, deshalb hat man ihn verborgen, deshalb erschien er nicht mehr in den Städten und traf sich mit seinen Jüngern nur geheim, in entlegenen Gegenden."[4]

Ich kann es nicht verhehlen: An dieser Aussage eines ungarischen Priesters gibt es etwas, das mir sehr gefällt. Nicht – wie ich sogleich betonen möchte – auf der *inhaltlichen* Ebene; denn hier liegt Andreas Gromon meiner Meinung nach natürlich völlig falsch, und hier ist er denn auch massiv zu kritisieren. Aber mir gefällt das Wort *„derzeit"* in seiner Aussage.

Ob Gromon, der als Dissident des kommunistischen Regimes in seiner Heimat Repressionen erlebte und dann auch als Dissident der katholischen Kirche nicht ungestraft davonkam, das ganz bewußt gerade so betonen wollte, oder ob es ihm gleichsam unabsichtlich herausgerutscht ist, ist nebensächlich. Mir imponiert die Haltung, die hier zum Ausdruck kommt. Ein Mann, der sagt: „Ich bin derzeit der Ansicht", ist ein Mann, der sich auf einem Weg befindet. Ein Mann, der weiß, daß er „nicht unfehlbar" ist, ist kein Mann, der selbstgerecht darauf pocht, daß seine Erkenntnisse der Weisheit letzter Schluß sind und daß nicht sein kann, was nicht sein darf[5].

Insofern tanzt Andreas Gromon ein wenig aus der Reihe. Er ist keiner der üblichen Jesusfälscher. Er ist eher ein Jesus*sucher* als ein Mann, der um einer vorgefaßten Meinung willen bereit ist, die Wahrheit mit Füßen zu treten und die Tatsachen so lange zu verbiegen, bis sie endlich in sein Konzept passen.

Ein Jesussucher will freilich auch Karl Herbst[6] sein, mit dessen These über den Tod Jesu der amtsenthobene Priester aus Ungarn nicht nur sympathisiert, sondern – wie aus seinen Aussagen hervorgeht – völlig d'accord ist. Karl Herbst nimmt an, daß Jesus nicht am Kreuz gestorben ist, sondern das Kreuz überlebt hat, und er glaubt diese Annahme auch beweisen zu können.

In den Zeugenstand gerufen wird ein Stück Stoff, eine weltberühmte Reliquie, auf der das Abbild eines gekreuzigten Mannes zu sehen ist: das Turiner Grabtuch. Die Frage ist freilich, ob es zugunsten von Karl Herbst aussagen wird, oder ob sich am Ende etwas ganz anderes herausstellt.

„Kriminalfall Golgatha"

Am 13. April 1992 verschickte Karl Herbst zehn Briefe an zehn verschiedene Adressaten. Die Briefe hatten alle denselben Inhalt. Die Adressaten hatten auch etwas Gemeinsames. Es waren lauter Personen, die entweder aktiv oder passiv mit der Durchführung des Radiokarbontests zu tun hatten, der im Jahr 1988 an Stoffproben vom Turiner Grabtuch vorgenommen worden war – eines Tests, der das eindeutige Ergebnis erbracht hatte, daß dieses Gewebe aus dem Mittelalter stammt und daher nicht das echte Leichentuch Jesu sein kann.

Die zehn Personen wurden von Karl Herbst darüber informiert, daß „demnächst eine Buchveröffentlichung" anstehe, die durch Fotos und Dokumente nachweisen würde, daß die dem Tuch entnommenen Proben *vertauscht* wurden.[7]

Ferner teilte Karl Herbst den Briefempfängern mit, „daß allen mit der Sache Befaßten letzte Gelegenheit zur Stellungnahme geboten" würde und daß er sie ausdrücklich um „sachliche Gegenargumente" bäte, „die in jedem Fall geprüft und bei der Veröffentlichung entsprechend berücksichtigt" würden. Gleichzeitig versicherte Herbst, „daß eine eventuelle Antwortverweigerung noch nicht als Zustimmung gedeutet wird, sondern nur als Indiz dafür, daß dem um Stellungnahme Gebetenen nichts bekannt ist, was die Thesen des Autors entkräftet", und stellte den Betreffenden anheim, daß entweder sie selber oder eine ausgewiesene Person ihres Vertrauens „jede gewünschte Manuskriptpassage mit Fotos und Dokumenten einsehen dürften, um konkret genug antworten zu können".[8]

Es liegt natürlich die Frage nahe, was wohl geschehen sein mag, nachdem die Deutsche Bundespost Karl Herbsts Briefe ordnungsgemäß weiterbefördert hatte, und der Leser erhält denn auch vom Buchautor postwendend die Antwort: „Hier das Summarium der zehn Reaktionen: drei antworteten nicht (Ratzinger, Ricci, Saldarini), vier antworteten ausweichend (Tite, Riggi, Testore, Ballestrero), drei antworteten gesprächsbereit (Bollone, Vial, Gonella)."[9]

„Kriminalfall Golgatha – Der Vatikan, das Turiner Grabtuch und der wirkliche Jesus" heißt das Buch, in dem Karl Herbst über diese Korrespondenz berichtet. Seitenlang präsentiert er dort – zum Teil in faksimilierter Form – die bei ihm eingelangten Antwortschreiben, um dann seine Schlüsse zu ziehen. Zum Beispiel diesen: „Wer diese sieben von zehn Reaktionen auf das faire Angebot, die Wirklichkeit aufzudecken, um eventuelle Irrtümer zu korrigieren, einmal in Ruhe bedenkt, kann die psychische Tiefendimension des Kriminalfalls Golgatha erspüren: Die Existenzangst und die Fesselung an Dogmen zwingt fortwährend auch gutwillige und geradlinige Menschen, unpassende Fakten zu verschweigen oder zu verdrehen und dabei sich selbst zu krümmen."[10] Wie sagte doch der Dichter? „Willst du dich selber erkennen, so sieh, wie die andern es treiben; willst du die andern verstehn, blick in dein eigenes Herz ..."[11]

Um zu verstehen, welchen Hintergrund Karl Herbsts Aktion hatte, muß man sich in Erinnerung rufen, daß am 13. Oktober 1988 der damalige Erzbischof von Turin, Kardinal Anastasio Ballestrero, bekanntgegeben hat, daß nach den Labortests das Grabtuch aus dem Mittelalter stamme. Nachdem das Untersuchungsergebnis sodann von verschiedenen Seiten angezweifelt worden war, meldete sich Michael Tite, der Kurator des Britischen Museums und der Koordinator der Untersuchungen am Turiner Textil, zu Wort und wies die

Vorwürfe zurück. Die Altersbestimmung des Grabtuchs sei an den richtigen Gewebsproben vorgenommen worden, sagte Tite; Vorwürfe, er habe die Gewebsproben vertauscht, seien absurd.

Italienische Zeitungen hatten zuvor gemeldet, daß nach Ansicht des französischen Wissenschafters Bruno Bonnet-Eymard der Kurator Michael Tite die dem Grabtuch entnommenen Stoffproben heimlich mit Teilen eines Linnens aus dem 13. Jahrhundert vertauscht habe.[12]

Für Karl Herbst, der ja davon ausgeht, daß eine auf dem Turiner Grabtuch sichtbare Blutspur beweist, daß Jesus nicht am Kreuz gestorben ist, sondern die Kreuzigung überlebt hat und lebendig unter dem Tuch lag, ist völlig klar, warum manipuliert worden sein muß. Weil sonst Aussagen über den historischen Jesus möglich wären, welche „christliche Grunddogmen auflösen würden"[13]. Denn diese folgenschwere Blutspur am Grabtuch würde beweisen, daß der für die christliche Vorstellung von einer „Erlösung durch den Tod am Kreuz" so unverzichtbare Tod am Kreuz gar nicht stattgefunden hat.

In die gleiche Kerbe schlagen Holger Kersten und Elmar R. Gruber mit dem gemeinsam verfaßten 445-Seiten-Schmöker „Das Jesus-Komplott – Die Wahrheit über die Auferstehung". Das deutsche Pendant zum amerikanischen Sensationsschreiber-Duo Baigent und Leigh hat ebenfalls den Vatikan im Visier: Der Vatikan könne nicht zulassen, daß herauskommt, daß Jesus nicht am Kreuz gestorben ist.[14]

Wie Karl Herbst meinen auch Holger Kersten und Elmar R. Gruber allen Ernstes, daß aufgrund dieses – wie wir schon erwähnt haben von Hans Naber[15] erstmals beobachteten – Blutspurbefundes das Turiner Grabtuch „der Kirche zur Gefahr, vielleicht sogar zum Verhängnis werden" könnte[16].

Was beweist das Turiner Grabtuch?

Anders als Herbst, Kersten und Gruber war der deutsche Jesuitenpater Werner Bulst, der sich Jahrzehnte seines Lebens mit sindonologischen Studien beschäftigte[17], *nicht* davon überzeugt, daß das Turiner Grabtuch beweisen würde, daß Jesus nicht am Kreuz gestorben sei. Er war aber sehr wohl davon überzeugt, daß bei der Entnahme der Gewebeproben eine *Manipulation* stattgefunden hätte, als er 1990 ein Buch veröffentlichte, in welchem er den Radiokarbontest als „manipuliert" bezeichnete und von einem „Betrug am Turiner Grabtuch" sprach.[18]

Daß hier ein Mann, der keineswegs am Kreuzestod Jesu und an der Auferstehung zweifelte, am gleichen Strang zog wie die anderen, die sehr wohl am Kreuzestod Jesu und an der Auferstehung zweifelten, ist ein kurioser Hintertreppenwitz der Geschichte der Grabtuchforschung. Man stelle sich vor: zwei gegensätzliche Fraktionen, die beide in gleicher Weise am Erweis der Echtheit des Grabtuchs interessiert sind, werfen dem Vatikan Manipulation vor, aber sie tun es aus völlig entgegengesetzten Motiven.

Die *agnostische* Fraktion der Grabtuchapologeten braucht ein echtes Grabtuch, um zu beweisen, daß nach der Kreuzigung mit Jesus nichts Übernatürliches geschah und das Leere Grab nicht anders leer war als ein leeres Spitalsbett, das von einem als geheilt entlassenen Patienten verlassen wurde. Die *pietistische* Phalanx der Grabtuchverehrer hingegen möchte ein echtes Grabtuch, um dem Gottmenschen Jesus so nahe zu kommen wie nur möglich und gleichsam einen materiellen Beweis für die Wirklichkeit seiner Auferstehung in Händen halten zu können.

Dies läßt das Ausmaß der Irritation und der großen Enttäuschung erahnen, die es bedeutete, als der am Turiner Grabtuch vorgenommene Radiokarbontest nicht die erwartete Bestätigung der Echtheit des Linnens brachte, sondern das Tuch mit naturwissenschaftlicher Unzweideutigkeit als ein Produkt des Mittelalters auswies.

Aber das Turiner Grabtuch beweist eben weder, daß Jesus nicht am Kreuz starb, noch ist es eine Art fotografischer

Schnappschuß von seiner Auferstehung. Das Turiner Grabtuch beweist *überhaupt nichts* über Jesus!

Das Turiner Grabtuch – ich muß es in aller Deutlichkeit sagen – ist nicht echt. Dieses in Turin aufbewahrte 4,37 Meter lange und 1,11 Meter breite Stück Stoff[19], auf dem das blasse Abbild eines nackten Mannes zu sehen ist, dessen gekreuzte Hände den Genitalbereich verdecken, ist *keineswegs* jene kostbare „reine Leinwand"[20], die laut Auskunft der Bibel ein reicher Ratsherr namens Josef von Arimathäa am Spätnachmittag des Todestages Jesu gekauft hat, um den verstorbenen Gekreuzigten darin einzuwickeln und in einem Felsengrab beizusetzen.

Nach allem, was wir über dieses Tuch wissen und mit Bestimmtheit sagen können, ist dieses aus handgesponnenem Garn gewebte Linnen, das seit dem Jahr 1578 in Turin aufbewahrt wird, mehr als vier Jahrhunderte dem Haus Savoyen gehörte und nach dem Tod des italienischen Exkönigs Umberto im März 1983 in den Besitz des Vatikans überging, eine im Spätmittelalter auf höchst raffinierte Weise produzierte Reliquie – also keine echte Reliquie, sondern eine *Fälschung*, die in der Tat das Prädikat verdient, die raffinierteste „Jesusfälschung"[21] aller Zeiten genannt zu werden. Mögen auch noch so viele Bücher mit der kämpferischen Parole „Und das Grabtuch ist doch echt"[22] geschrieben, gedruckt und mit Begeisterung gelesen werden, es hilft nichts: das Turiner Grabtuch ist nicht echt und wird durch noch so viel Wunschdenken und Phantasien in wissenschaftlichem Mäntelchen auch nicht um einen Deut echter.

Die raffinierteste Jesusfälschung

Seit Jahrzehnten werden der Öffentlichkeit in schöner Regelmäßigkeit Berichte über angebliche Beweise für die Echtheit des Turiner Grabtuches präsentiert. Dadurch ist bei Menschen, die sich nicht näher mit der Materie beschäftigen, sondern die nur das wahrnehmen, was in den Medien Schlagzeilen macht, nach und nach der Eindruck entstanden, die Wissenschaft hätte die Echtheit des Tuches bewiesen. In Wirklichkeit ist das genaue Gegenteil der Fall. Wenn überhaupt etwas wissenschaftlich erwiesen ist, dann die Tatsache, daß das Tuch *nicht* echt ist.

Der Radiokarbontest von 1988 hat ergeben, daß das Tuch aus der Zeit zwischen 1260 und 1390 stammt und somit nicht alt genug ist, um als Leichentuch des gekreuzigten Jesus in Frage zu kommen. Bezeichnenderweise wurde jedoch dieser 1,2 Millionen Dollar teure Test, der überaus sorgfältig vorbereitet wurde und von drei renommierten Instituten in der Schweiz, Großbritannien und den USA unabhängig voneinander mit übereinstimmendem Ergebnis durchgeführt wurde, hinterher von genau den gleichen Leuten angezweifelt, die ihn vorher auf das vehementeste gefordert hatten.

Die Verfechter der Echtheit des Turiner Grabtuches, die ein massives Interesse daran haben, dieses Linnen für das echte Leichentuch Jesu halten zu dürfen, hatten sich schon vor Jahrzehnten dafür ausgesprochen, eine solche naturwissenschaftlich abgesicherte Datierung, wie sie der Radiokarbontest ermöglicht, vornehmen zu lassen, um endlich Gewißheit darüber zu haben, daß das Tuch echt ist. Als der Test dann nicht das erwünschte Ergebnis erbrachte, war die Enttäuschung naturgemäß riesengroß. Flugs wurde eine „Betrugs-Theorie" in die Welt gesetzt.

Ohne auch nur einigermaßen plausibel machen zu können, weshalb ausgerechnet die Kirche eine eventuelle Echtheit des Tuches vertuschen wollen sollte, wurde behauptet, es sei manipuliert worden: man hätte Gewebsproben vertauscht. Und als man damit nicht durchkam, wurde eine neue „Erklärung" hinausposaunt. Nun war's plötzlich kein Betrug mehr, sondern es wurden doch die richtigen Gewebsproben untersucht, aber – so behauptete man – durch die Hitze, der das Tuch bei einem Brand in der Schloßkapelle von Chambéry im Jahr 1532 ausgesetzt war, sei beim Test ein falsches Ergebnis herausgekommen und der Test wäre zur Datierung des Grabtuchs „unbrauchbar".

Dabei ist der Radiokarbontest keineswegs der einzige Grund, der die Annahme ins Reich der Phantasie verweist, daß der tote Jesus von Nazareth mit dem Turiner Textil jemals Hautkontakt gehabt hätte. Dieser Test ist lediglich der schlagendste *empirische* Beweis dafür, daß es dieses Tuch vor dem Mittelalter nicht gegeben hat. Der *historische* Befund und die bisher leider viel zu wenig berücksichtigten Ergebnisse der *Bibelwissenschaft* beweisen ebenfalls ganz klar, daß das Turiner Grabtuch keinesfalls das wirkliche Leichentuch des historischen Jesus ist.

Keine Frage des Glaubens

Es ist hier nicht der Ort, ausführlich darzulegen, weshalb die vermeintliche Echtheit des Turiner Grabtuchs nichts weiter ist als eine Fata Morgana. Wer Genaueres darüber wissen möchte, den muß ich auf mein Buch „Jesus und das Tuch"[23] verweisen. Ich habe es – genauso wie *dieses* Buch hier – für Menschen geschrieben, die nicht bereit sind, sich etwas vormachen zu lassen; für Menschen, die sich nicht damit zufrieden geben, nur ihre *Gefühle* sprechen zu lassen und – sozusagen nach dem Motto „Ich liebe dir, ich liebe dich; wie's richtig is, ich weeß es nich" – ihren Verstand unbenutzt zu lassen und gar nicht erst den Versuch machen zu wollen, herauszufinden, wie es *richtig* ist.

Aber auch dies muß in aller Deutlichkeit gesagt werden: Den nüchternen – und mag sein: für manche auch *er*nüchternden – Befund zur Kenntnis nehmen, daß das Turiner Grabtuch nicht das Leichentuch des historischen Jesus ist, bedeutet nicht, die *religiöse* Bedeutung dieses Tuches zu verkennen.

Es ist niemandem verwehrt, das Turiner Grabtuch andächtig als Reliquie zu verehren. Nichts spricht dagegen. Wenn ich zur Ausstellung nach Turin pilgere, um das Tuchbild zu sehen, oder ein Bild vom Fotonegativ des Tuchbildes betrachte und anhand dessen über das Leiden Jesu meditiere, dann heißt das nicht, daß ich einer Fata Morgana auf den Leim gehe. Fromme Fata Morgana wäre es aber, wenn ich mir unter Ausschaltung aller kritischen Vernunft suggerieren wollte, dieses Tuch sei echt. Das Gleiche gilt für alle anderen Bilder, die mich zur Meditation anregen können. Zu betrachten, wie Matthias Grünewald den Auferstandenen gemalt hat, und mich davon in meinem religiösen Gefühl ergreifen zu lassen, ist durchaus legitim; aber zu meinen, ich hätte hier eine fotorealistische Abbildung dessen vor mir, was am Ostermorgen in Jerusalem vor sich ging, wäre absurd.

Vom Standpunkt der christlicher Frömmigkeit aus betrachtet ist es also weder unsinnig noch unerlaubt, die „Sacra Sindone di Torino" als Reliquie zu verehren, wie es seit Jahrhunderten geschieht. Es ist keineswegs kirchliche Vorschrift, daß Reliquien echt sein müssen, um verehrt werden zu dürfen. Nach katholischer Überzeugung steht und fällt der Wert einer frommen Übung nicht mit der historischen Wahrheit, die ein Andachtsgegenstand besitzt – und natürlich steht und fällt er auch nicht mit seinem *ästhetischen* Wert.

Wer z. B. nach altem Brauch willens und bereit ist, an einem Freitag vor einem Bild des Gekreuzigten andächtig sieben Vaterunser, Gegrüßet seist du Maria und Ehre sei dem Vater zu beten, kann den damit verbundenen Ablaß von sieben Jahren gewinnen[24], unabhängig davon, ob es sich bei dem Bild, vor dem er seine Andacht verrichtet, um ein Fresko, eine auf Holz gemalte Ikone oder um ein kitschiges Kreuzwegbildchen handelt.

Es macht auch keinen Unterschied, ob das Bild von einem Rembrandt gemalt oder von einem Alfred Hrdlicka gezeichnet ist, geschweige denn, ob die Kreuzigung auf dem Bild „historisch korrekt" dargestellt wird. Ein nicht an den Handwurzelknochen, sondern mitten in den Handflächen durchbohrter Crucifixus scheidet ebenso wenig als möglicher Gegenstand der Andacht aus wie ein an der rechten Brustseite statt im Herzbereich durchbohrter Gekreuzigter oder einer, der statt einer Dornenkrone eine goldene Königskrone auf dem Kopf trägt.

Gebete und fromme Übungen haben ihren Wert in sich; sie gründen im Spirituellen, nicht im Materiellen. Für die Kirche gehört das alles nicht in den Bereich der Glaubenslehre, sondern der Volksfrömmigkeit, wie auch im „Katechismus der Katholischen Kirche" – im sogenannten Weltkatechismus – zu lesen ist: „Der religiöse Sinn des Volkes hat von jeher in mannigfaltigen Frömmigkeitsformen Ausdruck gefunden, die das liturgische Leben umgeben – wie die Reliquienverehrung, das Aufsuchen von Heiligtümern, die Wallfahrten und Prozessionen, die Kreuzwegandachten, die religiösen Tänze, der Rosenkranz und die Medaillen."

Diese Ausdrucksformen „setzen das liturgische Leben der Kirche fort, ersetzen es aber nicht", sagt der Katechismus. Allerdings sei die Kirche „darauf bedacht, die Volksfrömmigkeit durch das Licht des Glaubens zu erhellen; sie begünstigt diejenigen Formen, in denen sich ein dem Evangelium entsprechendes Gespür und eine menschliche Weisheit äußern und die das christliche Leben bereichern".[25]

Auch wenn das Gewinnen von Ablässen und die Verehrung von Reliquien bei den Gläubigen heute sicherlich nicht mehr denselben Stellenwert haben wie früher, gibt es diese Dinge genauso, wie es nach wie vor Weihwasser oder die Segnung von Kreuzen und Rosenkränzen gibt. Wer davon Gebrauch machen will, darf das; wer nicht will, muß nicht und kann auch ohne diese Formen der Volksfrömmigkeit ein aufrechter Gläubiger und ein guter katholischer Christ sein.

Mit anderen Worten: Die Frage, ob das Turiner Grabtuch echt oder nicht echt ist, ist keine Frage des Glaubens, sondern eine Frage der Wissenschaft. Papst Johannes Paul II. hat sich bei seinem Besuch der Grabtuchausstellung in Turin für eine

„vorurteilslose Erforschung" des Linnens ausgesprochen[26]. Genau darum geht es. Es geht darum, nicht nur die *eine* Möglichkeit zu prüfen, daß es sich beim Turiner Grabtuch um das echte Leichentuch Jesu handeln könnte, sondern eben auch die andere, daß das Grabtuch eine *Fälschung* sein könnte, und dann abzuwägen, welche Argumente die gewichtigeren sind.

Das Problem ist nur, daß sich hier die Geister scheiden. Viele Gläubige wollen eine solche vorurteilsfreie kritische Prüfung gar nicht. Statt das Turiner Grabtuch als das zu nehmen, was es ist – nämlich eine durchaus imposante, hochinteressante und trotz allem, was wir bis jetzt darüber wissen, immer noch genügend rätselhafte Schmerzensmann-Ikone aus dem späten Mittelalter –, klammern sie sich lieber in fundamentalistischer Weise an eine pseudowissenschaftlich untermauerte „Echtheit" des Tuches. Das *müßte* nicht so sein, das *sollte* nicht so sein, es ist aber so. – Und *warum* ist es so?

Kardinal Joseph Ratzinger dürfte den Nagel auf den Kopf getroffen haben, als er bei einem Vortrag in Turin sagte: „Vor dem Grabtuch begegnen sich Vernunft und Gefühl."[27] Diese Begegnung ist oft genug eine Kollision, ein Aufeinanderprallen zweier verschiedener Denkungsarten – eine Art religiöser „Clash of Civilizations" im Sinne von Samuel P. Huntington. Oder um noch einmal mit Johann Ferdinand Rüthling zu sprechen: „Wie's richtig is, ich weeß es nich – ich lieb' uf alle Fälle ..."

Innerkirchliche Jesusfälschung

Als ich seinerzeit begonnen habe, mich systematisch damit zu beschäftigen, die Elaborate der „Jesusfälscher" auf den Prüfstand zu heben, hatte ich es vor allem mit Sachbüchern einer bestimmten Sorte zu tun. Es waren Bücher von ganz unterschiedlichen Autoren mit ganz unterschiedlichen Interessen, die sich – trotz der bunten Vielfalt ihrer Ideen und bei allen Widersprüchen, in denen ihre Thesen zueinander standen – zumindest in dem einen Punkt trafen: sie warfen der

Kirche vor, Jesus verfälscht zu haben, und erhoben ihrerseits den Anspruch, den „wahren Jesus" zu präsentieren. Die Kirche habe aus Jesus etwas ganz anderes gemacht, als er ursprünglich war. Jahrhundertelang sei es gelungen, die Wahrheit zu unterdrücken, nun sei endlich Schluß damit, nun werde die Wahrheit über Jesus enthüllt – lautete die stets neue frohe Botschaft dieser Bücher.

Autoren dieser Art von Büchern möchte ich den *klassischen* Typ der Jesusfälscher nennen. Daneben gab und gibt es auch andere Formen von Jesusfälschung. Wer mein Buch „Die Jesusfälscher – Ein Original wird entstellt" gelesen hat, weiß, daß ich dort auch über „Jesusfälschung durch frommen Überschwang"[28] geschrieben habe.

Diese eher harmlose Form der Jesusfälschung kann mildernde Umstände für sich geltend machen. Zwar nimmt es auch sie – wie jede Jesusfälschung – mit der Wahrheit über Jesus nicht so genau, aber sie tut es nicht, weil sie über Jesus Lügen verbreiten will, sondern weil sie ihn *liebt*. Sie benimmt sich wie ein Verliebter, der seiner Dulzinea die tollsten Komplimente sagt, wiewohl ihm natürlich durchaus klar ist, daß er übertreibt und daß nicht alle seine Worte einer nüchternen Überprüfung standhalten werden.

Vielleicht hätte ich auch noch „Jesusfälschung aus frommem *Unverstand*" als eigene Kategorie einführen sollen; auch die gibt es, und auch hierfür ließen sich mühelos Beispiele finden.

Allerdings: dumme Bücher über Jesus – auch *fromme* dumme Bücher über Jesus gab es schon immer; in den letzten Jahren jedoch ist etwas hinzugekommen, was in dieser Form früher nicht existierte.

Im letzten Kapitel meines Buches muß ich mich leider mit einer neuen Spielart von Jesusfälschung auseinandersetzen, mit der bereits erwähnten *innerkirchlichen* Jesusfälschung, die in den letzten Jahren an Boden gewonnen hat und von vielen noch gar nicht als solche wahrgenommen wurde – und die alles andere als erfreulich ist.

Mit anderen Worten: Als Spurensucher der „Jesusfälscher" und als kritischer Kommentator jeglicher Art von Verfälschung der historischen Wahrheit über Jesus muß ich mich nicht nur mit allen möglichen verschrobenen und versponnenen Jesusbüchern herumschlagen, habe es nicht bloß mit so vielen naiven und gerissenen, gehässigen und kämpferischen oder schlicht und einfach dummen Elaboraten zu tun, sondern zunehmend auch mit Büchern gläubiger Christen, die anscheinend meinen, sich um der Wahrheit des Glaubens willen an der historischen Wahrheit versündigen zu dürfen, und die diese verfälschen oder jedenfalls versuchen, die historische Wahrheit so gut wie möglich zu ignorieren und eine andere Wahrheit an deren Stelle zu setzen.

Diese Bestrebungen lassen sich mit dem Ausdruck „restaurative Tendenzen in der neueren Jesusforschung" umschreiben. Die Methoden, mit denen diese innerkirchlichen Verfälscher der historischen Wahrheit über Jesus – und um diese und *nur* um diese geht es uns hier! – arbeiten, liegen leider auf der gleichen Ebene wie die Methoden der ungläubigen oder jedenfalls nicht im Sinne der Kirche gläubigen, ja bisweilen extrem kirchenfeindlichen Jesusfälscher, mit denen wir es bisher zu tun hatten.

Die Art und Weise, wie diese Leute vorgehen, – wenn sie z. B. angeblich neue Erkenntnisse über Alter und Entstehungszeit neutestamentlicher Texte vorlegen oder angebliche Beweise präsentieren, die die vermeintliche Echtheit gewisser Reliquien – nicht nur des Turiner Grabtuchs – begründen sollen, unterscheidet sich leider kaum von der Art und Weise, wie dies die Jesusfälscher herkömmlichen Stils zu tun pflegen. Hier wie dort werden windige Behauptungen als gesicherte Forschungsergebnisse präsentiert, mit scheinbar wissenschaftlichen Begründungen versehen und einem leider meist völlig ahnungslosen, reichlich uninformierten und daher um so leichtgläubigeren Publikum als Sensation serviert.

Hier wie dort melden sich dann natürlich auch die seriösen Experten der neutestamentlichen Wissenschaft zu Wort, um diese Thesen zu diskutieren und ihre Unhaltbarkeit oder auch völlige Unsinnigkeit nachzuweisen. Aber die Worte dieser Experten dringen üblicherweise nicht über den Binnenraum der Fachzeitschriften und der Bildungshäuser hinaus. Und so sind es wiederum nur die sowieso schon Sensibilisierten, die dann wissen, *daß* und *warum* an solchen Thesen nichts dran ist. Ein kleines Häuflein von Eingeweihten wird darüber aufgeklärt, wie es wirklich ist. Aber bei der Mehrheit der interessierten Laien bleibt nur hängen: „Da hat doch neulich ein Wissenschaftler nachgewiesen, daß die Evangelien nicht erst nach dem Jahr 70 entstanden sind, sondern schon viel früher!"

Die Sache mit der Frühdatierung

Ein typisches Beispiel für diese Art eines bedenklichen Umgangs mit der historischen Wahrheit über Jesus war für mich der Auftritt von Universitätsprofessor Karl Jaroš im Österreichischen Fernsehen. Dieser Mann durfte in einem Studiogespräch[29] völlig unwidersprochen behaupten, in einer der Höhlen von Qumran habe man ein Stück des Markusevangeliums gefunden.

Der mit der Thematik überforderte und offensichtlich völlig ahnungslose Fernsehmoderator war nicht imstande, seinem Gesprächspartner Gegenargumente vorzuhalten oder ihn aus Gründen der objektiven Berichterstattung und im Interesse einer ausgewogenen Information der Zuschauer zumindest höflich darauf hinzuweisen, daß es sich bei dem, was da behauptet wurde, um eine höchst *umstrittene* These handelt. Im Gegenteil: Jaroš wurde als „doppelt habilitierter Professor für Altes Testament und Orientalistik" vorgestellt und somit als Fachmann und Autorität auf dem Gebiet präsentiert, über das er sprach, so daß die mit der Materie nicht näher vertrauten Zuschauer – also geschätzte 99,9% des Fernsehpublikums –

meinen mußten, das, was sie hier zu hören bekommen hatten, wäre „die" Ansicht der Wissenschaft.

Jaroš ist nicht der erste, der sich für eine Frühdatierung des Markusevangeliums ausgesprochen hat. Das „Ius primae noctis" an dieser Theorie darf José O'Callaghan für sich in Anspruch nehmen, ein irisch-stämmiger Spanier, der schon Anfang der siebziger Jahre auf die Idee gekommen ist, eines der vielen winzigkleinen Fragmente, die in Qumran gefunden wurden, für ein Stückchen aus dem Markusevangelium zu halten. Und zwar hat er in „7Q5" – wie das nur 3,94 x 2,7 cm große, mit ein paar griechischen Buchstaben beschriftete Stück in der Fachwelt heißt – den Text von Mk 6,52-53 wiederzuerkennen vermeint.

Wenn er recht gehabt hätte, dann würde das bedeuten, daß das Markusevangelium bereits vor dem Jahr 68 n. Chr. existiert haben müßte, bevor nämlich jene Schriftrollen, die erst Jahrhunderte später – im Jahr 1947 – entdeckt wurden, in den Tonkrügen der Höhlen von Qumran vor den herannahenden Römern versteckt wurden.

José O'Callaghans Theorie wurde bereits seinerzeit heftig diskutiert, kritisch geprüft und aus guten Gründen für unhaltbar befunden. Es würde zu weit führen, hier näher auszuführen, warum und wieso; wer es genauer wissen möchte, den muß ich auf die Lektüre entsprechender Fachliteratur verweisen[30]. Ich möchte aber – wiederum nach dem Motto von Bert Brecht „Das Volk will viele Beweise, dem Einsichtigen genügt ein einziger" – wenigstens einen kleinen Anhaltspunkt geben, mit dessen Hilfe man auch als Nichtfachmann ohne größeres Hintergrundwissen, einfach unter Zuhilfenahme des gesunden Hausverstandes nachvollziehen kann, daß auch in dieser Sache wieder einmal der Wunsch der Vater des Gedankens war.

Ich empfehle folgendes. Wenn Ihnen jemand weismachen will, in Qumran habe man den Beweis gefunden, daß das Markusevangelium – dessen Entstehungsdatum die neutestamentliche Wissenschaft mit guten Gründen für die Zeit nach der Zerstörung Jerusalems ansetzt – schon *vor* dem Jahr 70 n. Chr. geschrieben vorlag, dann stellen Sie ihm eine ganz simple Frage.

Fragen Sie ihn, wie es seiner Meinung nach sein kann, daß unter den in den Höhlen von Qumran versteckten Texten ausgerechnet ein Stück einer *neutestamentlichen* Schrift zu finden gewesen sein sollte, wo doch die vielen Schriftrollen und Schriftrollenfragmente, die man dort fand, nachweislich aus der Zeit vor Christi Geburt stammen – wobei „nachweislich" heißt, daß diese von seriösen Qumranforschern vorgenommene Datierung mittlerweile auch durch einen Radiokarbontest bestätigt wurde, das heißt, daß es sich also um Texte handelt, die bis zu eineinhalb Jahrhunderte älter sind als das Christentum.

Und wenn er Ihnen erwidert, es sei doch nicht grundsätzlich unmöglich, daß in den späten sechziger Jahren des Ersten Jahrhunderts eben *gleichzeitig* sowohl alte Texte als auch ganz neue Texte in die Tonkrüge gesteckt wurden, dann bitten Sie ihn um eine plausible Begründung, wie es kommt, daß die „Senioren" unter den Schriftrollen in einem vergleichsweise tollen Erhaltungszustand in die Krüge gesteckt wurden, hingegen das gewissermaßen soeben „brandneu erschienene" Markus-Evangelium bis zur Unkenntlichkeit vermodert oder sonstwie zerfetzt und zerrissen worden wäre – und überdies vom ganzen Evangelium lediglich ein armseliges Fuzzelchen mit zum Teil nur schwer entzifferbaren Buchstaben übrig geblieben sein sollte.

Sagen Sie Ihrem Gesprächspartner, das Ganze käme Ihnen ungefähr so vor, als würden New Yorker Archäologen in ferner Zukunft einen uralten Schrank ausbuddeln, von dem sich herausstellen würde, daß er sich seinerzeit in einem der beiden Türme des am 11. September 2001 zerstörten World-Trade-Centers befunden hätte, und dieser Schrank enthielte interessante Dokumente aus der amerikanischen Geschichte, hauptsächlich aus der Zeit um 1900, manche sogar noch aus der

Zeit des Amerikanischen Bürgerkrieges, zum Teil vielleicht auch noch ein paar aus dem Zweiten Weltkrieg, aber *ein* kleines, nur ein paar Quadratzentimeter großes Fuzzelchen wäre darunter, von dem manche Archäologen glaubten, daß es eindeutig aus der Zeit kurz vor 2001 stammen müsse.

Doch mit all dem bisher Gesagten noch nicht genug: Stellen Sie sich vor, Ihr Gesprächspartner, der die These der Frühdatierung der Evangelien vertritt und Ihnen einreden will, in Qumran sei ein Markustext gefunden worden, mutet Ihnen zusätzlich zu all den bisherigen Unwahrscheinlichkeiten auch noch zu anzunehmen, daß dem Schreiber des Textes ausgerechnet beim Schreiben dieser paar Buchstaben leider ein Schreibfehler[31] passiert sei und der Text eigentlich ein bißchen anders zu lesen wäre, als er dasteht, denn sonst würde die schöne Theorie nicht stimmen und die Zeichenfolge für den fraglichen Markustext gar nicht in Frage kommen – würden Sie dann trotzdem beifällig nicken und ihm sagen, Sie fänden seine Argumentation überaus einleuchtend?

Aber selbst wenn es Ihr Gesprächspartner verstanden hätte, Ihnen bis hierher alles plausibel zu machen und Ihre erheblichen Zweifel, ob „7Q5" wirklich das Fragment eines Textes aus dem Markusevangelium sein könne, auszuräumen, dann fragen Sie ihn, wieso seiner Meinung nach überhaupt ein *christlicher* Text nach Qumran gekommen sein sollte. Man würde es schließlich auch nicht für sehr wahrscheinlich halten, in einer Bibliothek der Zeugen Jehovas ausgerechnet eine päpstliche Enzyklika archiviert zu finden. Fragen Sie Ihren leidenschaftlichen Verfechter einer Frühdatierung der Evangelien, welchen Grund denn die Leute in Qumran, die nachweislich *keine* Christen, sondern Mitglieder einer streng jüdischen Sekte waren, eigentlich gehabt haben könnten, in ihrem Areal und in ihren Tonkrügen mit begrenztem Speicherplatz ausgerechnet den Text einer Handschrift des Markusevangeliums aufzubewahren – einen Text also, der nichts mit Essenern zu tun hat, sondern offensichtlich aus einer *christlichen* Gemeinde stammt.

Mag sein, daß Ihr Gesprächspartner dann zwar bereitwillig zugibt: Jawohl, „bezüglich Höhle 7 ist es evident, daß die neutestamentlichen Fragmente nicht von den Essenern stammen können", Ihnen aber auf die Frage nach den Beweggründen des Aufbewahrens eines solchen fremden Textes folgendes antwortet: „Als die Judenchristen vor der römischen Belagerung Jerusalem verließen, könnten ihnen freundschaftlich gesinnte Essener durchaus den Dienst getan haben, ihre Heiligen Schriften zu verstecken."[32]

Wie Sie natürlich sofort bemerkt haben, ist diese letzte Antwort, die ich Ihrem imaginären Gesprächspartner in den Mund gelegt habe, nicht imaginär, sondern ein wörtliches Zitat. Sie können dieses Argument vom Freundschaftsdienst der Essener im Jesusbuch von Professor Karl Jaroš nachlesen.

Ohne Sie von neuem an die phantasievollen Abenteuergeschichten von Karl May zu erinnern, möchte ich Sie – gleichsam unter vier Augen – nur folgendes fragen: Sagen Sie ehrlich, erscheint Ihnen eine solche „Erklärung" plausibel oder wird sie in Ihnen nur noch mehr den Verdacht stärken, daß hier wieder einmal ein ganz bestimmtes Wunschdenken zu einem angeblich wissenschaftlichen Ergebnis geführt hat?

Ein Papyrus als Beweis

Der erste, der die Theorie aufgestellt hat, daß es sich bei „7Q5" um einen Markustext handelt, war – wie gesagt – José O'Callaghan, ein Jesuitenpater mit irischen und spanischen Wurzeln, der lange Zeit am Päpstlichen Bibelinstitut in Rom tätig war. Seine These wurde – wie ebenfalls bereits erwähnt – in der Fachwelt diskutiert und für falsch befunden.

Jahrzehntelang fragte keiner mehr nach dieser These von O'Callaghan, bis der Papyrologe Carsten Peter Thiede auf den Plan trat, ein Mitglied der Anglikanischen Kirche mit deutschen und britischen Wurzeln. Thiede hat O'Callaghans vermeintlichen Beweis für die Existenz des Markusevangeliums vor dem Jahr 70 aus der Versenkung hervorgeholt wie der Zauberer das Kaninchen[33] und in der Folge versucht, die Theorie einer Frühdatierung der Evangelien durch weitere solcher „Enthüllungen" hoffähig zu machen – vor allem durch die zusammen mit Matthew d' Ancona, einem Redakteur der Zeitung „Sunday Telegraph", herausgegebene Schrift über den „Jesus-Papyrus"[34].

Es tut mir leid, wenn ich mich wiederholen muß – aber leider wiederholt sich tatsächlich immer wieder dasselbe: Die Entdeckung wurde in den Medien als Sensation gefeiert. Diesmal war es eine britische Zeitung, die Londoner „Times", die als erste stolz hinausposaunte[35], was ihr zahlreiche andere Medien alsogleich nachposaunten: Carsten Peter Thiede habe mit dem von ihm neu datierten Papyrus „den ersten Beweis eines Augenzeugen-Berichts vom Leben Christi" geliefert. Seit der Entdeckung der Schriftrollen vom Toten Meer, sei dies der „wohl bedeutendste Durchbruch in der neutestamentlichen Forschung".

Es ist hier nicht der Ort, die Details dieses Versuchs, einige Papyrusfragmente neu zu datieren, ausführlich zu diskutieren. Ich möchte nur zitieren, wie Abbé Émile Puech, der Forschungsdirektor am CNRS, in der vom Katholischen Bibelwerk Stuttgart herausgegebenen Zeitschrift „Welt und Umwelt der Bibel" über Thiede und die von ihm favorisierte Lieblingsidee einer Frühdatierung der Evangelien urteilt: „Einmal die zahlreichen Ungenauigkeiten beiseite gelassen, ist es nicht sicher, ob Thiedes Buch die Debatte zwischen Wissenschaft und Glauben überwinden hilft, eher ist das Gegenteil zu fürchten, weil die Wissenschaft hier zu unersprießlichen Zwecken genutzt wird. Die Tricks und die Volten, zu denen Thiede in seinen Beweisführungen greift, werden einen kundigen Leser nicht überzeugen. [...] Nur ein unbedarfter oder schon im voraus für Thiedes Position eingenommener Leser wird den ‚Fragmenten der Wahrheit' glauben, die aber auch beim besten Willen nicht vor 70 n. Chr. oder auch nur ins 1. Jahrhundert datiert werden können. Die groß angekündigte Enthüllung erweist sich als Seifenblase, der materielle Beweis für Augenzeugendokumente wird nicht geliefert."[36]

Thiedes „Jesus-Papyrus" ist also in den Augen der Fachwelt nichts weiter als eine Seifenblase. Aber es soll hier um Gottes willen nicht der Eindruck erzeugt werden, der Papyrologe Carsten Peter Thiede sei womöglich kein kluger Kopf. Wie kritisch er denken kann und wie scharfsinnig er Unsinn von Sinn zu unterscheiden vermag, kann man an der Kritik ablesen, die er an Drosnins ominösem „Bibelcode" geübt hat[37]. Umso mehr muß meiner Meinung nach bedauert werden, daß sich Herr Thiede in bestimmten anderen Fragen fatalerweise offensichtlich von einem fundamentalistischen Wunschdenken leiten läßt – und noch viel bedauerlicher und ärgerlicher ist, daß er mit der fortgesetzten Propagierung seiner wissenschaftlich in keiner Weise haltbaren Thesen im Grunde ein noch viel größeres Unheil anrichtet als die Jesusfälscher des ordinären Typs; denn der einfache Gläubige sagt sich doch mit Recht: „Bitte, das sind doch unsere eigenen Leute, die das sagen – die werden uns doch nicht an der Nase herumführen!"

Der vorhin erwähnte Karl Jaroš liefert den besten Beweis, wie das fortgesetzte Tuten ins gleiche Horn mit der Zeit zu Musik wird. Sein im Heiligen Jahr 2000 erschienenes Buch „Jesus von Nazareth. Geschichte und Deutung" ist ein strammes Kind dieses Trends einer restaurativen Jesusforschung. Da wird bereits von einer „Wende" gesprochen, die heute festzustellen sei. Wären die Evangelien bis vor wenigen Jahren noch mit großem Konsens nach dem Jahre 70 n. Chr. datiert worden, so ließe sich nunmehr beobachten, daß die „Ergebnisse der Papyrologie ernst genommen" würden und die These einer „Frühdatierung von Markus, Matthäus, Lukas und Johannes" an Boden gewänne. Die Evangelien – so Jaroš wörtlich – „erweisen sich seit einiger Zeit immer klarer als solche, die dem historischen Geschehen sehr nahe stehen. Nicht nur eine Neubewertung der inneren Kriterien, wie sie unter anderem der britische Forscher J. A. T. Robinson vorexerziert hat, sondern auch die Neudatierung verschiedener Papyri berechtigen zu dieser Annahme. Carsten Peter Thiede hat unter anderem mit seinen Studien zu dem Papyrusfragment Nr. 5 von der Höhle sieben von Qumran ein unumstößliches Fundament gelegt, so daß die Niederschrift des Markusevangeliums heute auf einen Zeitpunkt datiert werden kann, der nur wenige Jahre nach dem Tod Jesu anzusiedeln ist."[38]

Dies ist gewiß eine pointierte Meinung und eine klare Position. Die Gegenposition der neutestamentlichen Wissenschaft ist freilich nicht minder klar: keine Rede könne davon sein, daß die Dinge so sind, wie sie Thiede & Co. gerne sehen möchten. Was ist denn nun diese Sache mit der Frühdatierung wirklich: Eine Seifenblase aus geschlagenem Schaum, die sofort zerplatzt, wenn man daran rührt? Oder ein „unumstößliches Fundament"?

„Näher bei Jesus"

Was ist eigentlich der tiefere Sinn dieses Gelehrtenstreits? Wozu diese massive Erregung wegen ein paar Buchstaben auf dem Fragment einer uralten Schriftrolle? Warum um alles in der Welt wird mit einer solchen Verbissenheit versucht, um jeden Preis zu beweisen, daß das angebliche Markusfragment wirklich ein *Markus*fragment ist? Was wäre das Sensationelle, wenn es sich bei den paar griechischen Buchstaben auf einem gerade briefmarkengroßen Fragment tatsächlich um einen Ausschnitt aus einem neutestamentlichen Text handelt?

Die Antwort ist verblüffend einfach. Das „Sensationelle" wäre: wir wären „näher bei Jesus". Was wir beim verbissenen Kampf um die Echtheit des Turiner Grabtuchs schon beobachten konnten, ist auch hier der Fall. Es ist die gleiche Sehnsucht am Werke, der gleiche fundamentalistisch motivierte Wunsch, möglichst dicht an Jesus heranzukommen – etwas zu haben, an das man sich anhalten kann: sei es ein Stück Stoff, das mit dem Körper unseres Herrn und Meisters in Berührung war und in dem heute noch Spuren jenes Blutes enthalten sind, das er vor zweitausend Jahren vergossen hat, um die Welt zu erlösen; oder sei es einen Papyrus, der so alt ist, daß er noch in die Zeit hinein reicht, als alles anfing.

Wenn „7Q5" Markus wäre, dann hätte das – so der dahinter stehende Gedankengang – zur Konsequenz, daß die Göttlichkeit Jesu, an die die Christen glauben, gewissermaßen historisch beweisbar wäre. Wir hätten nämlich – glaubt Thiede –, falls der in Qumran gefundene Text tatsächlich aus dem Markusevangelium stammt und dieser Text demzufolge bereits im Jahr 68 existiert haben müßte, um dort deponiert worden zu sein, den eindeutigen Beweis, daß man von Jesus nicht nur *behauptete,* daß er ein Prophet war und die Zukunft voraussagen konnte, sondern daß er die Zukunft *tatsächlich* voraussagen konnte und zumindest ein konkretes historisches Ereignis – die Zerstörung Jerusalems – vorhergesagt hat, das dann tatsächlich so eingetroffen ist.

Für den Fall, daß jemand argwöhnt, diese Analyse wäre überzogen und hier ginge es womöglich darum, Thiede und anderen Leuten, die so denken wie er, in polemischer Absicht Motive zu unterstellen, die sie gar nicht haben, will ich wortwörtlich zitieren, was Carsten Peter Thiede in einem Hörfunk-Interview gesagt hat.

„Wenn ich nun also das Erkenntnisziel habe, daß Jesus doch eigentlich nur ein einfacher Mensch war wie so viele Gestalten, die damals in Israel herumliefen, und vielleicht ein paar Dinge etwas besser gesagt hat als andere, so daß seine Worte erhalten blieben, und dummerweise halt von den Römern hingerichtet wurde, und der Rest ist Legende! –, wenn ich diese Position vertrete, dann habe ich ein erkenntnisgeleitetes Interesse daran, daß Jesus diese Voraussagen nicht selbst gemacht hat – denn sie sind ja eingetroffen: Jerusalem ist ja zerstört worden! –, also brauche ich Texte, die erst nach dem Jahre 70 geschrieben wurden. Denn dann kann ich sagen, wenn ich verkünde der interessierten Öffentlichkeit, daß die Evangelien erst nach dem Jahre 70 geschrieben wurden, dann kann ich natürlich auch den einen Schritt weitergehen und sagen: und dann hat man eben solche Aussagen Jesus in den Mund gelegt, um ihn zu stilisieren als den großen Propheten. Jerusalem war zerstört, also sagen wir mal, daß Jesus das vorhergesagt hat. Wunderbar – jeder weiß, daß Jerusalem zerstört wurde, also klappt das Spiel! Das ist ein erkenntnisleitendes Interesse, was hier verfolgt wird eben mit dieser Notwendigkeit, Jesus wieder auf Normalmaß zurückzustutzen, Texte haben zu müssen, die erst geschrieben wurden, nachdem vorausgesagte Ereignisse eingetroffen sind, und dann sagen zu können, sie wurden aber erst hinterher sozusagen erfunden als Voraussagen, er hat sie nicht wirklich gemacht! Wenn jetzt aber mithilfe der klassischen Philologie, mithilfe der Textgeschichte, mithilfe der Papyrusforschung ein immer größeres Indiziennetz hergestellt wird, aus dem hervorgeht, daß diese Texte, in denen solche Voraussagen gemacht wurden, dummerweise doch schon vor dem Jahre 70 fertig vorlagen und verbreitet waren, dann ist die Sache peinlich, weil dann nämlich wenigstens so viel klar ist, daß der historische Jesus etwas vorausgesagt hat, was tatsächlich in der Menschheitsgeschichte eingetroffen ist."[39]

Thiedes Argumentation ist für mich in zweierlei Hinsicht verblüffend. Zum einen verblüfft es mich, daß er ernsthaft meint, den Beweis, den er liefern wollte, tatsächlich *geliefert* zu haben; und zum andern finde ich es noch verblüffender, daß er meinen kann, das, was er beweisen will, ließe sich überhaupt auf solche Weise beweisen.

Nehmen wir an, es verhielte sich wirklich so, wie Thiede meint, und auf dem Fragment aus der Höhle 7 stünden wirklich ein paar Zeilen Text, die auch im Markusevangelium stehen; folgt daraus zwangsläufig, daß bereits im Jahr 68 das Markusevangelium in der Form, wie wir es kennen, fix und fertig vorhanden war?

Was wäre, wenn Archäologen in Straßburg durch Zufall eine Holzkiste fänden, von der sich herausstellt, daß sie im Jahr 1771 – also zu einer Zeit, als Goethe in der Stadt war – zum letzten Mal geöffnet worden ist, und in dieser Kiste befänden sich interessante Liebesbriefe des jungen Dichters, von denen bisher niemand etwas gewußt oder geahnt hat, und es gäbe da auch noch einen kleinen Zettel mit ein paar hingekritzelten Buchstaben, die sich nach akribischer Analyse als eine Stelle aus „Faust II" identifizieren lassen. Wäre dieser Zettel, der zweifellos aus dem Jahr 1771 stammt, ein Beweis, daß Goethe bereits mit zweiundzwanzig Jahren den zweiten Teil seiner Faust-Tragödie verfaßt hat?

Man muß zugeben: Prinzipiell unmöglich wäre es nicht, daß der Dichterfürst schon in jungen Jahren, lange vor Werther, Urfaust und Faust I, still und heimlich seinen „Faust II" schrieb, das Stück aber erst in fortgeschrittenem Alter publizierte. Sehr wahrscheinlich ist es freilich nicht – um nicht zu sagen: es wäre reichlich absurd anzunehmen, daß es tatsächlich so gewesen sein könnte. Vor allem aber kann keine Rede davon sein, daß die Existenz eines solchen Zettels bereits beweisen würde, *daß* es so war. Schließlich und endlich könnte es – so sagt uns die Logik – auch noch eine Reihe anderer, vielleicht plausiblerer Gründe geben, warum auf dem Zettel geschrieben steht, was auf ihm geschrieben steht, wir dürfen doch nicht gleich den unwahrscheinlichsten Grund für den plausibelsten halten.

Wieso aber gehen dann – um wieder auf Thiede zurückzukommen – im Fall des angeblichen Markusfragments die Uhren anders? Ist es eine zulässige und methodisch saubere Vorgangsweise, aus einem verhältnismäßig wenig aussagekräftigen Befund gleich so weitreichende Schlußfolgerungen zu ziehen?

Angefochtener Glaube sucht fundamentalistischen Trost

Von Sigmund Freud haben wir gelernt, daß immer dann, wenn unzureichende Begründungen gegeben werden, unbewußte oder zumindest nicht offen eingestandene, versteckte Motive vorhanden sind. Also wird man in diesem Fall fragen müssen, wegen welcher wichtigen, vielleicht sogar elementar wichtigen, ja überlebensnotwendigen Sache ein Wissenschaftler bereit ist, hier fünfe grade sein zu lassen und etwas gleich für einen Beweis zu halten, was doch bestenfalls nur ein winziges *Indiz* genannt werden dürfte.

Nun, so schwer ist es gar nicht, hier das versteckte Motiv aufzuspüren. Thiede hat ja ziemlich unverblümt gesagt, worum es ihm geht. Er will nicht, daß Jesus „auf Normalmaß" zurückgestutzt wird, und möchte beweisen, daß Jesus eben nicht bloß ein „einfacher Mensch" war. Allerdings ist es ein Trugschluß zu meinen, daß man das Göttliche an Jesus auf diese Weise beweisen könne. In der Debatte um die Echtheit des Turiner Grabtuchs hört man auch oft das Argument, das Negativbild des Gekreuzigten auf dem Turiner Grabtuch wäre ein Beweis für die Auferstehung Jesu. Es ist aber keiner. Ein Beweis dieser Art ist nur für den ein Beweis, der sowieso schon glaubt, was bewiesen werden soll[40].

Zum Glauben komme ich auf anderen Wegen als durch solche „Beweise". Selbst die Ostergeschichten des Neuen Testaments gehen diesbezüglich respektvoller mit der Logik um. Wenn Maria von Magdala das Leere Grab sieht, sagt sie sich nicht, als wäre dies die einzig mögliche Schlußfolgerung: „Jesus ist nicht da, also muß er *auferstanden* sein." Sondern sie sagt sich: „Jesus ist nicht da, also muß jemand die Leiche weggeschafft haben."[41] Daß Jesus auferstanden ist, glaubt sie, weil sie sich von ihm angerufen und im Innersten angerührt erfährt, und nicht, weil es als einzig mögliche logische Konsequenz erscheint, die aus einem materiellen Befund zu ziehen wäre.

Mit anderen Worten: In dieser scheinbar rein wissenschaftlichen Frage, ob ein Stück Papyrus oder ein bestimmtes Tuch so oder so zu datieren ist, geht es gar nicht um *Wissenschaft*; es geht in Wirklichkeit gar nicht um die Klärung historischer, archäologischer oder papyrologischer Fragen, sondern um *Glauben*. Präziser gesagt: um einen *angefochtenen* Glauben, der fundamentalistischen Trost sucht; um einen Glauben, der durch die schwer verdaubaren Erkenntnisse der modernen Wissenschaften verunsichert worden ist und der nun durch neue, bessere, leichter verdauliche und für den Glauben bekömmlichere wissenschaftliche Erkenntnisse beruhigt werden möchte. Ob diese wissenschaftlichen Erkenntnisse wirklich wissenschaftlich sind oder nur den Anschein von Wissenschaftlichkeit haben, ist zweitrangig – denn wie der Verseschmied Rüthling so richtig gesagt hat: „wie's richtig is, ich weeß es nich – ich lieb' uf alle Fälle".

Wer sich aber mit solchen „Beweisen" zufrieden gibt, der zeigt damit, daß er nicht nur nicht weiß, „wie's *richtig* is", sondern es im Grunde auch gar nicht wissen *will*. Hauptsache, diese scheinbar wissenschaftlichen Beweise erfüllen ihren Zweck: sie beschwichtigen sein beunruhigtes Gemüt, sie bannen seine Ängste, und er kann wieder glauben wie früher, kann sich einlullen in seinen Glauben wie ein Kind und sich von Herzen darüber freuen, daß es Dinge gibt, die ihm dabei helfen und ihn stützen: sei es ein Tuch oder seien es ein paar Papyri – oder die Tafel, die Pontius Pilatus über dem Kreuz des zum Tod verurteilten Jesus anbringen ließ.

Die „Jesus-Tafel"

„Die Jesus-Tafel" ist der Titel eines im katholischen Herder-Verlag erschienenen Buches. Der Untertitel lautet: „Die Entdeckung der Kreuz-Inschrift". Gemeint ist damit eine Reliquie, die in einer römischen Kirche aufbewahrt wird. Autor des Buches ist ein gewisser Michael Hesemann. Das Foto auf dem Buchumschlag zeigt ihn zusammen mit Papst Johannes Paul II., dem er gerade seine „Studie über die Jesus-Tafel" überreicht. Im Innern des Buches kann man dasselbe Foto noch einmal – größer und in Farbe – betrachten.

Hesemann habe „mit der Unbestechlichkeit des Historikers" alle Hinweise auf diese Inschrift verfolgt und ihre Entdeckung im Jahre 325 in Jerusalem „rekonstruiert", behauptet der Text auf der Umschlagseite des Buches, der dem Leser als erstes ins Auge springt. Der Autor habe „alle Aspekte und Details untersucht" und „Expertengutachten eingeholt", bis sich „die Mosaiksteine" zu einem „klaren Bild" fügten und „das Unglaubliche" sich als wahr erwies: „Sämtliche Daten sprechen für die Echtheit der Tafel, die damit ein zeitgenössisches Dokument des wohl folgenreichsten Prozesses der Weltgeschichte ist, ein Stück vom Kreuz des Jesus von Nazareth."[42]

Hesemanns Buch gibt sich den Anschein, als könne es den Nachweis erbringen, daß diese Reliquie – die sogenannte „INRI-Tafel" in der Basilika Santa Croce in Gerusalemme in Rom – eine echte Reliquie und somit die Kreuzesinschrift über dem echten Kreuz Jesu sei.

Ich habe mit Bedacht die Formulierung gewählt, dieses Buch gebe sich den *Anschein*, als könne es den Nachweis erbringen; denn der Autor ist offensichtlich gewitzt genug, die Echtheit nicht glattweg zu behaupten. Die Echtheit des fraglichen archäologischen Objektes wird allerdings geschickt suggeriert. Wer gerne glauben will, daß sich „das Unglaubliche als wahr" erweist, kommt voll auf seine Rechnung. Das Buch ist schließlich nicht geschrieben worden, um Skepsis zu erzeugen oder eine beim Leser bereits vorhandene Skepsis zu verstärken. Sonst hätte der Autor sich so kurz fassen können wie der Leiter der deutschsprachigen Abteilung von „Radio Vatikan", Jesuitenpater Eberhard von Gemmingen, der in einem Beitrag über die sogenannte Sieben-Kirchen-Wallfahrt in Rom ebenfalls auf die in der Basilika Santa Croce de Gerusalemme aufbewahrten „Teile der Marterwerkzeuge, die Kaiserin Helena im 4. Jahrhundert von ihrer Reise ins Heilige Land mitgebracht hat", zu sprechen kam und ganz nüchtern und ohne jede Aufgeregtheit den weisen und vernünftigen Rat gab, man sollte diese

Reliquien „fromm verehren, auch wenn über ihre Geschichtlichkeit nichts sicher ausgesagt werden kann“.[43]

Jedem, der nur einigermaßen Bescheid über Kirchengeschichte weiß und sich mit der Geschichte der sogenannten „Kreuzesauffindung“ beschäftigt hat, ist bekannt, daß dieses Ereignis im historischen Sinn niemals stattgefunden hat, sondern lediglich eine legendäre Überhöhung der sehr wohl historischen Errichtung der Grabeskirche in Jerusalem darstellt. Demzufolge gibt es beim Lesen dieses Buches eigentlich nur zwei Möglichkeiten: entweder der Leser wird durch die Lektüre erfahren, wieso die bisherigen Forscher, die die vorhandenen Quellen kritisch geprüft haben, unrecht hatten, oder aber er wird erfahren, daß versucht wird, ihm etwas vorzumachen.

Es ist hier nicht der Ort, sämtliche Argumentationen, die in diesem Buch für die angebliche Echtheit dieser zum Kreuz Jesu gehörigen Reliquie ins Treffen geführt werden, zu referieren und kritisch zu hinterfragen – und es lohnt sich auch gar nicht. Wir wollen uns lediglich eine Sache näher ansehen, nämlich die Rekonstruktion der „Entdeckung“ dieser Reliquie, womit bekanntlich die Auffindung des Kreuzes durch Kaiserin Helena gemeint ist.

Nach allem, was wir wissen, gibt es überhaupt kein von Kaiserin Helena aufgefundenes echtes Kreuz Jesu und hat nie ein solches gegeben. Die Berichte darüber sind lediglich Legenden. Um so gespannter können wir sein, ob es dem Autor des Buches gelingt, uns dennoch zu beweisen, daß Helena ein Kreuz gefunden hat, noch dazu das echte.

Auch Michael Hesemann kommt um den Befund nicht herum, daß Eusebius von Cäsarea den sensationellen Fund, der Konstantins Mutter gelang, „verschwieg“[44] und daß erst Ambrosius Jahrzehnte später der erste ist, der davon etwas weiß. Hochinteressant ist freilich, wie Hesemann diesen Befund deutet. Er schreibt: „Als im Jahre 395 Kaiser Theodosius verstarb, hielt Ambrosius, Bischof von Mailand, die Totenrede. Man wird davon ausgehen dürfen, daß dieser hochrespektierte

Mann bei einem Staatsbegräbnis, vor dem versammelten Hofstaat, keine Legenden zitierte, als er ausdrücklich an das Ereignis der Kreuzauffindung erinnerte ..."[45]

Ich habe schon an früherer Stelle empfohlen, das logische Denkvermögen zu trainieren, um für die Lektüre solcher Bücher gewappnet zu sein. Ich frage: Wie steht es mit der logischen Stringenz von Hesemanns Argument? Es ist überhaupt kein Argument, es ist die pure Suggestion. Es wird kein Tatbestand erhoben, von dem man „ausgehen" kann, es wird einem bloß einer einzureden versucht.

Wer oder was sollte Ambrosius gehindert haben, „Legenden zu zitieren"? Ob dem Mailänder Bischof selber bewußt war, daß er bloß eine Legende erzählte, oder ob er gemeint hat, es sei historisch so gewesen, wie er sagte, ist wieder eine andere Frage. Kurz und gut: Das genaue Gegenteil von dem ist wahr, was Hesemann hier behauptet. Es gibt *keinen* Grund, davon auszugehen, daß ein Bischof in einer Zeit, in der es gang und gäbe war, Legenden zu erzählen, *keine* Legende vortrug.

Sehen wir uns Hesemanns Argumentation genauer an, dann begegnen wir wieder einmal einem altbekannten Argumentationsstil: Die Annahme, die im ersten Halbsatz suggeriert wird (Es *kann* doch wohl keine Legende erzählt worden sein, wenn ein so honoriger Mann wie Ambrosius den Mund aufmachte!), wird im nächsten Halbsatz sofort als bewiesene Tatsache vorausgesetzt (Nein, es *war* keine Legende, sondern ausdrücklich ein „Ereignis"!) – und dem Leser wird hurtig ein X für ein U vorgemacht. Sieht so die vielgepriesene „Unbestechlichkeit des Historikers" aus, mit der der Verlag für das Buch wirbt?

Der Fall Hesemann

Hesemanns Buch über die echte Tafel des echten Kreuzes ist eine wissenschaftlich verbrämte Fantasy-Story. Sie gehört zu jener Gattung von Texten, die nicht aufklären, sondern vernebeln. Der Zerberus der Vernunft wird durch wissenschaftliches Imponiergehabe eingelullt, und zu dieser Einlullungsstrategie gehört auch die stolz zur Schau gestellte „Vatikan-Connection" des Autors. Das Foto, das Hesemann mit dem Heiligen Vater in trauter Zweisamkeit zeigt, signalisiert dem Leser, daß das Buch, das er gekauft hat, gleichsam allerhöchstes kirchliches Wohlwollen genießt.

Zu dieser Strategie gehört auch, daß die 355 Seiten dicke Schwarte mit dem Vorwort eines sachkundigen Professors geziert ist, was dem Buch ein zusätzliches Gütesiegel verleiht. Dieser Professor heißt – wie könnte es anders sein – Carsten Peter Thiede. Der berühmte und bekannte Papyrologe, der den möglicherweise etwas weniger bekannten „Historiker und Kulturanthropologen" Hesemann vorstellt, vergißt nicht zu erwähnen, daß Hesemann „kein Geheimnis aus seinem gelebten katholischen Glauben macht"[46], und bescheinigt ihm, „mit unbestechlicher Sorgfalt und Detailgenauigkeit" nach dem gefragt zu haben, „was wir heute wirklich wissen über die zentralen Überlieferungsstücke, die mit dem historischen Jesus verbunden sind"[47]. Erraten: das Turiner Grabtuch gehört selbstverständlich auch zu diesen „zentralen Überlieferungsstücken"! Ein Kapitel im Anhang des Buches ist den „Querverbindungen" zwischen dem vermeintlich echten „Titulus Crucis" und dem vermeintlich echten Turiner Grabtuch gewidmet.

Michael Hesemann und die „Entdeckung der Kreuz-Inschrift": auf der einen Seite der Papst, auf der andern der Fachmann für Echtheit und Jesus-Nähe und obendrein noch die erhabene Majestät des Turiner Grabtuchs, in dem viele Gläubige einen materiellen Beweis für die Auferstehung erblicken – wer sollte da noch zweifeln, daß solch ein Buch Hand und Fuß hat, wo es zu guter Letzt auch noch – dies ist ebenfalls ein Gütesiegel, wenn nicht geradezu eine Art Goldmedaille – im renommierten Herder-Verlag erschienen ist!

Trotzdem kann es nicht schaden, an der Güte des Buches zu zweifeln. Dieses Buch schenkt dem Leser nämlich nicht nur über die Kreuzestafel keinen reinen Wein ein, es läßt ihn auch über die Person des Autors einigermaßen im unklaren. Wer ist dieser Michael Hesemann eigentlich?

Hat man im Herder-Verlag nicht gewußt, wer Michael Hesemann ist? Oder hat man es sehr wohl gewußt, den Lesern aber schamhaft verschwiegen, daß dieser Autor „mit einem Virus infiziert" ist?

Ich enthülle hier weder ein Geheimnis noch begehe ich eine Indiskretion, wenn ich dies sage; Michael Hesemann hat es schließlich selber in einem Interview öffentlich kundgemacht, daß er mit einem Virus infiziert ist – und zwar bereits seit seinem sechsten Lebensjahr: nämlich mit dem „*Däniken*-Virus".

Mit dem „Däniken-Virus" infiziert

„Wann und warum hast Du begonnen, Dich mit dem UFO-Phänomen zu befassen?" fragt Roland M. Horn aus Kleinbittersdorf in einem im Internet publizierten Interview, und Michael Hesemann antwortet: „Ich habe auf dem Bücherregal meiner Eltern ein Buch entdeckt, dessen Titel mich irritierte: ‚Erinnerungen an die Zukunft', das widersprach meinem linearen Zeitverständnis. Ich griff mir das Buch, schmökerte – und war mit dem Däniken-Virus infiziert. Als dann sechs Jahre später, ich war damals 12, die Bild-Zeitung von einer UFO-Landung auf Gran Canaria berichtete, war mir klar: Die Götter des Erich von Däniken sind zurückgekehrt."[48]

Der Glaube an die Existenz außerirdischer Existenzen, die unsere Erde mit fliegenden Untertassen und sonstigen Raumfahrzeugen in prähistorischer Zeit heimgesucht haben und auch heute noch heimsuchen, war keineswegs auf die Zeit beschränkt, in der der am 22. März 1964 in Düsseldorf geborene Hesemann ein Kind war und redete wie ein Kind, dachte wie ein Kind und urteilte wie ein Kind. Nein, auch als Erwachsener ist Herr Hesemann immer noch – ich zitiere! –

„felsenfest" davon überzeugt, daß die Theorie des Erich von Däniken „die einzige Erklärung (ist), die Sinn macht".

Michael Hesemann hat die Fantasy-Welt der UFOs zu seinem Beruf gemacht und hat selber UFOs gesichtet und sogar gefilmt, wie er behauptet. Der Mann, der uns 1999 mit der „Entdeckung der Kreuz-Inschrift" beglückte, enthüllte 1983: „UFOs gibt es!" So der Titel von Hesemanns erstem Buch. Er veröffentlichte es, als er 19 Jahre alt war. „Es besteht kein Zweifel mehr, daß wir von Außerirdischen besucht werden", erklärt Hesemann in einer „Stellungnahme zum UFO-Phänomen": „Wichtig ist jetzt, daß wir diese Erkenntnis in unser Weltbild integrieren, daß wir uns ihrer Konsequenzen bewußt werden. Denn im UFO-Phänomen liegt eine Herausforderung, aber auch eine Chance für die Menschheit des 3. Jahrtausends. Wir werden gezwungen, in anderen Dimensionen zu denken."

Ich habe diese Auskünfte übrigens nicht irgendwelchen Geheimdossiers entnommen, die niemand kennen kann, sondern Michael Hesemanns jedem Internet-Surfer zugänglicher Homepage[49]. Im Herder-Buch wird mir bestenfalls die *halbe* Wahrheit über Hesemann aufgetischt. Dort erfahre ich nur, daß er „Historiker" und „Kulturanthropologe" ist. Und ich kann auch lesen, daß er ein „erfolgreicher Sachbuchautor" ist „mit weltweit fast einer Million verkauften Exemplaren seiner Bücher". Seltsamerweise wird aber kein einziger dieser supermega-erfolgreichen Buchtitel genannt. Weder *„UFOs: Die Beweise"* noch *„UFOs: Die Kontakte"*, geschweige denn *„UFOs: Neue Beweise"*; weder *„Jenseits von Roswell"* noch *„UFOs über Deutschland"*, auch Titel wie *„Botschaft aus dem Kosmos"* und *„Findet der Weltuntergang statt?"* werden mir vorenthalten, ebenso die *„Kornkreise"* und die *„Geheimsache UFO"*, ja nicht einmal die *„Geheimsache Fatima"* wird erwähnt – wieso eigentlich nicht?

Analog zur Jesusforschung hat man fast den Eindruck, es mit einer Aufspaltung in zwei Hesemanns zu tun zu haben: auf der einen Seite sozusagen der „Hesemann des Glaubens", mit dem Papst an der Seite, und auf der anderen der „Hesemann des Virus“, der den UFOs, den Kornkreisen und noch anderen „großen Rätseln der Menschheit“ auf der Spur ist. Ich frage mich: Ist es nicht *auch* eine Art Fälschung, wenn mir die 11 Zeilen knappe Information über den Autor auf dem Klappentext des Herder-Buches zwar nicht verschweigt, daß Michael Hesemann *„Chefredakteur des Magazins 2000“* ist, wenn mir aber nicht dazugesagt wird, was ich mir unter diesem erbaulichen Namen vorstellen soll? Das *„Magazin 2000“* bzw. *„Magazin 2000plus“* informiert seine Leser nämlich laut eigener Aussage „seriös, kompetent und mutig über die neuesten Erkenntnisse und Entdeckungen, die von den Massenmedien nur oberflächlich oder gar nicht erwähnt werden“. Man findet darin „Artikel zu den Themen: Grenzwissenschaften, Freie Energie, neue Physik, Alchemie, UFO-Forschung, Außerirdische Besucher, Kornkreise, Prä-Astronautik, Alte Hochkulturen, Archäologie, Prä-Historik, Spiritualität, Weltreligionen, Mystik, Botschaften aus dem Jenseits, Esoterik, PSI-Phänomene, Astrologie, Reinkarnation, Kosmologie, Leben auf anderen Planeten, Ursprung des Universums, Medizin 2000, Ernährung aus neuer Sicht, neue Wege in der Alternativmedizin“ und dergleichen.[50]

Ich habe mir die Mühe gemacht und ein paar Jahrgänge dieses von Michael Hesemann herausgegebenen Magazins durchgesehen. Hier eine kleine Liste mit einer Auswahl von Artikeln, die der Autor der „Jesus-Tafel“ selber geschrieben hat: „Begegnungen mit Außerirdischen – UFO-Entführungen in Deutschland“, „Kornkreise: Eine neue Phase“, „Botschaft von den Plejaden – Prophet oder Scharlatan? Die unglaubliche Geschichte des Eduard ‚Billy‘ Meier“, „Dialog mit dem Universum – Die größte Chance der Menschheit. Wege und Implikationen der Kontaktaufnahme mit außerirdischen Zivilisationen“, „Roswell 1947 – Was wirklich geschah“, „Die Wahrheit liegt irgendwo dort draußen – Reise nach Roswell“, „Die Kornkreis-Apokalypse“, „Die Wahrheit ans Licht: So lügen und manipulieren deutsche Medien, wenn es darum geht, UFO-Forscher zu diskreditieren", „Neues von der UFO-Welle in Zentralamerika", „Die Rückkehr der Anakim: UFOs und Außerirdische in Israel", „Die Wahrheit ans Licht: Ein UFO-Dokument aus dem Staatsarchiv von Pharao Thutmosis III.?" und schließlich „Der Bibel-Code warnt vor dem bevorstehenden Atomkrieg – Verbarg eine kosmische Intelligenz in der Heiligen Schrift genaue Daten über die gesamte Menschheitsgeschichte?"

Ich will es mit gebotener Deutlichkeit betonen: Nichts liegt mir ferner als den Autor Hesemann in irgendeiner Weise zu diskreditieren und ihm etwa die Kompetenz abzusprechen, ein Sachbuch über die sogenannte „Jesus-Tafel" zu verfassen. Ich frage lediglich, was damit bezweckt wird, wenn ein Verlag wie der Herder-Verlag dem Leser nicht offen und klar mitteilt, wer Michael Hesemann ist, sondern ein Bild von ihm präsentiert, das in ganz bestimmter Weise manipuliert ist.

Ich habe Herrn Hesemann nicht dafür zu kritisieren, daß er an die Götter des Erich von Däniken glaubt und UFOs gesichtet zu haben behauptet. Das Privatleben des Autors und seine Steckenpferde von Kindheit an haben mich in der Beurteilung seines Jesustafel-Buches überhaupt nicht zu interessieren. Ebenso wenig darf eine Rolle spielen, ob die Bücher, die der Autor sonst noch geschrieben hat, nach meinem Geschmack sind, geschweige denn mit was für einem „Virus" er infiziert sein mag. In der Auseinandersetzung mit Hesemanns Buch „Die Jesus-Tafel" gilt es einzig und allein zu beurteilen, ob der Mann recht hat mit dem, was er schreibt, oder ob er *nicht* recht hat; ob seine Argumente stimmen oder ob es falsche Argumente sind, die gar kein Gewicht haben. Denn eine Reliquie wie die INRI-Tafel oder eine Reliquie wie das Turiner Grabtuch werden ja nicht dadurch echt, daß man wünscht, sie wären echt, oder daß man wünscht, man könne nachweisen, sie wären echt.

Es bleibt nur immer wieder von neuem zu sagen und bis zum Überdruß zu wiederholen: Entweder ist das X ein X, dann wird es durch keine noch so raffinierte Vernebelungsstrategie zu einem U; oder aber es ist ein U, dann ist es nie und nimmer ein X, mögen auch noch so viele „Beweise" an den Haaren herbeigezogen werden, daß sich die Kreuzbalken biegen.

Mit Jesus darf man nicht mogeln

Ich habe dieses Buch geschrieben, um darzulegen, was von „neuesten Enthüllungen" über Jesus zu halten ist. Ich hoffe, es ist mir gelungen, einsichtig machen zu können, wieso ich im einzelnen Fall zum Urteil komme, daß wir es mit einer Verfälschung der historischen Wahrheit über Jesus zu tun haben.

Das eine möchte ich allerdings auch noch in aller Deutlichkeit sagen: Ich will all diesen Leuten, die Thesen über Jesus verbreiten, die in meinen Augen unhaltbar sind und eine Verfälschung der historischen Wahrheit bedeuten, keinesfalls unterstellen, daß sie eine bewußte Irreführung betreiben, sondern ich nehme bis zum Erweis des Gegenteils an, daß sie subjektiv die allerbesten Intentionen haben und daß sie selber auch glauben, was sie behaupten. Trotzdem muß es erlaubt sein, ihre Thesen kritisch zu hinterfragen. Denn mit Jesus darf man nicht mogeln.

Nichts, aber auch gar nichts kann es rechtfertigen, in Sachen Jesus die Tatsachen zu verdrehen. Kein noch so frommer Zweck kann ein unlauteres Mittel heiligen. So verkehrt es ist, um irgendwelcher abstruser Ideologien willen die historischen Fakten zu ignorieren und beispielsweise den Juden Jesus zu einem „Arier" zu machen, ebenso verkehrt und abwegig wäre es, das gleiche um des Glaubens willen zu tun.

Wem es Angst macht und wen es in seinem Glauben anficht, daß die wissenschaftlichen Erkenntnisse der Neuzeit gewisse Dinge fragwürdig erscheinen lassen, die früher mit der größten Selbstverständlichkeit für wahr gehalten wurden, der darf seine Angst nicht dadurch bekämpfen, daß er die Erkenntnisse der Wissenschaft ignoriert oder versucht, sie durch eifrig erstellte „Gegengutachten“ außer Kraft zu setzen. Die Wissenschaft und der Glaube sind keine Feinde. Der Glaube hat nur eine einzige Feindin, und sie ist immer dieselbe, in welcher Maske sie sich auch verstecken mag – die Angst.

Die *Angst* ist die Feindin des Glaubens, und sie, diese Angst des Gläubigen, als Glaubender den Boden unter den Füßen zu verlieren, ist gleichzeitig die Mutter allen Fundamentalismus'.

Das Wort „Fundamentalismus“ ist ein mißverständliches und oft genug mißverstandenes Wort. Allzu oft dient es in den innerkirchlichen Auseinandersetzung lediglich als Schimpfwort und wird als Keule benutzt, um Gegner zu treffen. Dann werden in einer hitzigen Debatte schnell einmal alle Brüder und Schwestern im Glauben, die etwas konservativere Ansichten vertreten, als Fundamentalisten gebrandmarkt.

In diesem primitiven, billig-polemischen Sinn ist der Ausdruck „fundamentalistisch“ hier nicht gemeint. Ich möchte diesen Begriff vielmehr in jenem klug differenzierenden Sinn verstanden wissen, in welchem ihn Wolfgang Beinert analysiert hat. In der bereits erwähnten Abhandlung des Regensburger Dogmatikers wird der Fundamentalismus als „Verlangen nach Sicherheit um jeden Preis“ beschrieben und gezeigt, daß diese grundlegende Lebenseinstellung vom Neuen Testament her gesehen „dem Wesen nach Glaubenslosigkeit oder wenigstens Glaubensunfähigkeit“ bedeutet. Wenn wir „die Grund-Lebenseinstellung des Fundamentalisten“ betrachten, sagt Beinert, „so müssen wir sagen: Sein Fundamentalismus besteht wesentlich darin, daß er Sicherheit mit Gewißheit verwechselt“[51].

In genau dieser Geisteshaltung wurzeln die Versuche, elementare Errungenschaften der neutestamentlichen Bibelwissenschaft zu ignorieren und deren Methoden – vor allem die historisch-kritische Methode der Schriftauslegung – zu diskreditieren. Dies zu tun heißt aber nicht nur, sich aus sämtlichen Übereinkünften akademischen Forschens auszuklinken und nicht mehr in einer wissenschaftlich ernstzunehmenden Weise Theologie zu betreiben, sondern es heißt auch päpstlicher zu sein als der Papst – oder zumindest päpstlicher zu sein als die Päpstliche Bibelkommission.

Das am 23. April 1993 verlautbarte Dokument der Päpstlichen Bibelkommission „Die Interpretation der Bibel in der Kirche" stellt nicht nur die historisch-kritische Methode in dem wichtigen Stellenwert dar, den sie hat, um „dem heutigen Leser den Zugang zum Inhalt der biblischen Texte zu ermöglichen, deren Sinn oft schwer zu erfassen ist"[52], sondern spricht auch ausdrücklich von einer „Tendenz zu geistiger Enge", die man dem Fundamentalismus nicht absprechen könne[53].

Zeichen einer solchen geistigen Enge ist es zweifellos, wenn ernsthaft angenommen wird, durch Mißachtung der strengen wissenschaftlichen Spielregeln und durch Anwendung dubioser Methoden „näher" an den historischen Jesus heranzukommen, und wenn man meint, alle Anstößigkeiten beseitigen zu müssen und auch zu können, die die Ergebnisse der historischen Forschung dem traditionellen Glauben beschert haben.

„Fürchtet euch nicht!"

Was solche Anstößigkeiten oder – wie ich doch besser sagen sollte: *vermeintliche* – Anstößigkeiten sind, kann man zum Beispiel in den programmatischen Sätzen formuliert finden, die dem von Walter Brandmüller herausgegebenen Buch „Wer ist Jesus Christus?" voranstehen. Dieses Buch bzw. die diesem Buch zugrundeliegenden Vorträge der Theologischen Sommerakademie Dießen, wird dort gesagt, würden aufzeigen, *„daß die Evangelien zuverlässige Quellen der Geschichte Jesu sind; daß Jungfrauengeburt, Wunder, leeres Grab und Auferstehung als reale historische Sachverhalte erkannt und verstanden werden können"* und ähnliches mehr[54], und dies alles in der tiefinnersten Überzeugung, daß – ich zitiere abermals wörtlich – *„eine elementare Voraussetzung des christlichen Glaubens die Tatsächlichkeit der Ereignisse ist, von denen das Neue Testament berichtet"*[55].

Das Mißverständnis dessen, was christlicher Glaube heute und im dritten nachchristlichen Jahrtausend sein sollte und ist, könnte größer nicht sein. Intellektuell redliche Christen von heute *können* nicht mehr so naiv glauben wie die Christen zu Zeiten der Vormoderne, sondern müssen sich abmühen mit den Konsequenzen der historischen Kritik. Mit dem Verbieten oder sich selber Verbieten kritischen Denkens ist der Glaube nicht zu „retten".

Fundamentalismus ist der verzweifelte Versuch, sich in der Angst, den Boden unter den Füßen zu verlieren, diesen festen Boden unter den Füßen selber zu zimmern. Aber dieser Versuch kann nur scheitern. Denn was damit gewonnen wird, ist nicht der rettende Glaube, sondern der „Kleinglaube", wie es die Bibel nennt.

Wenn ich der fundamentalistischen Versuchung nachgebe, gewinne ich gerade nicht den Glauben – nicht das Vertrauen, das mir die Angst nehmen würde, sondern handle mir etwas ein, das *noch* bedrohlicher ist und meine Angst noch verstärkt.

Die Angst als solche ist nicht das Übel. Sie ist einfach da. Aber es kommt darauf an, wie man mit ihr umgeht. Die Sprache des christlichen Glaubens hat es in ein plastisches Bild gefaßt. Nicht hysterisch werden und in blinde Panik geraten sollen wir, wenn die Wogen hochgehen, sondern ruhig bleiben wie Jesus, der mit uns im gleichen Boot sitzt. So erzählt es uns die tröstliche Geschichte von der Stillung des Seesturms.

„Warum habt ihr solche Angst, ihr Kleingläubigen?"[56] fragt Jesus. Eine gute Frage! Angst ist schlecht, Vertrauen ist besser. Die Botschaft des Evangeliums ist eine frohe. Darum möchte ich dieses Buch mit einem uralten christlichen Satz schließen; mit jenem Satz, der allen Menschen guten Willens zugerufen ist, und ich möchte diesen heilsgeschichtlichen Satz in jenem profanen Kontext zitieren, in den ihn eine Tageszeitung gestellt hat, als sie in einer Weihnachtsnummer schrieb[57]:

„Vor rund zweitausend Jahren erreichte uns eine wichtige Nachricht. Die Mitarbeiter des ‚Standard' möchten sie mit der gebotenen und gewohnten Objektivität an ihre Leser und Freunde weitergeben:

Fürchtet euch nicht!

(Lukas 2,10)!"

ANMERKUNGEN:

1 Johann Ferdinand Rüthling: Mir und mich; in: „Museum komischer Vorträge", Nr. 1, 11. Auflage, Berlin o. J.
2 Vgl. 1 Kor 13,1-3
3 Andreas Gromon: „Ich bin nicht unfehlbar" (Interview), Kirche Intern 2 / 1997. S. 47.
4 Ebenda S. 47.
5 Vgl. das Gedicht „Die unmögliche Tatsache" aus den Palmström-Gedichten von Christian Morgenstern, in dem es am Ende heißt: „...und er kommt zu dem Ergebnis: / Nur ein Traum war das Erlebnis. / Weil, so schließt er messerscharf, / nicht sein *kann*, was nicht sein *darf*."
6 Vgl. das Vorwort zu Karl Herbst: Der wirkliche Jesus. Das total andere Gottesbild, Olten 1988.
7 Karl Herbst: Kriminalfall Golgatha. Der Vatikan, das Turiner Grabtuch und der wirkliche Jesus, Düsseldorf 1992. S. 172.
8 Ebenda S. 172-173.
9 Ebenda S. 173.
10 Ebenda S. 176.
11 Friedrich Schiller im Distichon mit dem Titel „Der Schlüssel" aus den „Tabulae novae".
12 Kathpress Nr. 65, 4. April 1989. S. 4-5.
13 Herbst a. a. O., S. 9.
14 Vgl. Holger Kersten / Elmar R. Gruber: Das Jesus-Komplott. Die Wahrheit über die Auferstehung, München 1992. S. 9-10.
15 Hans Naber: „Jesus Christus ist laut seinem eigenen Linnen nicht am Kreuz gestorben". Illustrierte – Sonderausgabe, herausgegeben vom Autor, 1957.
16 Kersten / Gruber a. a. O., S. 10.
17 Die wissenschaftliche Erforschung des Turiner Grabtuchs wird als „Sindonologie" bezeichnet. Das Wort ist abgeleitet vom griechischen Wort „sindon", welches Linnen bzw. Grabtuch bedeutet.
18 Werner Bulst: Betrug am Turiner Grabtuch. Der manipulierte Carbontest, Frankfurt am Main 1990.

19 In der Literatur über das Turiner Grabtuch gibt es unterschiedliche Angaben über die Größe des Tuches. Die hier zitierten Maßangaben (4,37 x 1,11 m) finden sich in der 1998 erschienenen Mappe „Wie deutet man das Leichentuch", die das Turiner „Museo della Sindone" (Editoriale Giorgio Mondadori) anläßlich der Grabtuchausstellung herausgegeben hat und die auch als Beilage von „Bell'Italia – Grandi Guide" Nr. 8 erschienen ist.

20 Mt 27,57-60.

21 Vgl. Lynn Picknett / Clive Prince: Die Jesus-Fälschung. Leonardo da Vinci und das Turiner Grabtuch, Bergisch Gladbach 1995. Das Buch des britischen Autoren-Duos ist eines der wenigen *kritischen* Bücher über das Grabtuch.

22 So lautet beispielsweise der Titel der deutschsprachigen Ausgabe eines Buches der Archäologin Maria Grazia Siliato. Darin bezeichnet sie das Turiner Grabtuch in geradezu beschwörendem Ton als einen archäologischen Fund von „unwiderleglicher objektiver Authentizität", der in keinem Museum, in keiner Sammlung, in keiner Kirche seinesgleichen habe, und meint, es wäre „bedauernswert, wenn man aufgrund persönlicher religiös-philosophischer Überzeugungen die Torheit beginge, ein so dramatisches und ehrwürdiges Dokument aus dem Erbe der Menschheitsgeschichte geringzuachten und preiszugeben". Maria Grazia Siliato: Und das Grabtuch ist doch echt. Die neuen Beweise, Augsburg 1998. S. 317.

23 Josef Dirnbeck: Jesus und das Tuch. Die „Echtheit" einer Fälschung, Klosterneuburg–Wien 1998. – Vgl. die Nachricht, die in der „Süddeutschen Zeitung" vom 16. Oktober 1998 anläßlich der Buchpräsentation erschienen ist: „Experte: Es gibt kein Grabtuch Christi. – Der österreichische Theologe und Publizist Josef Dirnbeck hat die Existenz eines Grabtuchs Christi in Frage gestellt. Wenn das biblische Zeugnis ernstgenommen und sachgemäß interpretiert werde, könne man zu keinem anderen historisch gesicherten Ergebnis kommen, schreibt Dirnbeck in seinem jetzt vorgestellten Buch ‚Jesus und das Tuch – Die Echtheit einer Fälschung'. Daher könne auch das Turiner Grabtuch nicht echt sein. Das Turiner Grabtuch sei als Produkt der Reliquienverehrung zu verstehen. Die Diskussion darum sei zu einem Glaubenskrieg geworden."

24 Ablaßkongregation, 14. Februar 1815.

25 Katechismus der Katholischen Kirche, Nr. 1674-1679.

26 Vgl. Kathpress, 25. / 26. Mai 1998. S. 8. Die Frage der Echtheit des Turiner Grabtuchs sei „keine Glaubenssache", sagte der Papst. Die Kirche habe nicht die Kompetenz, sich über diese Fragen zu äußern. Vielmehr müsse die wissenschaftliche Forschung die Antworten finden.

27 Kardinal Joseph Ratzinger, zit. in: Kathpress, 15. / 16. Juni 1998. S. 19.

28 Josef Dirnbeck: Die Jesusfälscher. Ein Original wird entstellt, München 1996. S. 164.

29 In der Sendung „Kreuz & quer", ORF 31. März 1999.

30 Einen hervorragenden Beitrag zur Aufklärung in dieser Frage hat das in Hamburg erscheinende Nachrichtenmagazin „Der Spiegel" geleistet („Gesucht: Ein Mensch namens Jesus. Auf den Spuren des historischen Christus", Der Spiegel 22 / 27. Mai 1996). Spiegel-Redakteur Werner Harenberg hat nicht nur ein wissenschaftliches Streitgespräch mit dem Papyrologen

Carsten Peter Thiede iniitiert, dem Hauptvertreter der These von der Frühdatierung der Evangelien und der Vermutung, ein in der Höhle 7 gefundenes Fragment der Schriftrollen von Qumran wäre mit einem Text des Markusevangeliums identisch, sondern das komplizierte Thema auch sonst in einer für Nichtfachleute verständlichen Form aufbereitet: „Die Spiegel-Grafik half. Dank Computer und Scanner konnte sie darstellen, wie Experten aus Wort-Ruinen komplette Texte rekonstruieren. Und um aufzuzeigen, wie problematisch es ist, aus zwanzig griechischen Buchstaben, von denen zehn beschädigt oder fast zerstört sind, verläßliche Schlüsse zu ziehen, ließ Harenberg durch einen Göttinger Wissenschaftler ein entsprechendes *deutsches* Textbeispiel entwerfen – herausgefiltert aus Goethes ‚Faust'."

31 Da, wo ein „T" (griechisch: Tau) steht, müßte eigentlich ein „D" (griechisch: Delta) stehen.

32 Karl Jaroš: Jesus von Nazareth. Geschichte und Deutung, Mainz 2000. S. 88-89. – Vgl. auch die Anmerkung Nr. 397 auf S. 85-86, wo der Autor noch deutlicher sagt: „Die in den letzten Jahren immer wieder geäußerten Meinungen, daß Qumran keine essenische Siedlung sei oder daß Qumrangemeinde und christliche Urgemeinde identisch seien, ist durch neueste Funde völlig überholt."

33 Vgl. Carsten P. Thiede: Die älteste Evangelien-Handschrift? Das Markus-Fragment von Qumran und die Anfänge der schriftlichen Überlieferung des Neuen Testaments, Haan 1986.

34 Carsten Peter Thiede / Matthew d' Ancona: Der Jesus-Papyrus. Die Entdeckung einer Evangelien-Handschrift aus der Zeit der Augenzeugen, Reinbek bei Hamburg 1997.

35 Times, 24. Dezember 1994.

36 Émile Puech: Die unbegründete Hypothese der Augenzeugenargumente. In: „Jesus – Quellen, Gerüchte, Fakten", Welt und Umwelt der Bibel, Heft 10, 4. Quartal 1998. S. 44-45.

37 Vgl. Carsten Peter Thiede: Bibelcode und Bibelwort, Gießen 1998.

38 Jaroš a. a. O. – Die Zitate stammen aus dem Vorwort (S. IX) und aus dem Klappentext des Buches.

39 Carsten Peter Thiede: Statement über die Frühdatierung des Neuen Testaments in der Radiosendung von Ursula Baatz „Schlüssel zur Bibel – Über die Wahrheit der heiligen Texte", ORF 12. Oktober 2000. – Vgl. dazu auch das Statement, das Carsten Peter Thiede für die Radiosendung „Die Hüter der Schrift. 23. Internationaler Kongreß für Papyrologie vom 22.-26. Juli 2001 in Wien" abgegeben hat und in dem er ebenfalls zum Problem der Frühdatierung Stellung genommen hat. In: „Dimensionen – Die Welt der Wissenschaft", ORF 31. Juli 2001.

40 Es ist interessant zu beobachten, daß sich, wenn es um die Frage des Glaubens geht, unter den Verfechtern der Echtheit des Turiner Grabtuchs die Geister gleich mehrfach scheiden. Sie scheiden sich nämlich nicht nur in solche, die aus „unfrommen" Motiven an der Echtheit interessiert sind – eben, um beweisen zu können, daß Jesus das Kreuz überlebt hat und daß es daher *keine* Auferstehung gegeben hat –, und in solche, die genau aus dem gegenteiligen Grund interessiert sind, die Echtheit der

Reliquie beweisen zu können – um eben einen materiellen Anhaltspunkt *für* die Auferstehung Jesu zu haben. Auch innerhalb der Gruppe der *gläubigen* Grabtuchverehrer scheiden sich die Geister. Während die einen keinerlei Probleme haben, die Entstehung des Abbildes auf dem Tuch mit einem *Wunder* zu erklären, sind die anderen bestrebt, unbedingt eine *natürliche* Erklärung des Phänomens zu finden, um durch diese gleichsam naturwissenschaftliche Absicherung der Echtheit eine Stütze für den Glauben zu gewinnen.

Werner Bulst und Heinrich Pfeiffer – zwei der führenden katholischen Grabtuchforscher – sind ein typisches Beispiel für diesen unterschiedlichen Ansatz. Während sich Bulst, zumindest nach meinem Kenntnisstand, eigentlich immer für den letzteren Weg ausgesprochen hat und es sozusagen aus methodischen Gründen ablehnte, in der Erklärungsfrage gleich von vornherein auf ein Wunder zu rekurrieren, ist für seinen Mitarbeiter und Mitbruder im Jesuitenorden Heinrich Pfeiffer die Echtheitsfrage gleichsam mit der Glaubensfrage verbunden.

Anders als andere Sindonologen hält Heinrich Pfeiffer auch den sogenannten *Schleier von Manoppello* für echt. Diese Tuchreliquie, die nicht so prominent ist wie das Turiner Grabtuch, wird von vielen Gläubigen ebenfalls als eine materielle Hinterlassenschaft Jesu betrachtet. Die Vertreter der am *naturwissenschaftlichen* Beweis interessierten Fraktion der Grabtuchapologeten legen nun in dieser Frage eine erfreuliche Nüchternheit an den Tag und sind gegenüber einer möglichen Echtheit des Schleiers überaus skeptisch eingestellt. Freilich ist dies nicht weiter verwunderlich, denn wenn der Schleier von Manoppello echt wäre, kämen sie in noch größere Beweisnot, als sie sowieso schon sind. Sie haben ohnehin schon Mühe genug, sich eine plausible Möglichkeit auszudenken, wie das Abbild des Gekreuzigten auf *natürliche* Weise enstanden sein könnte (die allerwahrscheinlichste natürliche Möglichkeit, daß das Bild zwar nicht von Menschenhand gemalt, aber doch mit den Mitteln menschlicher Erfindungskraft hergestellt wurde, muß natürlich außer Betracht bleiben, denn es soll ja bewiesen werden, daß das Tuch *echt* ist!); und sie haben genug zu tun, um die Zweifel, die sich aufgrund der zahlreichen Ungereimtheiten ihrer Theorien einstellen, durch immer neue, noch abenteuerliche Annahmen zu beschwichtigen (z. B. daß der Tote mit dem Tuch nicht umhüllt war, da dies ein verzerrtes Abbild ergäbe, sondern daß das Tuch in einem gewissen Abstand vom Körper darübergebreitet bzw. plan ausgespannt sein mußte etc.).

Für den Fall, daß der Schleier von Manoppello nun ebenfalls echt wäre, müßten sie zusätzlich beweisen, wie es sein kann, daß auch auf diesem hauchdünnen Gewebe ein Abbild entstehen konnte, allerdings ein völlig anderes als auf dem Grabtuch: nämlich ein Bild des Gesichtes von Jesus, aber nicht als Fotonegativ, sondern als Positiv und in Farbe, und Jesus hat darauf auch nicht wie in Turin die Augen geschlossen, geschweige denn daß sie ihm mit irgendwelchen „Pilatusmünzen" zugedrückt worden wären, vielmehr zeigt der Schleier von Manoppello ein Jesusgesicht mit *offenen* Augen. Zwischen diesem Gesicht auf dem Schleier und dem Antlitz auf dem Grabtuch eine Ähnlichkeit zu erkennen ist schon nicht leicht,

und dann auch noch annehmen zu sollen, diese beiden „nicht von Menschenhand gemachten" Bilder wären im selben Moment durch denselben Vorgang gleichzeitig entstanden, ist eine Leistung, die nicht jeder erbringen kann.
Heinrich Pfeiffer glaubt jedenfalls an die Echtheit beider Reliquien. Im Nachwort zu dem zweibändigen Werk über das Turiner Grabtuch, das er gemeinsam mit Werner Bulst herausgegeben hat (Werner Bulst / Heinrich Pfeiffer: Das Turiner Grabtuch und das Christusbild. Band II: Das echte Christusbild. Verlag Josef Knecht, Frankfurt am Main 1991. S.104), will er es ausdrücklich als ein „persönliches Glaubensbekenntnis" gewertet wissen, wenn er sowohl das Turiner Grabtuch als auch den Schleier von Manoppello als „echte Bilder Christi" bezeichnet. „Dafür mich dem Spott und der Lächerlichkeit auszusetzen", schreibt Pfeiffer, „davor habe ich keine Furcht, sondern nur einzig die, die Dinge Gottes schlecht zu verhandeln" – Vgl. auch Josef Dirnbeck: Jesus und das Tuch. Die „Echtheit" einer Fälschung, Klosterneuburg–Wien 1998. S. 10.

41 Vgl. Joh 20,13: „Die Engel sagten zu ihr: Frau, warum weinst du? Sie antwortete ihnen: Man hat meinen Herrn weggenommen, und ich weiß nicht, wohin man ihn gelegt hat."

42 Michael Hesemann: Die Jesus-Tafel. Die Entdeckung der Kreuz-Inschrift, Freiburg im Breisgau 1999.

43 Eberhard von Gemmingen: Die Sieben-Kirchen-Wallfahrt in Rom, Radio Vatikan, 16. April 2000.

44 Hesemann a. a. O., S. 215.

45 Ebenda S. 207.

46 Ebenda S. 7.

47 Ebenda S. 7-8.

48 <home.t-online.de/home/Roland.M.Horn/ufo-buch.htm> – Recherche: 15. Januar 2000.

49 <http://hesemann.m-n-d.com> – Recherche: 15. Januar 2000.

50 Vgl. den Text des Impressums der Zeitschrift im Internet: <www.magazin 2000plus.de>– Recherche: 15. Januar 2000.

51 Wolfgang Beinert: Christentum und Fundamentalismus, Nettetal 1992. S. 50.

52 Päpstliche Bibelkommission: Die Interpretation der Bibel in der Kirche. Verlautbarungen des Apostolischen Stuhls Nr. 115, hgg. vom Sekretariat der Deutschen Bischofskonferenz, Bonn 1993. S. 33.

53 Ebenda S. 63.

54 Walter Brandmüller [Hrsg.]: Wer ist Jesus Christus? Mythen, Glaube und Geschichte, MM-Verlag, Aachen 1995. S. 11.

55 Ebenda S. 7.

56 Mt 8,26.

57 Der Standard, 24. Dezember 1992.

Bibelstellen

Personen